（第三版）

ANTIDUMPING CASES

反倾销案例

——中国在对外贸易中如何应对棘手问题

HOW DOES CHINA DEAL WITH THORNY ISSUES IN FOREIGN TRADE

（THE THIRD EDITION）

李小北 等◎编

经济管理出版社
ECONOMY & MANAGEMENT PUBLISHING HOUSE

图书在版编目（CIP）数据

反倾销案例：中国在对外贸易中如何应对棘手问题/李小北等编．—3 版．—北京：经济管理出版社，2019.1
ISBN 978-7-5096-6311-0

Ⅰ.①反… Ⅱ.①李… Ⅲ.①反倾销—案例—中国 Ⅳ.①F752.023

中国版本图书馆 CIP 数据核字(2019)第 017111 号

组稿编辑：杜　菲
责任编辑：杜　菲　杨　帆
责任印制：司东翔
责任校对：董杉珊

出版发行：经济管理出版社
（北京市海淀区北蜂窝 8 号中雅大厦 A 座 11 层　100038）
网　　址：www. E-mp. com. cn
电　　话：（010）51915602
印　　刷：三河市延风印装有限公司
经　　销：新华书店
开　　本：787mm×1092mm/16
印　　张：20.75
字　　数：297 千字
版　　次：2019 年 1 月第 1 版　　2019 年 1 月第 1 次印刷
书　　号：ISBN 978-7-5096-6311-0
定　　价：68.00 元

编委会成员

前　言

2018 年，正值改革开放 40 周年。40 年来，尤其是 2001 年 12 月加入世界贸易组织以后，中国经济逐步融入世界经济体系，经济全球化程度越来越高。2017 年，中国货物贸易进出口总值 27.79 万亿元人民币，比 2007 年的 2.17 万亿美元高出 12 倍多。其中，出口 15.33 万亿元，同比增长 10.8%；进口 12.46 万亿元，同比增长 18.7%；全年累计贸易顺差为 2.87 万亿元，收窄 14.2%。截至 2017 年 12 月末，中国外汇储备余额为 31399 亿美元，较 2016 年年末增加 1294 亿美元。在这些高昂的数字和突出的成绩背后，中国与其他国家的贸易摩擦越来越多，其影响越来越大，突出表现在中国企业及其商品遭受的反倾销案件以及国外企业对中国的倾销行为日益增多。

世贸组织最新发布的反倾销统计报告显示，从 1995 年至 2017 年，中国已连续 22 年成为世界上遭受反倾销调查和被实施反倾销措施数量最多的国家。2017 年，全球新立案的反倾销调查虽呈下降趋势，但中国仍然是全球反倾销调查的头号目标国，国外频繁地对华反倾销对中国出口造成极大的损害。根据世界贸易组织规则，为合理保护自己的利益，中国的反倾销制度也在不断地完善中。同时，2018 年适逢海南建省办特区 30 周年，在习近平总书记郑重宣布在海南岛建设自由贸易试验区这一重大决定之际，出版本书意义重大。海南是因改革开放而生，因改革开放而兴，未来会有更多国家的企业参与到海南对外开放的进程中。鉴于此，我们根据多年来对国际贸易尤其是反倾销的研究编写本书，希望对中国政府、企业等相关单位的对外贸易实践有所裨益。

近年来，由于世界经济增速减缓，国际竞争加剧，许多国家在千方百计打开别国市场的同时，也在想方设法保护本国市场，新贸易保护主义盛行。然而，随着世界贸易组织在国际贸易中的作用日益增强，传统上通过征收和提高关税来实现贸易保护的方式已经难以通行。同时，世界贸易组织对配额、许可证等数量限制的非关税壁垒措施也有严格的约束。在关税、进口数量限制等传统贸易保护手段逐步被弱化或取消的条件下，为抵消大幅度削减关税和取消进口数量限制对本国工业带来的冲击，世界贸易组织允许的反倾销、反补贴和保障措施便成为各国实施贸易保护的主要手段。与其他贸易保护手段相比，反倾销表面上更具有公平性，该措施可以以抑制破坏性价格竞争、维护正常的市场竞争秩序为理由启动并进入程序；与此同时，该措施的程序和过程相对迅速、便捷，无须像传统的关税壁垒那样需经过一国立法机构审议，相关国际协定对此约束通常也比较“软”。这样一来，在国际贸易中，反倾销作为有效的非关税壁垒措施被频频使用，甚至有时被滥用。各国纷纷把反倾销作为便利而有效的首选保护措施。

本书最大的特点是以案例分析为主，选取最具代表性的外国对华反倾销以及中国对外反倾销案件进行分析、归纳、概括、总结和应对，在前两版的基础上，对涉及的案例进展等方面进行更新，同时也将最新的反倾销案例收入其中，力求展现当前中国面临的反倾销的全貌和发展趋势，凸显反倾销的最新特点以及中国企业和相关部门在反倾销实践中的成功经验和不足。本书采用理论与实证相结合的方式，在重点进行案例分析的同时，详细讲解了反倾销的基本知识以及主要经济体的反倾销制度。最后，我们对中国企业遭受反倾销调查的应诉程序以及中国企业如何应对反倾销做了细致的归纳总结，同时介绍了中国的反倾销申诉制度，使本书的内容更加丰富、结构更加严谨。

本书在编写过程中得到国内外同仁的帮助和指教，在此深表谢意。由于水平有限，加之编写时间较为紧迫，书中尚存不足之处，恳请各位专家、师长、同仁和读者批评指正。

编者

2018 年 5 月

目　录

第一篇　反倾销相关知识与法律制度

第二篇　反倾销案例分析

第三篇 中国反倾销操作实务

第一篇　反倾销相关知识与法律制度

第一章　倾销和反倾销的基本知识

倾销与反倾销是一对互为矛盾的概念，反倾销是随着倾销的出现而出现的，它们相互对立又不可分离。有倾销必然就会有反倾销，它们是国际经济与贸易发展的产物。现如今倾销与反倾销已经成为世界贸易领域的热点话题，特别是现代在国际贸易领域已发生诸多的反倾销案例，各国在反倾销的问题上也频频发生贸易摩擦。鉴于此，我们不禁思考，究竟反倾销是什么？本章通过讲述倾销与反倾销的基本知识，让读者对这两者有一个清楚的认识。

第一节　倾销概述

广义而言，倾销包括国内倾销和跨国倾销，国内倾销主要是由竞争法或反垄断法调整。但在一般情况下提到的倾销通常是指跨国倾销，反倾销法所调整的也是这种倾销。

一、倾销的定义

倾销的定义可以从两个方面来说明：一个是经济学上的定义；另一个则是法律上的定义。经济学上关于倾销的定义是倾销作为法律概念的重要理论基础，但两者不尽相同。倾销的经济学定义倾向于说明什么是倾销，而法律上的定义则倾向于说明怎样才构成倾销，并且具有很多主观不确定因素。因为在法律上说明倾销是为各国反倾销法服务的，各国反倾销法的实施制裁目标就是其法律所定义的倾销行为。但各国面临的情况不同，这就导致可能每个国家都有自己关于什么是倾销法律上的定义。本节中采用各国普遍承认的《关税与贸易总协定》第 6 条关于倾销法律上的定义。

（一）倾销的经济学定义

关于倾销在历史上曾有过具有代表性的定义。1776 年，亚当·斯密的名著《国富论》中对各国允许对出口实行官方奖励的习惯做法进行讨论，并称之为倾销。不过他当时所讨论的倾销行为更类似现在对于“补贴”（Subsidy）的定义。这是因为在自由资本主义贸易初期，重商主义者竭力主张鼓励本国产品低价出口，同时通过关税或其他非关税措施，阻挡外国产品的廉价进口，以使本国在贸易中获得更大利益。例如，16～17 世纪，英国采用这种方法挤垮外国同类产业，占领外国市场；18～19 世纪，倾销更是英帝国实现殖民掠夺的一种重要手段。

直到 19 世纪末，倾销现象对世界贸易的重大影响才真正显露出来，促使人们深入探讨何为倾销这一问题。当时倾销现象的大量出现，与西方发达资本主义国家已广泛利用厂房和机器设备实现大规模生产有必然的联系，因为这种生产已保证生产商有能力垄断国内市场，进而有实力利用低价抢占外国市场。此时，西方国际贸易权威 Jacol Viner 首次提出了倾销的经典经济学定义，即“倾销是同一商品在不同国家市场上的价格歧视”，并以此为基础把倾销与补贴性质的出口奖励区分开来。所谓价格歧视（Price Discrimination），是指同一产品在不同国家市场上的售价不同，即在出口国或原产国市场以高价出售，在进口国市场以低价出售。价格歧视既包括同一产品并非基于不同的成本，而是基于国内与国外人为的价格差，也包括同一产品以不同的价格向相互竞争或相互不存在竞争的买主出售。

总结起来，倾销在经济学上的定义是：当某种产品大量且廉价地投向某一市场，造成该市场的波动，并导致该市场上的其他竞争者销售困难。

（二）倾销的法律定义

倾销的法律定义多采用《关税与贸易总协定》（GATT）第 6 条的规定。GATT 第 6 条将倾销定义为：“将一国产品以低于正常价值的方法进入另一国市场，如因此对某一缔约国领土内已建立的某项工业造成实质性损害或产生实质性损害威胁，或者对其一国内产业的兴建产生实质性阻碍，这种倾销应该受到谴责。”根据这个定义，倾销即是指出口商以低于正常价值的价格向进口国销售产品，并因此给进口国产业造成损害的行为。这个定义为各国反倾销法普遍接受的原因在于，它并不简单地针对任何低价或价格歧视，而是强调这种低价或价格歧视给进口国产业造成的损害后果。

法律意义上的倾销应具备以下三个条件。

（1）倾销是一种低价销售产品的行为。这种低价是相对于正常价格而言的，所谓正常价格一般是指相关产品在出口国的市场价格，或者低于生产成本的价格。倾销是一种价格歧视，是在不同的市场上以差别价格销售商品的行为。换言之，倾销是一种人为的低价销售行为，由出口商根据不同的市场自行压低其产品在另一国市场上的价格，因此倾销产品的价格不能客观地反映其经济价值。

（2）这种低价销售的行为给进口国相关产业造成损害。这里的损害包括实质性损害、实质性损害威胁和实质性阻碍，是指对进口国相同产品的整个产业生产所造成的损害，而不是指对进口国某个或某几个生产厂商的影响。

（3）损害与低价销售之间存在着因果关系。对于任何一个国家来讲，影响其某个产业兴衰的原因是纷繁复杂的，简单地把进口国产业的不景气归咎于外国产品的进入显然有失公平。因此，倾销的法律定义排除了此种情况，而强调低价销售与进口国产业的损害之间应存在一定的因果关系。基于国际经济关系的复杂性，这种因果关系只是一般性的要求，至于低价是造成损害的主要原因还是直接原因，则一般不问。

只有同时具备上述三个条件，才构成法律上所指的倾销行为，才能依据反倾销法加以限制和调整，采取必要的反倾销措施。

二、倾销的历史发展

在资本主义发展初期，随着国际贸易的发展，急于扩张的西方资本主义国家以打击或摧毁竞争对手以求扩大本国产品的销路、建立或巩固国外销售市场为目的，甚至为打击弱国的民族经济、以达到在政治和经济上对其控制的目的，如导致美国独立战争爆发的“波士顿倾茶事件”就是因为当时英国当局向其北美殖民地倾销茶叶而引发的事件。另外，从 18 世纪末到 19 世纪中叶，英国商品对中国进行的惊人的倾销，以致在短短的几十年间使中国由一个长期以来的贸易顺差国变成贸易逆差国，也是一个典型的例子。把倾销产品作为一种竞争手段频频使用，这就产生了倾销。

18 世纪末，西方自由贸易理论也曾得到英国、法国等国政府的支持和采纳，如 1786 年英法两国订立《通商条约》以推行自由贸易政策，1872 年修改《航海条例》，于 1823 年和 1825 年分别改善保税制度和废除出口奖励金。可以说，英国于这段时期将原来基于重商主义的保护干涉和奖励政策先后废除，使英国出现了 60 多年的自由贸易黄金时代。但由于国际贸易的发展带来了更加剧烈的竞争，其他国家不得不采取各种措施以保护本国的贸易。例如，19 世纪末，美国和德国采取贸易保护政策抵制英法两国的商品进口，这也激起了英国的不满，使其再度实行贸易保护，国际贸易进入新的重商主义时代。重商主义者竭力主张鼓励本国产品低价出口，同时通过关税或其他非关税措施，阻挡外国产品的廉价进口，以便本国在贸易中获得最大利益。17 世纪后，英国就是采用这种方法挤垮外国同类产业来占领外国市场的。

自 19 世纪末开始，自由资本主义逐渐演变成帝国主义，而西方国家社会化生产的规模也大幅度扩大，这使得生产商不仅有能力垄断国内市场，而且可能运用垄断所形成的竞争优势去低价抢占外国市场。实质上，这段时期（自由资本主义进入帝国主义时代后）的侵略性贸易保护政策就是一种关税保护，这种关税保护的是那些能够出口的产品，因为关税的保护，那些出口产品的同类产品几乎不可能输入国内，这就使得国内垄断组织（通常叫作卡特尔）能够在国内以垄断高价出售产品，在国外却以极低价格进行倾销，这样就达到打倒竞争对手、把自己的生产规模扩大到最大限度的目的。

第二次世界大战后，倾销在国际贸易中又一次盛行。这主要基于两个原因。其一，由于《关税与贸易总协定》的作用，常规贸易堡垒——关税经过几轮多边贸易谈判，在发达工业国家已经平均降低5%。关税的大幅度降低极大地便利了向这些国家的出口。其二，第二次世界大战促进各国科学技术的突飞猛进，亚洲和拉丁美洲相继出现许多新兴工业化国家，而主要发达国家此时却处于经济发展的下滑期和转型期，绝大多数发达工业国家在国内都经历着经济结构调整和技术更新。在国际市场上，这些国家遇到来自新兴工业化国家前所未有的竞争。面对结构调整的困难，国内失业的巨大压力，加上来自国外的竞争，许多工业大国的政府在无法有效利用常规手段进行干预的情况下，转而求助于非关税措施，包括反倾销措施，以保护本国产业，减少失业的社会压力。

这一段时期的典型倾销案例就是日本在彩电和机床领域对美国的价格战。20世纪80年代，日本对美国电视机市场发动猛烈的攻势。日本出口商在美国了解市场需求之后，同当地的商人建立联系，然后把大量彩电运抵美国，藏进当地的仓库。这样，美国已不可能用封闭边境或增加进口税等方法来阻挡。当仓库全部装满后，日本商人便以比在日本国内销售低得多的价格（当时彩电在日本的售价至少比在美国高50%）在美国销售这些彩电。18个月，日本占有的彩电市场份额就从14%急剧上升到50%，而导致美国电视机制造厂商的产品大量积压，很快就大亏其本。接着日本便以低价买下许多已疲惫不堪的美国公司，如松下公司获得摩托罗拉公司的电视机生产权，三洋公司则吞并盖继克电器公司等。此外，日本对美国机床的倾销也曾一度使美国机床工业面临破产的威胁。从1977年开始，美国许多小生产厂家在日本大批量廉价数控机床的冲击下纷纷败退。到

1984 年，日本生产的机床占据国际市场的 75%，而美国的份额则下降为 6.7%。从 1981 年到 1986 年，美国的机床工业生产总共缩减了一半，1000 个机床生产厂家中只剩下不到 600 家。

不得不提的是，在现代贸易体系中，中国也深受倾销之害。据测算，外国产品的倾销每年至少给中国造成上百亿元人民币的损失、几十万人的失业或潜在失业，而且使中国一些现有产业受损，一些新兴产业的建立和发展受挫。

由上述倾销的历史发展可见，随着贸易自由化与经济全球化的进一步加强，国际贸易领域中的倾销规模在不断增大，手段也在不断增多，当今国际贸易领域中的倾销现象愈演愈烈，各国针对此所做的反倾销努力也越来越深入。倾销与反倾销就是国际贸易中一对复杂的矛盾体。

三、倾销的分类

（一）按倾销的进行方式分类

倾销作为促进出口的一种手段，可以划分为很多种类。从最广义的角度上说，凡是在国际间进行的商品和劳务交换，都有可能发生倾销行为。按照倾销进行的方式可以把倾销分为以下几类。

1. 服务倾销

服务倾销是指一国对出口市场提供的服务收费比在国内市场低。

2. 运费倾销

运费倾销是指使用补贴或其他歧视性定价使出口商能以极低的运输价格在国外市场销售产品，即出口运费的成本低于正常运费率。其中运费也属于一种服务项目范围，故未将其包括在《关税与贸易总协定》第 6 条的倾销定义之中，但如果这种优惠运费率是由政府提供或强制执行的，则可视为出口补贴。

3. 外汇倾销

外汇倾销是指出口国通过操纵外汇兑换率取得有利的出口竞争地位，即一国通过本国货币对外币贬值，以外国货币表示的出口产品价格降低，从而提高竞争力，以达到扩大出口和限制进口的目的。

4. 社会倾销

社会倾销是指利用犯人劳动或其他苦役劳动生产产品，从而以极低的价格在国外销售。

5. 间接倾销或第三国倾销

间接倾销或第三国倾销是指甲国出口商向乙国倾销产品，乙国工业未受到损害，乙国商人再将该倾销产品转售到丙国，并对丙国工业造成损害。

6. 商品倾销

商品倾销是指一国商品以低于正常价值的价格进入另一国市场，并因此对进口国工业造成损害。

需要注意的是，服务倾销、运费倾销和外汇倾销不属于反倾销法调整的范围，反倾销法限制的倾销是最容易也是发生最多的商品倾销。社会倾销和间接倾销可以包括在商品倾销中。

（二）按倾销的时间长短分类

按时间的长短不同，倾销可以分为间断性倾销和持续性倾销。间断性倾销又称间歇性倾销，是指一国出口商以低于国内商品的价格，甚至低于成本的价格，在某国外市场上暂时出售商品，一旦取得优势并占领市场就会停止倾销行为。这种倾销的特例是指如果销售旺季已过，或者企业准备转向改营其他业务，但又无法在国内市场出售其剩余货物，而只能以低于成本或较低的价格到国外市场上抛售。这一特例又被称为偶然性倾销（Sporadic Dumping），其时间的间断性更为明显，一旦抛售完毕，就不再可能出现同样的商品交易行为，因而更多地带有一次性倾销的性质。持续性倾销是指出口商由于某种需要，长期或者永久性地向别国低价销售其商品的行为。

雅各布·温纳对倾销的分类有所不同，他按倾销时间的长短将其分为三类：第一类是突发性倾销，相当于前述的偶然性倾销，即出口商在短期内低价处理大批库存商品的销售行为；第二类是短期倾销，即出口商为了把竞争对手赶出市场，先以低价销售商品，等独占市场后再实行垄断高价销售行为；第三类是长期倾销，即出口商出于某种需要长期或永久性地向别国低价销售其商品的行为。

（三）按倾销的目的分类

按倾销的目的可以把倾销分为技术性倾销和垄断性倾销。这一分类是由美国司法部高级反倾销政策制定人罗伯特·威利格提出的。1993 年，为了准确地界定和划分倾销的概念与种类，由经济合作与发展组织（OECD）发起，并委托美国司法部高级反倾销政策制定人罗伯特·威利格带领一个调查小组，对倾销的定义、种类和特征等进行全面的调查、分析、研究。最终，该调查小组将倾销定义并划分为两大类，即技术性倾销和垄断性倾销。技术性倾销是指一个出口者以低价的方式试图扩大海外市场、赚取外汇或者用以平衡经济的行为。例如，在出口国国内市场不景气，而出口企业固定成本又已先期全部支出，正处于保本经营和停止经营之间时，出口商选择低于平均成本的价格向海外市场销售产品就可以看作技术性倾销，技术性倾销大多基于出口商的积极动机，并且按照自由贸易的原则进行，从而在客观上有利于进口国的经济发展，因此这一类倾销就不应该受到反倾销的惩罚；垄断性倾销又称纯损害性倾销，是指出口商在已经设限保护本国市场并使之免除竞争的前提下为迫使进口国生产者和第三国生产者退出竞争经营而采取的向进口国低价销售其产品的行为。这种倾销既违背国际自由贸易的原则又带有长期掠夺的战略性质，成为反倾销措施的主要作用对象。

（四）按倾销所使用的方法分类

按倾销所使用的方法可分为价格倾销和数量倾销。价格倾销就是采用降低价格甚至采用低于成本的价格，在国际市场向进口国销售商品，以占领市场实现垄断的行为。这里的价格是指商品的国际交换价格，或者说是商品的出口价格，由于国际贸易实务中，进口方愿意采用的价格往往是离岸价格（FOB），所以，商品的出口价格往往就是指离岸价格。至于价格低到什么程度，则又有不同的说明。《反倾销协议》里说的是低于正常价值即产品以通常的商业数量在正常贸易过程中出口国国内消费的价格，但在实际经济生活中却有很多经济学家提出质疑。这是因为，以产品的出口价格是否低于该产品在出口国国内市场的销售价格确定倾销，固然直观方便，但却忽视了同一商品在不同国家销售时会因销售心理、商业习惯等差异出现合理的价差，同时也未能充分考虑到该商品的出口国的国内市场价格是否合理，特别是出口国因自身需要在国内降低售价时的价格水平，往往有可能低于其生产成本，从而该商品的出口价格降低的标准同样可能低于其生产成本。这是因为，生产成本不但能分类为平均成本和边际成本，而且首先应该分类为固定成本和可变成本。由于单位固定成本在相关范围总随产量的增加而减少，而可变成本则随产量的增加而扩大，因此，边际成本与平均成本在经过一个平衡点以后，就会出现边际成本下降快于平均成本的情况，导致厂商往往以边际成本作为商品的国内市场定价标准，从而使边际成本成为国际市场价格倾销与否的对照标准。

数量倾销是指一个国家在一段时间内的某项产品出口数量猛烈地增加，以致对进口国可能产生实质性损害或者实质性损害威胁性行为。在过去的年代里，反倾销多以对价格倾销的行为制裁为主。但是，由于外贸对于经济发展的重要促进作用，许多发展中国家的外贸扩张从 20 世纪中期以来都出现跳跃式扩张趋势，出口数量急剧增加。这种现象不仅容易对他国相关产业产生较大冲击，而且与国际《反倾销守则》中关于数量倾销的界定极为吻合，也就必然导致进口国引用相关条款对其实行数量反倾销。但这也引起一部分发达国家利用发展中国家扩大出口的迫切心情频繁发起反倾销调查。

四、倾销的特征

通过对倾销的成立基础、分类及其定义（经济学上和法律上）的了解，可以总结出倾销具有以下特征。

（一）倾销是一种低价销售产品的措施

这种低价是相对于正常价格而言的。先不考虑出口商倾销的动机是什么，客观上看，倾销这种低价销售的行为没有遵循市场正常供求关系和基本价格规律。

（二）倾销是一种人为的低价销售措施

倾销是由出口商根据不同的市场特征、现状、供求形态及竞争目的而自行压低其产品在他国市场上销售价格的措施，倾销产品的价格不能客观地反映其经济价值。

（三）倾销的目的和动机具有多样性

有的是为了销售过剩产品；有的是为了维持生产规模；有的是为了赚取外汇；但更多的是为了争夺国外市场，击败在进口国的竞争对手，从而建立垄断地位；西方发达国家甚至利用倾销手段打击发展中国家的民族经济，以达到对其在政治和经济上的控制。不论倾销的目的和动机如何，一旦构成法律倾销的条件，就有可能招致进口国的反倾销惩罚。

（四）倾销是一种不公平贸易行为

倾销往往是出口商凭借自己在国内市场上的垄断地位而获得在他国市场的竞争优势。可见，倾销是垄断企业由国内垄断走向国际垄断过程中为争夺目标市场而展开竞争的手段或产物。因此，倾销不仅会影响进口国的经济发展，而且会扰乱国际正常竞争秩序。

五、倾销的不利影响

对于倾销带来的影响，各个专家学者的意见也向来见仁见智。例如，有人从正面提出过倾销带来的影响，认为倾销从一定意义上可以刺激和促进进口国工业特别是一些落后工业和垄断性行业的发展，进口国消费者能在一定程度或时期内享受低价优惠等。也有人认为，倾销是许多经营者推销积压产品、实现规模经济、开拓海外市场、提高市场份额、发展壮大自身的有效途径等。尽管如此，倾销作为一种不公平的贸易行为，其带来的影响还是弊多利少。下文将阐述倾销对出口国、进口国以及第三国带来的不利影响。

（一）倾销对出口国的影响

总的来看，出口国的倾销企业会由于倾销行为获得更大利润，因为它扩大了在海外市场的销售。尽管这种海外市场价格较国内价格为低，但由于它在国内占垄断地位，国内价格明显高于边际成本，因此海外市场价格完全可能仍高于边际成本，这样无疑会增加其盈利。但是，对于出口国生产同类产品的其他企业来说却不一定有利，原因如下：一是国内不具有垄断优势的企业，未必能够在海外市场进行倾销。这样，倾销企业就抢夺了原本可以属于这些未进行倾销企业的海外市场份额。二是进口国制造商可以使用低成本的倾销商品进行简单加工后出口到第三国，使在第三国市场上进行竞争的出口国生产商受到打击。对于出口国消费者而言，一般情况下其福利水平将会减少，因为倾销企业为弥补倾销的损失在国内利用其垄断地位保持国内高价。三是由于倾销往往创造一种虚假的竞争优势，这就造成出口国物质、人力等资源的错误配置。

（二）倾销对进口国的影响

倾销对进口国经济带来的不利影响是各国进行反倾销的最直接依据，它主要表现在以下方面。

1. 对进口国同类产品的国内工业的冲击

在外国产品的大幅倾销下，进口国的消费者会由于消费价格较低的倾销产品至少在短期内提高其福利水平。但是，倾销进口产品却可以冲击甚至摧垮进口国生产与倾销产品相似或直接竞争产品的工业。因为在廉价倾销进口产品的冲击下消费者把原先对本国产品的购买需求转向倾销进口产品，这就造成进口国同类或相似产品生产经营者往往被迫大幅降价或转产，甚至被吞并。

2. 对进口国消费者利益的伤害

通常在市场经济下，往往市场竞争越激烈，消费者从中获利就越多。但倾销商的最终动机往往是将进口国竞争者挤垮后再利用垄断地位在进口国内抬高价格。因此，最终广大消费者还是会受到诸多负面影响。

3. 对进口国的资源配置产生误导

倾销产品涌入后，进口国会由于接受倾销所显示的错误价格信号，而造成在资源使用上的错误决策。一旦出口国停止倾销后，进口国就要为资源重新配置付出很大的调整成本。这一点尤其突出表现在短期倾销行为的危害影响上。事实上，现实中的倾销行为绝大多数属于短期倾销。

（三）倾销对第三国的影响

一项倾销产品只有在进口国市场上存在与第三国出口产品竞争的情形下才涉及对第三国的损害问题。如果存在竞争，则会由于进口国市场对第三国产品需求的下降造成第三国的出口商利益受到损害。简单地说，就是第三国产品进入进口国市场参与公平竞争的机会被倾销商剥夺，并且第三国的国内消费者也没有获得享受到低价的倾销产品的好处。

此外，除了在经济方面给上述各方带来损害之外，倾销对国与国之间的政治关系也会产生影响，有时甚至会成为影响两国关系的重要导火索。

第二节　反倾销的依据

因为有倾销才产生反倾销的概念，根据以上关于倾销的概述，反倾销可以定义为：进口国反倾销调查当局依法对给本国产业造成某种损害的倾销行为采取征收反倾销税等措施以抵消损害后果的法律行为。一国要对某种进口商品实施反倾销，也就是征收反倾销税一般要满足三个必要条件：①确定倾销的存在及倾销的幅度大小，因为反倾销税是按倾销的价格差额征收的；②倾销对进口国的工业或相关行业标准造成重大损害；③倾销进口商品与存在的损害有因果关系。因此，对这三个方面的认定就是进行反倾销的依据，本节就这三个方面的认定进行阐述。

一、确定倾销和倾销幅度

进口商品以低于正常价值的出口价格向某国进行销售的行为被视为倾销。从这个定义可以看出，倾销与倾销幅度的确定取决于三个方面的因素，即正常价值、出口价格、正常价值与出口价格的比较。出口价格与正常价值之间的差额即为倾销幅度，它是计算征收反倾销税税率的基本依据。

（一）关于正常价值

正常价值（Normal Value）是反倾销法中一个重要的基本概念，通常是指进口产品相同或类似产品在出口国国内正常贸易条件下供消费时的可比价格。通常有三种法方法可以确定正常价格，采用出口国国内价格；采用第三国价格；采用构成价格。其中，构成价格是指该相同或类似产品的生产成本加合理费用和利润。

1. 出口国国内价格的确定要满足以下条件

①与被控倾销产品相比较的产品，必须是相同产品和类似产品。所谓相同产品是指产品的外部特征、物理化学性能及用途各方面都一样；所谓类似产品是指虽然不是在各个方面都一样，但在物理、化学性能及用途方面十分相似或者主要方面相同的产品。②通常该相同或类似产品在出口国国内市场的销售量达到或超过其向特定的进口方出口数量的5%时，才可以被认为是进行正常价值认定的足够数量。如该数量不足5%，则一般不宜根据出口国国内供消费的价格认定正常价值。③被诉产品在出口国国内市场上的可比价格是在市场正常竞争当中形成的具有代表性的市场价格。有代表性的市场价格是指独立的没有关联的企业之间或企业与消费者之间正常的交易价格，应当排除企业内部交易或关联交易中使用的价格以及一些非市场因素形成的价格。

此外，为了使同类产品价格条件具有可比性，对正常价值的计算因素进行适当的调整是可取的和必要的。

2. 确定第三国市场上可比价格的条件

选择向第三国出口的价格作为正常价值，应注意该价格应当不低于成本，且应当注意该价格的选择必须具有代表性，向第三国出口的数量也应达到向该特定进口方出口数量的5%。同时，选择第三国的市场结构应与出口国相似。

3. 如何计算构成价格

如果同类产品在出口国国内市场或第三国市场上不存在可比价格或以低于单位成本的价格销售，应当被视为非正常贸易过程中发生的销售，调查机关在确定正常价值时应当不使用该种销售条件下的价格，而采用构成价格作为正常价值。这里，单位成本包括固定成本和可变成本，是指生产成本加管理费用、销售费用和一般费用的总和。

根据世界贸易组织《反倾销协议》的规定，构成价格是由原产国的生产成本加合理的管理费用、销售费用、一般费用和适当的利润构成。

计算结构价格应依据被调查的出口商或生产者在正常贸易过程中生产和销售同类产品的实际数据确定，若不能在此基础上确定，则应按照以下规定计算：①有关的出口经营者或生产者在原产地国国内市场上生产和销售一般同类产品所产生和实现的实际数额；②其他受调查的出口经营者或生产者在原产国国内市场上生产和销售同类产品所产生和实现的实际数额的加权平均数；③任何其他合理方法，条件是如此确定的利润额不超过出口经营者或生产者在原产地国国内市场上销售一般同类产品通常所获得的利润。

（二）关于出口价格

出口价格是指在正常贸易中一国向另一国出口的某一产品的价格，即出口经营者将产品出售给进口经营者的价格。出口价格可以依据以下条件确定：①进口产品有实际支付或应付价格的，以该价格为出口价格。这是确定出口价格的基本方法。实际支付或应付价格，首先是指出口产品的离岸价格，其次是指根据交易发票以及其他有关的会计文件确定的价格。②进口产品没有实际支付或应付价格的，或者进口价格不能确定，或者由于出口商与进口商或者第三者之间的联合或补偿性安排而使出口价格不可靠的，则出口价格可以在进口产品首次转售给独立购买人的价格的基础上报定。③如果被调查产品未转售给一个独立购买人或未按进口时的状态转售进口价格，可在主管机关确定的合理基础上推定。

（三）关于正常价值与出口价格的比较

世界贸易组织《反倾销协议》规定，在出口价格和正常价值之间应进行公平比较。中国的《反倾销条例》也规定，应对进口产品的出口价格和正常价值按照公平合理的方式进行比较，以确定倾销幅度。为使出口价格和正常价值比较更具有公正性和权威性，比较时应满足以下基本要求。

（1）对出口价格和正常价值应在同一贸易水平上进行比较，通常是指在出厂价的水平上，尽可能接近于在开始销售的同一时间基础上做比较。

（2）对影响价格比较的各种不同因素，应根据每一案例的具体情况做出适当的调整，包括销售条件的不同、税收的差异、贸易水平的高低、数量和物理性能的不同，以及其他表明将会影响价格比较的因素。如果涉及成本费用，包括进口与转售之间产生的关税、税收以及所获利润，也应做出调整。

（3）如果在这些情况下，价格的可比性已受到影响，则主管机关应在与预算的出口价格相同的贸易水平上确定正常价值。

（4）主管机关应当向涉案各方说明为保证进行公平比较所必需的信息，但不得对这些当事方强加不合理的举证责任。

（5）如果这种比较涉及货币的兑换，则汇率的换算应以销售之日的汇率进行，销售之日应按签订合同日期、购买订单日期、订单确认日期或发票日期中的任何一个可以确定实质销售条件的日期确定。如果期货市场的外汇交易直接涉及出口交易，则汇率波动不予以考虑，而以期货交易的汇率为准。

（6）调查阶段倾销幅度的存在通常应在对加权平均正常价值与全部可比较的出口交易的加权平均价格进行比较的基础上确定，或在逐笔交易的基础上对正常价值与出口价格进行比较而确定。如果主管机关认为一种出口价格在不同购买者、地区或时间之间差异很大，且如果就为何不能通过使用加权平均对加权平均或交易对交易进行比较而适当考虑此类差异做出说明，则在加权平均基础上确定的正常价值可以与单笔出口交易的价格进行比较。

总之，倾销价格的确定方法，可以是在加权平均正常价值与所有可比较的出口交易的加权平均价格之间的比较，也可以是在正常价值与逐笔交易的出口价格之间进行的比较。

（7）如果产品不是直接从原产地国进口，而是从一个中间国向进口方出口，则产品从出口国向进口方销售的价格，通常应与出口国的可比价格进行正常比较。但在下列情况下，可以使用原产地国的价格进行比较：①有关产品只是通过出口国转运；②有关产品在出口国不生产；③在出口国无可比较的价格存在。

（四）正常价值与出口价格的比较结果与计算

按照公平合理的原则，在对正常价值与出口价格进行必要的调整后，即可直接进行比较。比较的结果大致分为以下三种情况。

1. 存在倾销

出口价格低于正常价值，表明存在低价倾销，其出口价格即为倾销价格。若进一步的调查表明损害存在及倾销价格与损害之间存在因果关系，则出口价格低于正常价值部分的差额即为倾销幅度，构成征收反倾销税的基础。据此可以做出倾销存在的认定。

2. 不存在倾销

出口价格高于或等于正常价值时，表明不存在低价倾销，反倾销调查应立即终止，无须进行损害的调查。

3. 可以忽略不计的倾销幅度

出口价格低于正常价值的差额（即倾销限度）如果等于或小于出口价格的2%，可以忽略不计，倾销调查和损害调查可以终止。

二、倾销损害的认定

损害及损害程度调查是反倾销调查工作的中心环节之一，是确定是否对倾销进口产品征收反倾销税的重要依据。在这个过程中，首先要确定损害调查期，然后再对产业损害的程度做出认定。

（一）确定损害调查期

世界贸易组织在2000年5月5日的会议上对此提出了建议：产业损害调查期一般应选择在立案调查决定公告之日的3年以上的时间，最少不得低于3年时间，并且按照倾销调查与损害调查的逻辑关系，损害调查期应将倾销调查期包括在内。倾销调查期一般应选择在立案调查决定公告之日前1年的时间，最少不得低于6个月。

在这里同时提出损害调查期和倾销调查期，因此有必要将这两个概念区分开。一般来说，除非企业经营时间不足3年等特殊情况，损害调查期应为3年及以上，倾销调查期为1年。损害调查期比倾销调查期长的原因在于可以充分了解产业受损害的趋势与程度，以做出公正合理的裁决。

（二）损害及认定损害的原则

损害是指对一国国内产业的实质损害、对一国国内产业的实质损害威胁，或对此类产业建立的实质阻碍。这里所说的实质性是指重大的、显著的、已有证据确实存在的，而非轻微的、较小的、猜想的。对损害的认定包括一系列认定原则，同时对于损害所包含的实质性损害、实质性损害威胁以及实质性阻碍也有一系列的认定标准。

1. 确定损害的原则包括一般性原则和累计评估原则

（1）一般性原则是指被控倾销进口产品的数量及其对进口方国内市场同类产品价格的影响以及这些进口产品对国内同类产品生产者造成的后续影响。在对上述两方面证据进行审查时，如果涉及多种因素的影响，则单独或几个因素的影响结果不能必然地导致损害存在的确定。

（2）累计评估原则是指进口方调查机关在确定产业损害时，可以对来自不同国家或地区的倾销产品对其国内产业所造成的损害或影响进行累计评估。在通常情况下，某一特定国家的被诉倾销产品的倾销幅度小于2%，或该国倾销产品的进口数量少于进口方同类产品进口总量的3%，只要上述一个条件存在，其对进口方产业损害的影响就可以忽略不计。这些国家称为微量国家。当2个以上微量国家的倾销产品进口数量之和超过进口方同类产品进口总量的7%，并且倾销幅度又超过2%时，则不能忽略不计，应进行累计评估。

2. 实质性损害及认定标准

实质性损害是指对进口方同类产品的销售产生重大影响，严重损害进口方同类产品生产者的利益及其产业发展。

（1）其特征主要是：①损害已经存在的国内产业。这是区别实质损害与实质阻碍的主要标志。②该产业受到的损害是一个已经实际发生的事实。损害在相关企业销售账目加收益账目有明显的反映，这是区别实质损害与实质损害威胁的重要标志。③该产业所受到的损害是“实质性”损害，而非一般的、轻微的、可以忽略不计的损害，或是潜在的尚未发生的损害。这是区别“实质性”与“非实质性”损害的重要标志。

（2）其认定标准如下所述：①倾销进口产品数量的增加。调查机关应考虑倾销进口产品的绝对数量，或相对于进口方国内生产或消费的数量是否大幅度增长。至于何种程度才应判定为大幅度增加，世界贸易组织《反倾销协议》无具体规定。由于世界贸易组织《反倾销协议》规定了倾销幅度小于2%，倾销数量小于3%为忽略不计的界限，在实践中可以理解为倾销幅度与数量大于这两个比例即为大幅度。②进口产品对进口方国内同类产品价格的影响。对进口产品与进口方同类产品的价格进行比较，以认定是否导致国内同类产品大幅度降价的现象，或者严重抑制同类产品的市场价格，或者在很大程度上阻碍同类产品本应发生的价格提升。③对国内产业的总体影响。倾销产品对进口方国内产业的总体影响，大致可以分为以下几类指标：第一，销量、利润、产量、市场份额、生产率、投资回报、设备能力利用的实际或潜在的下降。第二，影响国内价格的相关指标。第三，对现金流量、库存、就业、工资、增长率、筹措资金或者投资能力的负面作用。第四，倾销幅度的大小。需要注意的是，这些指标也不是完全的，这些因素中的一个或几个均未必能够导致最终的结论。

3. 实质性损害威胁及其认定标准

实质性损害威胁是指倾销进口产品对进口方国内产业虽未造成事实上的实质性损害，但有证据表明，如果不采取措施，将导致实质性损害的产生。

（1）实质损害威胁有三个特征：①受到威胁的产业是进口方已经建立

的产业。这是与实质阻碍的主要区别。②该产业受到的损害是一种现实的威胁。这是区别实质损害和实质损害威胁的主要特征。③这种损害威胁是一种事实而不能仅仅是猜测。

（2）实质性损害威胁的认定标准如下所述：①倾销的进口产品以大幅度增长比例进入进口方市场，表明有实质增加进口的可能性，是既成事实的增长并非预测。②出口商有可充分自由使用的或即将实质性增加的出口能力，表明倾销产品有实质性向进口方市场增加出口的可能性。③进口产品是否会对国内价格带来严重抑制或压低的影响，以及是否会增加对更多进口产品的需求。④被调查产品的库存情况。

4. 实质性阻碍及其认定标准

实质性阻碍是指倾销产品严重地阻碍进口方国内生产同类产品产业的建立。它有三个特征：①受阻碍产业是尚未建立的产业。这是与实质性损害或实质性损害威胁的主要区别。但是对于如何确定一个产业是未建立起来的产业，目前各国的说法都不统一，并且世界贸易组织《反倾销协议》也没有明确的规定。②受阻碍的国内产业是正在建立中的新产业。这一新产业是指已在初步建立和形成之中，产业中已有个别企业可以批量生产并且能够盈利。③影响这个新产业建立的阻碍是实质性阻碍。

世界贸易组织《反倾销协议》只提出确定实质性阻碍存在的一般概念和原则，而没有具体定义和解释。目前，从各国的反倾销法来看，对实质性阻碍都没有做出详细的规定。实质性阻碍的具体认定标准原则上可以参照实质性损害对国内有关产业影响的标准进行分析，包括对影响产业发展的相关因素和指标进行评价。

三、倾销与损害因果关系的确定

在反倾销调查当中，确认倾销与损害成立以后，还必须确定倾销与损害间存在因果关系。这是反倾销调查的第三个必要步骤。确定倾销的存在及倾销的幅度大小，只有倾销对进口国的工业或相关行业标准造成重大损害以及倾销进口商品与存在的损害有因果关系这三个步骤都成立，才能采取反倾销措施。如果缺少一个步骤或者一个步骤被否定，反倾销调查就必须终止，因而确定倾销与损害的因果关系是十分重要的。因果关系的确定主要是依据对决定因果关系的因素进行分析、对非决定因果关系的因素进行排除等方式来确定。

（一）因果关系的定义及其种类

因果关系是指进口产品的倾销与进口方国内产业所受损害之间的联系。倾销与损害之间的因果关系有以下三种基本类型。

1. 一般因果关系

一般因果关系是指当进口方国内产业的损害是由进口产品倾销和其他原因共同造成的结果，那么倾销就只是造成损害的一个因素，表明倾销与损害之间存在相关性。只要倾销与损害之间存在相关性，只要倾销是造成损害的原因之一，就可以认定倾销与损害之间存在因果关系，对倾销产品实施反倾销措施是公平合理的，是法律允许的，这也是目前世贸组织《反倾销协议》确定的基本原则。

2. 主要因果关系

主要因果关系是指进口方国内产业的损害完全或主要是由倾销产品造成的。1967 年，《反倾销协议》规定，只有具备主要因果关系，才能对倾销产品实施反倾销措施，这条规定不久即被废除。但是在目前的反倾销调查当中，如果倾销与损害存在主要的因果关系，采取反倾销措施的理由将更加充分。

3. 无因果关系

无因果关系是指进口方国内产业的损害不是由倾销产品造成而明显由其他原因造成，则表明两者之间不存在因果关系，即无因果关系。

（二）决定因果关系的因素

决定因果关系的因素至少有 15 个。这些因素可以分为三大类，即进口数量、价格影响和对进口方国内产业的冲击。这些因素对于倾销与损害因果关系的确定具有决定性意义。

1. 进口数量

进口数量在进口方国内产业遭受损害时如果呈大量增长趋势，最容易证明因果关系的存在。当倾销产品大量增加时，如果进口方同类产品销售量或销售额的增长速度明显减缓、销售增长停滞不前，或者大幅度下降，都表明倾销与损害之间存在因果关系。

2. 价格影响

被诉倾销产品在大量进口期间，如果进口方市场上同类产品的价格明显下降，或价格出现下降趋势，或按照需求因素价格应该上升而受到抑制，都表明倾销与损害之间存在因果关系。

3. 对进口方国内产业的冲击

审查被诉倾销产品对进口方国内产业的冲击程度需要考虑三组因素或指标：①进口方产业的产量、销售量、利润、市场份额，投资回报率、生产率、开工率的存在实际或潜在下降。②被控倾销产品对进口方国内产业现金收入、库存、就业工资、筹集资本的能力与投资方面的存在实际或潜在不利影响。③被诉倾销产品对同类产品产业其他经济指标的具有负作用。

（三）非决定因果关系的因素

上文已阐述过因果关系的确定主要依据对决定因果关系的因素进行分析、对非决定因果关系的因素采取排除等方式来确定。因此对决定因果关系的因素进行分析的同时，还应对非决定因果关系的因素予以排除。如果非决定因果关系的因素是造成损害的主要或全部原因，则决定因果关系的因素不成立，反倾销调查将终止。

应排除的非决定因果关系的因素至少有 5 个：①未以倾销价格出售的进口产品的数量和价格；②进口方国内需求下降或消费结构发生变化；③外国与进口方生产者之间的竞争和限制贸易行为的影响；④国内产业生产技术的影响；⑤进口方同类产品出口实绩及国内产业劳动生产率的变化。

世界贸易组织《反倾销协议》强调，上述所列举的因素并未包括全部应排除的因素。根据中国和其他国家的反倾销实践，其他因素如进口方经济危机的周期性影响、企业经营管理不善、产品质量差、推销手段与技术落后、新的替代产品的出现以及出口国与进口方之间有配额安排、不可抗拒的自然和人为的事故、国家产业政策和外资外贸政策等，也是可以考虑排除因果关系的因素。

对非因果关系因素的排除，将进一步证明倾销与损害之间存在确凿的因果关系，对公平、公正地裁定倾销给进口方国内产业造成损害具有重要的佐证意义，在倾销裁定中运用是十分必要的。

第三节　容易与反倾销混淆的几个概念

世界贸易组织确立的允许其成员方在特定条件下采取的贸易补救性措施，主要包括保障措施和反倾销、反补贴三种。可以说，它们已经成为世界贸易组织及其成员方维护对外贸易秩序和公平竞争的重要法律依据和手段。保障措施和反补贴与反倾销既有相同点也有不同之处，是容易与反倾销混淆的两个概念。本节就反倾销与保障措施和反补贴的关系阐述它们与反倾销的异同。

一、反倾销与保障措施

（一）保障措施概述

保障措施是国际贸易协定中常见的一种条款，是指进口国政府对危害本国产业的进口产品所采取的限制措施。一般包括限制进口或增加关税，也可以两者并用，以达到本国产业免受外国产品冲击的目的。保障措施是世界贸易组织规则允许的保护国内产业的一种行政措施，是各成员方政府依法维护本国产业利益的重要手段。其目的是允许任何一个成员方在特定紧急情况下，为保障本国经济利益解除《关税与贸易总协定》规定的义务，对因履行协定所造成的严重损害进行补救，或避免严重损害威胁可能产生的后果。

关于保障措施的规定最早见于1947年《关税与贸易总协定》第19条。由于《关税与贸易总协定》（GATT）缔约国履行降低关税和取消其他贸易壁垒的义务会加剧产业部门，尤其是某些工业和农业部门的竞争，即使关税减让分阶段实施，短期内仍难以适应新的竞争环境。为此，GATT 1947第19条规定，当一成员方发现由于关税减让等原因，导致某一产品进口激增，以致对其国内生产商产生或即将产生严重损害时，该成员方可对该进口采取保障措施。

GATT保障措施的实施应基于最惠国待遇的原则，但许多发达国家采取了诸如自愿出口限制和有秩序的市场安排等“灰色区域”措施，即进出口国之间在GATT之外，私下对某些产品达成双边（或多边）限制出口的协议。它的实施比保障措施简便易行且不用补偿，因而盛行。由于对“灰色区域”措施的利用不断增加，干扰和影响了保障措施的正当运用，因此背离了最惠国待遇原则的要求。

为防止滥用保障措施和维护其正当性，完善和强化GATT的保障机制，总结各成员方使用保障措施几十年的实践经验，“乌拉圭回合”达成了《保障措施协议》，作为GATT 1994第19条的适用规则。它由14个条款和1个附录组成，包括总则、条件、严重损害或受到威胁的确定、保障措施的实施、对发展中成员方的特殊待遇、磋商与争端解决等内容，涵盖实体规则和程序规则，使GATT 1947第19条具有更强的可操作性减少了随意性。

世界贸易组织《保障措施协议》规定，如果进口成员方经过调查机关调查后，确定进口大幅度增加，以致对其国内同类生产行业造成严重损害时，可授权进口成员方政府对该进口实施临时限制。进口国应基于最惠国待遇原则来实施，以提高关税税率或数量限制的形式采取紧急保障措施。

（二）保障措施的性质

从性质上看，保障措施是整个世界贸易组织体制中的一个例外，它为成员方提供了免除义务的条件和程序。保障措施意在协调两个相互冲突的目标：在推进成员方贸易自由化的进程中，兼顾成员方的经济主权，使之在必要时可以适度维护自己的经济利益和经济安全；在谋求成员方对开放市场、自由贸易最大限度承诺的同时，给成员方适度背离义务的宽容。

（三）保障措施的特点

保障措施的特点在于它是世界贸易组织成员方在公平贸易条件下保护国内产业的重要手段。与反倾销只针对不公平贸易中特定国家的产品不同，它所针对的是公平贸易条件下所有国家的同类产品。同时，当一成员方限制进口以保障其国内产业时，原则上必须给予因此而利益受到影响的成员方相应的补偿。保障措施一般是在防止或补救严重损害并帮助有关企业进行调整的必要限度内实施。

一般来说，采取保障措施的程序是生产有关产品并受到进口不利影响的产业部门启动的。该产业部门要注意观察进口的流向和产业自身的情况，若它认为需要采取保障措施，而且符合上述前提条件，就可以要求政府启动保障措施程序。

只有在经过规定的调查程序确认进口增长正在对生产同类或直接竞争产品的国内产业造成严重损害或严重损害的威胁后，一成员方才可以采取保障措施；未经进口方主管机关的国内产业损害调查，不得采取保障措施。

由于保障措施针对的是公平的外国竞争，并且实施保障措施的决策层次较高而且适用条件要比反倾销措施严格，各国一般不轻易采取。

（四）保障措施与反倾销的异同点

1. 保障措施与反倾销的相同点

第一，它们均是为保护国内产业而采取的行政措施；第二，均是针对进口产品（过量或者倾销）而采取的行政措施；第三，均是以（大部分）国内相关产业受到损害为起因而采取的一种行政措施；第四，均是国内产业受到损害并与进口产品有因果关系时，才能采取的行政措施。保障措施的表述是损害有关进口产品的大量增加造成的；反倾销的表述是损害有关进口产品倾销造成的。

2. 保障措施与反倾销的不同之处

（1）保障措施的适用条件要比反倾销严格得多。第一，申诉方要证明进口产品的数量在一定时期内一直在增加，增加可以是逐年在绝对数量上的增加，也可以是相对于进口国生产量的增加。第二，保障措施中的严重损害包括损害和损害威胁，不包括阻碍某一产业的建立，反倾销中的损害则包括此点。第三，保障措施所要求的严重损害程度比反倾销的实质损害程度要高，这可以表述为：足以使进口目的相关产业处于非临时性的极为困难或濒临破产的境地。第四，进口国在断定进口数量增加的基础上，还必须证实此等增加是意外情况和承担总协定义务所致，而反倾销则只要证明倾销产品是造成损害的原因即可。

（2）两者适用的法律责任不同。在构成倾销的情况下，出口商给进口国生产商造成实质损害，但这种行为既不是违约行为，也不是民法上的一般授权行为。因此，出口商和进口商承担的不是民事责任，而是行政机关裁决的征收反倾销税的制裁，是一种广义上的行政处罚。从保障措施来看，进口国采取的自我保护行为不是建立在针对某一个或某几个出口国的制裁或处罚上，而是建立在授权于 GATT 第 9 条的免责条款上的。

（3）两者适用的范围不同。反倾销是抵制国际贸易中的不公平贸易行为，针对的是来自某一国家的进口产品。即便有几个国家同时对其实施倾销，进口国亦可以自主选择反倾销的对象。保障措施限制的进口产品是在公平竞争情况下的进口产品，而且针对的是某一产品的输入。也就是说，该遭受损害的成员方不能只针对某一成员方的产品实施保障措施，而对其他成员方的相同产品置之不理。保障措施要求体现一种非歧视原则。《保障措施协议》中的表述是“各项保障措施应对正在进口的产品适用而不问其来源”。

（4）两者的适用程序不同。根据《保障措施协议》的有关规定，实施保障措施的成员方应尽可能提前用书面形式通知其他成员方全体，以便成员方全体及与这项产品的出口有重大利益关系的成员方有机会与其他成员方就拟采取的行动进行协商。实施保障措施的成员方应将调查过程、调查结论和实施或延长实施保障措施的决定通知保障措施委员会，并将协商结果及时通知货物贸易理事会。各成员方应将各自涉及保障措施的法律规章及行政程序及时通知保障措施委员会。这其中强调的是相互沟通协商的过程。虽然在反倾销程序中也要求出口国通过书面形式通知并要求出口商配合调查，但最终还是进口国根据调查材料独自裁判。

（5）它们采取的措施不同。反倾销措施主要是征收反倾销税和价格承诺。保障措施的范围则比较广泛，包括增加关税、实施关税配额、数量限制、举行双边或多边贸易谈判等。

二、反倾销与反补贴

（一）补贴与反补贴概述

补贴（Subsidy）一词在自由资本主义贸易初期即16世纪、17世纪是指政府为支持本国出口商占领国际市场而给予出口商以扶持和奖励，18世纪、19世纪的英国政府更是把补贴与倾销（Dumping）相结合，大搞国际垄断和殖民掠夺。1776年，亚当·斯密曾在《国富论》中讨论了当时各国允许对出口贸易实行官方奖励的习惯做法，并将其称为倾销。由此，从历史的角度来看，补贴与倾销有着密不可分的联系。随着国际贸易的不断发展，现代人们在国际贸易关系中对补贴的理解通常仅指出口补贴，即由政府对出口商所生产经营的某种产品给予一定现金补助，或通过财政、税收、金融等优惠措施给予间接的物质、财力等方面的支持，从而使出口商可以以较低的出口价格参与国际竞争，并以此获得有利的竞争优势。

反补贴则是指由于出口国政府对产品出口企业进行补贴，并因此给进口国生产相似产品的产业造成损害，或实质损害威胁，或实质阻碍某一产业的建立和发展，进口国政府有权对已获补贴的进口产品征收一定程度的反补贴税。在《关税与贸易总协定》中反倾销与反补贴规定在同一条文中，由此可见两者的关系是极为密切的。

乌拉圭回合谈判形成的《补贴与反补贴措施协议》是WTO协调各成员间的贸易政策，坚持非歧视贸易原则，消除歧视性待遇，扩大全球贸易的重要体现。《补贴与反补贴措施协议》的主旨是其成员反对另一成员政府或者当局对某一出口产品给予财政或公共性的经济性补贴，并可按协议规则采取限制进口的措施。

（二）反补贴与反倾销的异同点

1. 两者的相同之处

（1）由于出口倾销与出口补贴都是国际贸易中的不公平竞争行为，都是以低价出口产品，故倾销与补贴行为的后果也极为相似，都会给进口国产业造成实质性损害，或实质性损害威胁，或实质性阻碍产业的建立。

（2）反倾销法与反补贴法的立法宗旨都是为了限制进口，保护本国相关产业免遭损害。

（3）反倾销与反补贴的受理机构一致，都是由行政机关进行裁决，调查裁决过程也有很多相似。

（4）依据反倾销法和反补贴法而采取的自保制裁措施都是征收一定数额的税款，用以消除倾销或补贴造成的损害。

2. 两者的不同点

（1）倾销与补贴的行为主体和方式不同。倾销行为的主体是出口商，是出口商以低于正常价值的方式出口产品，并因此给进口国产业造成损害。补贴行为的主体是出口国政府，是出口国政府对出口商实行优惠政策，给予特殊的经济或财政上的补助，并因此给进口国产业造成损害。

（2）反倾销法与反补贴法的适用范围不同。对来自一国产品的制裁方式只能选择其一，要么实施反倾销措施，要么采取反补贴措施，即不可能对同一国的同一产品同时征收反倾销税和反补贴税。反倾销法适用于来自所有国家包括市场经济国家和非市场经济国家的倾销产品；反补贴则只适用于来自市场经济国家的补贴产品，不适用于非市场经济国家的产品。这是因为西方国家普遍认为非市场经济国家不存在“市场”，长期受国家“计划”指导，无法划清企业财产与政府补贴的界限，出口补贴等于出口国政府自己补贴自己。因此，其反补贴法不适用于来自非市场经济国家的进口产品。

（3）反倾销与反补贴的课税标准不同。GATT 规定，为了抵制和防止倾销，可以对倾销的产品征收数量不超过这一产品的倾销幅度的反倾销税；对于反补贴税课税金额的规定则是，不得超过该进口产品所得到的全部补贴的估计数，包括生产、制造或输出时的直接和间接的补贴，以及在运输过程中的特殊补贴等。

第四节　关于反倾销的理论分歧

对于反倾销是否合理，在国际贸易领域也有争论。这些争论试图确定是否应该反倾销，或者确定哪些种类的倾销应该被抵制或制裁。其实这些争论说到底还是贸易自由主义者与贸易保护主义者之间相冲突的观点。贸易自由主义者认为，反倾销阻碍世界贸易的自由发展，应予以淡化；而贸易保护主义者则认为，倾销具有极大的危害性，应加强反倾销措施以抵制各种类型的倾销。了解反倾销是否合理的理论分歧有助于在具体分析案例的时候做出更加客观实际的判断。

一、认为反倾销不合理的理论依据

总的来说，认为反倾销不合理的依据主要有以下三点。

（一）倾销的界定标准不客观

这种观点认为，出口价格低于国内价格不算倾销。因为仅以产品出口价格是否低于国内价格来判断出口价格是否公平或合理是一个概念上的错误，而忽视供求规律中的需求一面。在跨国营销时，产品的国内外价格差异是客观存在的。在稳定的相互分割的市场上，只要需求价格弹性不同，生产者就会实行价格差异。这种观点还认为，出口价格低于成本价格也不算倾销。因为，在市场经济运行中，企业以边际成本作为短期内决定有效产量与制定价格的基础。一般来说，如果企业的成本已经固定，在市场疲软的情况下，企业此时停止生产，损失只会更大，以低于平均成本的价格出售可能是唯一的选择。这是企业对于国内外市场需求变化的预测不准，不得已而采取的一种应对调整措施，应当将此视为一种正当竞争手段，而不应该视为价格歧视。如果企业在国内以低于成本的价格销售商品不会受到反托拉斯法的制裁，外国出口商以低于成本的价格销售商品却会受到反倾销法的制裁，这本身就是一种歧视性的不公平，是一种贸易保护主义行为。

（二）倾销是一种正当的竞争行为

即使是真正的倾销，也并非必然是件坏事，在许多情况下，倾销有其一定的合理性。在国内市场饱和的情况下，为了在一定期限内实现利润，或者为了尽量减少经济损失，企业就有必要在国际市场上以低价销售产品。因为决定价格的因素除生产成本外，还有外国销售市场的实际情况。如果外国市场消费者收入水平低，或者市场竞争强度大，或者市场萧条，企业就有必要以低于国内市场的价格出售产品。在这种情况下，即使企业以低于成本的价格出售产品也是有道理的，而且有时候低价销售不是出于利润最大化，而是出于长期生存的战略需要，并非不公平竞争。在进入新的国际市场的情况下，低于国内价格乃至低于成本销售，不仅符合商业规律，而且是国际贸易中的通行做法。

（三）反倾销缺乏理论基础

反倾销政策理论基础是价格歧视，但在许多方面是自相矛盾的。根据反托拉斯法的传统观点，反对价格歧视的内容是反对垄断企业对某个或某些客户实行高价的行为，而反倾销反的却是低价行为。如果将倾销视为价格歧视，政府应当打击的是出口商在国内实行高价的行为，而不是其在国外的低价销售行为。出口商之所以能在国内实行高价销售，是因为存在进口关税、配额、技术标准等人为的贸易障碍以及自然的国际贸易障碍。正是这种障碍扭曲了国际贸易，促进了垄断势力。因此，出口商以高价在国内市场销售产品，而以低价在国外市场上销售相同产品，采取制裁行为的应是出口国政府，而不是进口国政府。政府的政策不应强迫出口商提高其出口价格，而应努力打破国家间的贸易壁垒，使出口商降低国内价格。

总结一下认为反倾销不合理的观点，反倾销并没有起到保护竞争的作用，而是变成限制竞争的手段；反倾销并没有带来公平竞争，反而导致不公平竞争的发生；反倾销也未能改善发起国的福利水平，反而给国民经济带来诸多不良影响。因此，反倾销的理由是不充分的，并且日益演变成许多国家贸易保护主义的工具。

二、认为反倾销合理的依据

这主要是从倾销对进口国、出口国以及第三国的经济造成损害的方面来说的。这部分内容前面已做过阐述，此处不再赘述。

总而言之，认为反倾销合理的理由是：第一，倾销行为违背自由市场经济的公平竞争原则。如果出口商异常地、长期地以低于其国内市场价格或生产成本出口产品，十之八九都受到出口商本国政府不同形式的补贴。这种形式实际上已经改变贸易主体的实质或者说由于出口国政府的干预，破坏了公平竞争的原则。第二，倾销行为往往是以各种手段长期低价倾销以图挤垮进口国对手，逼其退出市场，从而使自己可以任意左右价格获得垄断利润为目的。第三，对于一个正常的企业，如果具备充分的市场竞争性，应该在市场上尽可能抬高其产品的售价，因而低价倾销不是企业追求高利润率、低生产成本的体现，也就不应该受到保护；相反，法律应该保护那些遵守市场规则的自律者。

第二章　国际反倾销法律制度

第一节　反倾销法概述

一、反倾销法的定义

反倾销法（Anti－dumping Law）是指调整国际贸易中抵制倾销中的不正当竞争行为和各种法律规范的总称。具体来讲，反倾销法是进口国为了保护本国经济和本国产业、维护正常的国际贸易秩序而对可能和已经造成损害的倾销进行制裁的法律规范的总称。反倾销法主要包括两方面的内容：一是运用法律手段消除倾销手段造成的损害，有效保护国内同类产品生产者的利益；二是使一国的反倾销法纳入国际化轨道，避免因滥用反倾销措施而破坏国际贸易秩序。

反倾销法可以分为以世界国际贸易组织《反倾销协议》为代表的国际反倾销法和各国政府制定的国内反倾销法两大类。反倾销法也可分为实体法和程序法。反倾销法的实体法部分主要涉及正常价值、倾销价格和损害的确定标准以及制裁措施等；而程序法部分是关于反倾销调查的申请、立案、调查和取证与裁定等。

二、反倾销制度的形成

倾销导致反倾销的产生，在最初阶段各国都是通过一系列措施进行反倾销，形成反倾销惯例。反倾销惯例进一步发展，便形成反倾销法，也就是反倾销的一种成文的条例和规定。

1776 年，亚当·斯密在《国富论》中论及的倾销实际上是出口奖励，与今天的出口补贴更为接近。1791 年，美国首任财政部长亚历山大·汉密尔顿针对美国独立后国内新兴工业面临英国产品的倾销指出，美国新兴工业遇到的最大障碍的根源是外国政府的出口奖励制度。1884 年，英国议会关于关税辩论中涉及对倾销的讨论，但倾销还是普遍意义上的价格战略，而不是国际贸易范畴的竞争手段。19 世纪末 20 世纪初，资本主义进入垄断阶段，垄断组织在西方各国相继形成，倾销现象对世界贸易的重大影响逐渐显露出来。一些国家的反垄断法虽将低价倾销视为价格歧视一类的不正当竞争行为，但也仅仅是针对国内倾销而言的，对跨国倾销则无能为力。当一些行业生产规模扩大、供大于求达到一定程度时，倾销便成为家常便饭。当时，英国、德国等老牌资本主义国家都在源源不断地将自己的廉价商品输往国外。尤其是德国，承认卡特尔垄断组织的合法地位，大力支持卡特尔的发展，鼓励其大肆对外掠夺性倾销以占领国外市场。正是德国和其他国家的倾销行为，导致他国针锋相对的反倾销立法。一些欧洲国家为联合抵制个别大宗日用品的倾销，制定了双边或多边反倾销协议。1902 年，以英国、荷兰为首的国家不满来自其他国家的食糖倾销，签订了关于反倾销的国际条约，开创了国际反倾销法的先河。

1904 年，加拿大在《海关关税法》中首次增加了反倾销法的内容，该法第 19 条规定，如果进口产品的价格低于该产品在该出口国的公平市场价值，则加拿大政府可对进口商品征收反倾销税。加拿大还制定了相关的反倾销条款实施细则，形成了反倾销法体系，被视为世界上最早的、比较完整的反倾销法。此后，西方国家纷纷效仿，制定了本国的反倾销法。新西兰和澳大利亚分别于 1905 年和 1906 年制定了反倾销法，美国在 1916

年的《税收法》中首次确立反倾销条款，并于1921年制定了反倾销法单行法规。美国1921年的反倾销法正式引入了购买价格、出口商销售价格、工业损害以及国外市场价值等基本概念，成为现代反倾销法的雏形。自此以后，人们才将倾销作为国际贸易领域中的不正当手段进行理论思考。所以说，"二战"前的反倾销法以国家条约形式出现，但以国内立法为主。

但在20世纪70年代以前，反倾销法对于反倾销的作用不算太大，原因有两个：其一，当时各国的高关税政策在很大程度上可以防止大规模的倾销发生。其二，从"二战"结束到70年代以前，以美国为首的资本主义国家出于国际政治的需要，结成紧密的同盟，这就减少了同盟国相互间的经济摩擦，而且使其阵营内部部分国家的倾销不会导致大的报复。但在70年代以后，由于在《关税与贸易总协定》的第七轮多边贸易谈判（即东京回合），各国由于承担了关税减让义务，已经不能再超过关税来限制进口。另外，各国之间的贸易摩擦却没有缓和。在1973～1975年的经济危机过后，这种贸易摩擦甚至进一步升级为贸易战。此外，各国经济的不平衡发展以及美苏关系的缓和，使得高政治军事和安全问题的担心减少，而使潜在的经济利益冲突的地位上升。正是在这种情形下，各主要资本主义国家纷纷强化非关税贸易壁垒措施。在众多的非关税贸易壁垒措施中，反倾销法是一个非常有效的反倾销武器。

以美国和欧洲为例，继1921年的反倾销法之后，又制定了多套反倾销法，如《1974年贸易法》（Trade Aet of 1974）、《1979年贸易协定法》（Trade Agreement of 1979）、《1984年贸易及关税法》（Trade and Tariff Act of l984）、《1988年综合贸易和竞争法》（Omnibus Trade and Competitiveness Act of 1988）都对反倾销条文做了汇编、整理、修正或补充。此外还有一些行政规章也对反倾销的机构和程序做了详细的规定，如1989年美国商务部颁布的《反倾销条例》等。

欧共体委员会于1965年5月向共同体理事会提出了制定统一的反倾销反补贴条例的建议，这项建议后来在1968年成为欧共体理事会《459/68号条例》。这是欧共体历史上第一个统一的反倾销反补贴条例。此条例分别在1973年、1977年、1979年、1984年、1987年经多次修正，日趋具体和成熟。1988年8月颁布的欧共体《2423/88号条例》则是目前仍在适用的最完备的反倾销法。

除此之外，其他国家也相继制定了与反倾销相关的立法。近年来，一些新兴的工业化国家和发展中国家也加快了反倾销的立法工作，如墨西哥从1985年以后完善了包括反倾销法在内的反不正当国际贸易行为的立法；韩国于1988年年底对原有的反倾销或反补贴法的总统令做了修正，强化了反倾销措施。

但反倾销作为一种国际性的惯例，是因为规范各国反倾销的国际标准已经形成。1973年，关贸总协定主持进行了“东京回合”。在这轮长达7年的谈判快结束时，与会各国以《关税与贸易总协定》第六条规定的反倾销原则为基础，达成关于实施关贸总协定第六条的协议》[又称《反倾销守则》（Anti - dumping Code）]。这项协议为各参加国的反倾销立法提供了一种国际标准，并试图通过扩大这种标准的适用，规范世界各国的反倾销措施。它的产生标志着真正意义上的反倾销国际惯例正在向规范化、成文化的方向发展。

因为有倾销才会产生反倾销的概念，根据以上关于倾销的叙述，反倾销可以定义为：进口国反倾销调查当局依法对给本国产业造成损害的倾销行为采取征收反倾销税等措施以抵消损害后果的法律行为。

三、反倾销法的特征

（一）从调整对象看，反倾销法调整的是倾销与反倾销关系

这种关系发生在出口商与进口国有关生产商之间，出口商与进口商基于买卖合同而产生的权利与义务关系并未受到损害，但出口产品却导致对进口国某一产业或产品的损害，因而产生倾销与反倾销关系。

这种关系在不正常的商品流通过程中发生，体现的是人为的价格歧视，导致第三者（进口国生产类似产品的生产商）受到损害，而成为反倾销法的对象。

（二）从法律渊源看，反倾销法表现为国内规范和国际规范两种形式

反倾销法的国内法渊源主要是指各国制定的有关反倾销的专门立法，以及在关税法、对外贸易法、行政法等其他法律、法规中的反倾销规则。

反倾销法的国际规范主要包括国际双边条约和国际多边条约。反倾销双边条约是指产品出口国和进口国政府之间为消除产品倾销和解决因倾销引起的贸易争端而达成的协议。这种协议很少见。反倾销多边条约最具影响的国际条约是《关税与贸易总协定》以及总协定下的《反倾销守则》。

（三）从性质与地位看，反倾销法属于经济行政法范畴

反倾销法在法律体系中的地位是属于经济行政法范畴的部门法。行政法是规定一个国家各个方面行政管理的法律和法规，是一个国家行政部门执法的依据，散见于大量的、各种形式的法律和法规之中。各国反倾销法正是通过国内立法程序制定的以不同形式表现的调整倾销与反倾销关系的行政管理法规。反倾销法通常由国家的行政机关实施。反倾销案件直接由有关行政机关受理和裁决，适用的程序是一般行政程序，按照反倾销法所采取的补救方法也是以征收反倾销税来抵消倾销差价的行政救济方法。

当然，反倾销法的经济行政法性质并不排除法院对反倾销程序进行司法审查的可能性，即当事人对反倾销行政裁决不服的，可向法院提起诉讼，提请法院对行政机构的裁决进行司法审查。在这种司法审查中，法院并不直接受理当事人的反倾销诉讼，而仅对行政机关的行政程序实施司法审查，实际上是对行政程序的法律监督。

（四）从立法和实施的目的看，反倾销法的目的在于保护进口国的经济和进口国同类产品生产商的利益，维护正常的国内市场秩序和国际贸易秩序

无论从立法角度还是从实施过程看，反倾销法都是抵制或制裁造成损害或损害威胁行为的一种合法手段，但必须限定在消除损害这样一个合理范围之内。超出这一范围，反倾销法就会成为推行贸易保护主义的工具，成为正常国际贸易的法律障碍，不仅无助于保护本国的经济利益，而且也容易招致其他国家的报复。这与反倾销法的目的是背道而驰的。

四、反倾销法的基本原则

（一）消除价格歧视，保障公平贸易的原则

什么是价格歧视？价格歧视是人为的，它扭曲了竞争机制下的价格水平，违背公平贸易的原则。倾销是价格歧视的一种表现形式，是各国反倾销法和《关税与贸易总协定》都明文规定应予谴责的行为。

《关税与贸易总协定》第1条的最惠国待遇和第3条的国民待遇都体现了非歧视原则；第6条第1款也规定，以价格歧视方法造成的倾销应当受到谴责。消除价格歧视，保障公平贸易这一基本原则成为各国制定反倾销法的一项基本原则。

（二）合理实施反倾销措施原则

《反倾销守则》序言部分规定，采取反倾销措施不应成为国际贸易的不合理障碍。征收反倾销税是最常见的一种反倾销措施，是抵制倾销的有效方法，但必须在合理的限制范围内采用。征收反倾销税是有针对性的，即必须针对倾销造成的实质损害征收反倾销税。也就是说，如果出口国产品未对进口国的产业造成实质损害，或没有造成实质损害威胁，或未阻碍某项产业的建立，就不得征收反倾销税。

（三）注意发展中国家的特殊需要原则

1.《反倾销守则》的有关规定

《反倾销守则》序言规定，发达国家在采取反倾销措施时要“注意发展中国家的贸易、发展和资金的特殊需要”；第13条也规定，“认识到在审议本守则中反倾销申请时，发达国家应对发展中国家的特殊情况给予特殊考虑，如果反倾销税影响到发展中国家的基本利益，则应在实施反倾销税前仔细研究本守则提供的建设性补救措施的可能性”。

在《反倾销守则》签字后，根据某些发达国家和发展中国家的请求，发表了一项声明，可看作第13条的解释。声明指出，发展中国家的出口部门的经济管理方式不同于其国内的经济管理方式，形成了不同的成本结构，因此，应当认可发展中国家出口部门所采取的鼓励出口的措施。

2.《关税与贸易总协定》第四部分的有关规定

（1）第36条第1款第1项、第3项、第4项规定，考虑到发展经济和提高生活水平对发展中国家特别迫切，而发展中缔约国和其他国家之间在生活水平上存在很大差距，因此，发达国家有必要单独或联合采取行动，以促进发展中缔约国的经济发展和生活水平的提高。同样，如果反倾销措施严重影响发展中缔约国的经济发展和生活水平的提高，发达国家应给予同情的考虑，并采取必要的补救措施。

（2）第36条第1款第2项、第2款第3项以及第37条第1款第1项、第2项规定，考虑到发展中缔约国的出口收入对其经济发展有重要作用，而且需要迅速和持续地发展其出口收入，发达国家有必要做出积极的努力，保证发展中缔约国在国际贸易中能与其经济发展相适应的份额，并优先降低和撤除发展中缔约国目前或潜在的出口利益特别有关的产品的壁垒，不建立新的关税或非关税壁垒或加强已有的壁垒，包括不滥用反倾销措施来限制发展中缔约国产品的进口。

（3）第36条第4款、第5款，第37条第1款第3项规定，考虑到发展中缔约国长期依靠某些初级产品的出口，要尽最大可能对这些产品进入世界市场提供更为有利的条件，拟定一些稳定、公平和有利价格的措施，使这些国家出口的实际收入有不断稳定的增长。发达国家针对发展中缔约国采取的财政措施包括反倾销措施，如果将要阻碍或已经阻碍发展中缔约国的初级产品消费的显著增长，则应优先放宽和撤除这些财政措施。

（4）第36条第8款规定，发达缔约国在贸易谈判中对发展中缔约国承诺的减少或撤除关税和其他壁垒的义务，不能希望得到互惠。在反倾销问题上，也应酌情适用非互惠原则，即发达国家认可发展中缔约国鼓励出口的某些措施，不能期望得到互惠，更不能以此作为限制进口或采取反倾销措施的借口。

第二节　WTO 反倾销规则

反倾销是 WTO 允许的世界各国均可采用的维护公平贸易秩序、抵制不正当竞争的重要手段之一，反倾销法律已成为 WTO 成员方贸易法律的重要组成部分。

一、WTO 反倾销规则的形成

自 GATT 成立后，倾销和反倾销问题便成为 GATT 的一项重要议程。此后，历经 GATT 和 WTO 框架下的多轮多边贸易谈判，反倾销规则得以不断修正和补充，并在 1994 年《关税与贸易总协定》第 6 条的基础上，最终形成了 WTO《反倾销协议》。WTO 各成员方则以《反倾销协议》为基础，纷纷制定和修改了各自的反倾销政策，借以维护公平贸易环境，抵制倾销这一不公平竞争行为。

第二次世界大战前，世界各国在反倾销国内立法和实践中存在着严重差异，各国的国内反倾销立法助长了反倾销措施的滥用，反倾销已成为阻碍国际贸易发展和引发世界性经济危机的主要原因。

第二次世界大战后，世界各国特别是工业国家间倾销与反倾销问题的日趋严重引起了国际社会的关注。1947 年 4 月，由美国、英国、中国、法国等 23 个国家参加的国际贸易与就业会议筹备委员会第二届会议进行关税减让谈判，美国代表以美国的《1921 年反倾销法》为依据，将反倾销问题列入新签署的《关税与贸易总协定》（GATT）第 6 条，从此国际社会首次对倾销与反倾销规定了一项国际规则。

GATT 第 6 条的主要内容包括：明确宣布倾销行为应当受到谴责，各缔约国均享有对倾销的抵制权；各缔约国在行使其反倾销权利时应约束在非保护主义范围内；明确了倾销的定义；确定了可供比较的“正常价值”等。GATT 第 6 条在一定程度上限制了倾销行为，对保护进口国的工业生产，尤其对保护进口国的落后工业起到了一定作用。但是，GATT 第 6 条仅仅是对倾销与反倾销一个原则性的规定，许多问题并没有涉及，例如，何谓实质性损害和实质性损害威胁、反倾销行为与国际贸易竞争的关系、反倾销和滥用反倾销政策的界限等均未明确规定，因而在执行第 6 条时有不少困难，尤其在各国贸易保护主义要求日趋强烈的情况下，第 6 条则显得更加力不能及。再加之在反倾销案件处理上 GATT 第 6 条也没有明确的程序规则，所以没有实际操作性。因此，在 1948 ~ 1967 年肯尼迪回合的这段时间，通过 GATT 程序所受理的反倾销案只有一宗。

为了改变这一状况，GATT 成员国在肯尼迪回合期间，于 1967 年 6 月 30 日在日内瓦讨论通过了国际上第一个反倾销守则——《实施关税与贸易总协定第 6 条的协议》（简称《1967 年反倾销守则》或《GATT 反倾销法》），并于 1968 年 7 月 1 日生效。这是世界上第一部国际反倾销法。它的内容比较具体，主要针对 GATT 第 6 条制定以来所产生的问题做了较为严谨、详尽的补充规定，并且对一些关键性名词做出了解释，可以说是对 GATT 第 6 条的具体化。《1967 年反倾销守则》强调了制定本法的宗旨在于严格遵守 GATT 第 6 条关于反倾销的规定，并着重对反倾销政策的核心部分即倾销和损害的确定做了明确的规定，同时强调了倾销与损害之间要有明显的因果关系。此外，《1967 年反倾销守则》还规定所征收的反倾销税税额不能超过倾销价格与正常价格之间的差价，并要求对所有产品在征税问题上都应一视同仁，不能实行歧视待遇。

到 1968 年虽然已有 18 个国家（包括美国）在《1967 年反倾销守则》上签字，然而事实上并没有达到统一各国反倾销法的预期目的。主要原因有两个：一是因为虽然美国政府在《1967 年反倾销守则》上签了字，但当时美国总统并没有得到国会授权与其他国家谈判并缔结反倾销协议；二是因为《1967 年反倾销守则》要求倾销与损害之间必须存在明显的因果关系，进口国才能采取反倾销措施，这与美国 1921 年的《关税法》有关条款相左，遭到美国坚决反对。美国的这一做法受到了其他国家的批评，同时不少国家也采取了相应的抵制措施，所以在整个 20 世纪 70 年代，国际贸易中反倾销壁垒有增无减。

针对美国国会拒绝 GATT《1967 年反倾销守则》这一情况，GATT 各缔约国在 1973 年 9 月至 1979 年 4 月的东京回合谈判期间，又谈判签署了一个新的反倾销守则，即于 1979 年 4 月 12 日达成的《关于执行关税与贸易总协定第 6 条的协定》（简称《1979 年反倾销守则》），并于 1980 年 1 月 1 日生效。《1979 年反倾销守则》对《1967 年反倾销守则》进行了修订，并以此为基础增加了一项重要内容，即发达国家在实施反倾销措施时，对发展中国家的特殊情况应给予特殊考虑。与《1967 年反倾销守则》相比，《1979 年反倾销守则》不仅调和了过去存在的与各国国内反倾销法的矛盾与冲突，而且对反倾销程序和调查内容更加明确，操作性更强，被世界各国所接受，因此东京回合的《1979 年反倾销守则》对于处理国际贸易领域中的反倾销问题具有重要意义。此后虽对《1979 年反倾销守则》做了多次修改、完善，但其对世界各国的反倾销国内立法和案件处理一直具有指导和示范作用。

1986 年 9 月 15 日，GATT 缔约方部长会议在确定乌拉圭回合新一轮谈判内容时，把对《1979 年反倾销守则》的修改列为议题之一，经过谈判最终于 1994 年签署了新的反倾销协议，即《关于执行 1994 年关税与贸易总协定第 6 条的协议》（简称 WTO《反倾销协议》）。1994 年的 WTO《反倾销协议》是对《1979 年反倾销守则》的补充，它严格了 GATT 反倾销的规则和程序，规定了反倾销和反规避行为，并对发展中国家做出了若干例外规定，协议既反映欧、美等发达国家的要求，又体现发展中国家的利益，实际上是国际不同利益集团就反倾销问题谈判妥协的结果。

1995 年 1 月 1 日，WTO 成立并继承了 GATT 的原则和已经取得的成果。在反倾销方面，WTO 基本上继承了 1994 年 GATT 第 6 条的内容，即 WTO 的《反倾销协议》，因此，其相应地成为世界各国反倾销政策的基础，协调和管理各成员方的反倾销立法和反倾销措施的实施。由于主要的国际贸易国家绝大部分属于 WTO 成员方，WTO《反倾销协议》对其成员国有较大的约束力，所以 WTO 的协议在很大程度上有国际法的性质。根据 WTO《反倾销协议》，所有成员方每年都要向 WTO 反倾销委员会提交它们的立法或立法修订内容，以及它们对反倾销进行的调查或复审情况。此外，WTO 还专门为成员方之间的反倾销争端设置了有效的磋商和争端解决机制，受理成员方之间无法双边解决的争端。至此，反倾销由以往各国自行其是逐渐演变为国际社会的一种共同行动。

乌拉圭回合结束以及 WTO 成立后，成员方之间的倾销与反倾销摩擦不仅没有减弱，反而日益加剧。反倾销措施的普遍采用和反倾销摩擦的日益加剧与多边贸易自由化的目标产生了剧烈的冲突。在此背景下，2001 年 11 月，在卡塔尔首都多哈举行的 WTO 成员部长级会议上，WTO 新老成员一致同意将反倾销问题列入"世贸组织规则"议题中，成为 WTO 多哈回合新一轮谈判的 12 个新议题之一，并在多哈部长会议宣言中设定了反倾销谈判的基本框架，即"鉴于成员们的经验和不断增加的对这些手段的适用，我们同意进行谈判，旨在澄清和完善 WTO《反倾销协议》中的纪律，同时保留这些协议的基本概念、原则和有效性及其手段和目标，并考虑发展中国家和最不发达国家参加方的需要。在谈判的最初阶段，参加方将指出它们在下一阶段寻求澄清和完善的规定，包括对贸易扭曲行为的规律"。宣言的这一内容为多哈回合的反倾销议题设置了谈判的基本内容、方法和要求。

从乌拉圭回合到多哈部长级会议，对反倾销政策与规则的争论不仅涉及规则是否合理，而且涉及整套反倾销制度的存废问题。概括起来，主要有三种主张：一是用统一的国际竞争法取代现行的反倾销政策和具体规则，从而把从严界定的反竞争的"倾销"行为纳入国际竞争法；二是仿效 WTO 体制中的《服务贸易总协定》（GATS）和《与贸易有关的知识产权协定》（TRIPS），建立一个协调各国竞争法的法律框架和机制；三是对现行反倾销规则进行改革。

然而，从多哈回合有关反倾销的谈判看，WTO 成员方基本倾向于对现行反倾销规则进行改革，但各个国家表现出不同的立场和态度，经济发展水平的差异还使各成员方对反倾销问题的看法相去甚远。不仅发达国家与发展中国家之间的态度各不相同，而且发达国家之间的态度也存在差异。在发达国家中，日本主张全面谈判，欧盟主张对 WTO 反倾销规则做小修补，美国起初反对修改《反倾销规则》，后来态度有所松动；而发展中国家则大多主张加强对发展中国家的保护。此外，西方国家与“非市场经济成员”之间、WTO 成员与非 WTO 成员之间也存在利益的冲突和矛盾。

令人遗憾的是，2006 年 7 月，WTO 多哈回合谈判由于种种原因不得不暂时停止，从而 WTO 有关《反倾销规则》的谈判也相应搁浅。但可以肯定的是，现有的 WTO《反倾销协议》及其规则仍将得到进一步改革和完善。

二、WTO 框架下的反倾销措施及其经济效应比较

（一）WTO 框架下的反倾销措施

反倾销的政策措施主要包括临时反倾销措施、价格承诺和征收反倾销税三种。根据 WTO《反倾销协议》的规定，在反倾销调查初步裁定存在倾销、产业损害及其因果关系后，可以采取临时反倾销措施和价格承诺这两种反倾销措施；而在反倾销调查最终裁定存在倾销、产业损害及其因果关系后，则可以采取征收反倾销税措施。

1. 临时反倾销措施

所谓临时反倾销措施，是指进口国在正式征收反倾销税之前，为防止倾销的继续发生，或防止倾销商品对国内生产相同商品的产业造成继续的损害或威胁，而采取的一种短期补救措施。但适用临时反倾销措施必须符合以下三个条件：第一，反倾销调查已开始发起，并以公告的形式做了发布，且有关利害方已取得递交信息或进行辩论的足够机会；第二，反倾销管理机构已对倾销和损害做出肯定性的初步裁定；第三，至少在发起反倾销调查 60 日以后才能实施临时反倾销措施。

临时反倾销措施可以采取征收临时反倾销税的形式，或者收取相当于

初步确定的倾销幅度的现金存款或证券作为保证金，金额均不应大于临时估算的倾销幅度。这一规定的理由是，一旦最终裁定对倾销产品征收反倾销税，能够确保这种反倾销税得以支付。然而，《WTO反倾销协议》同时规定，如果在实施最终反倾销税前终止反倾销调查，那么在临时反倾销措施适用期内收取的现金存款就必须退还，收取的证券则应当迅速转让。临时反倾销税的征收期限最长为6个月，但在应用低税规则的情况下，可以延长为9个月。此外，反倾销管理机构还有义务发布有关实施临时反倾销措施的公告，而且在公告中应当充分详尽地解释有关倾销和损害的初步裁定，并说明导致有关观点得以接受或遭拒绝的具体事实和法律条款。

2. 价格承诺

所谓价格承诺，是指出口商向进口国反倾销当局承诺提高倾销商品的价格或停止以倾销价格向该进口国出口，而且进口国反倾销当局认为该承诺足以消除倾销造成的损害影响，从而双方在自愿基础上达成的一种协议。但价格承诺只能在有关反倾销管理机构初步裁定存在倾销、损害以及因果关系之后才能采用。在进口国有关当局接受出口商提供的价格承诺后，应当中止或终止诉讼程序，停止采取临时反倾销措施或征收反倾销税。但是，出口商保留要求有关当局继续完成倾销和损害的调查权利，如果最终发现不存在倾销、损害或两者间没有因果关系，那么价格承诺就自动失效。如果否定性终裁很大程度上是由于出口商履行价格承诺所致，则进口国有关当局也可要求出口商在一段合理时间内继续维持价格承诺。如果对倾销或损害做出肯定性裁决，则价格承诺继续有效。

如果进口国有关当局认为接受价格承诺是不切实际的，如实际或潜在的出口商数目庞大，或基于政策在内的其他原因，则有关当局可以不接受价格承诺，但应说明拒绝理由，并给出口商发表意见的机会。有必要指出的是，根据WTO《反倾销协议》，无论是出口商还是进口国政府，都没有义务必须接受价格承诺。因此，在现实中，反倾销管理机构几乎完全拥有接受或拒绝价格承诺的自由裁量权。

反倾销管理机构可以从出口商那里获得定期的报告，以核查价格承诺是否得到遵守。如果出口商违背价格承诺，那么反倾销管理机构便可立即恢复征收反倾销税。这正是为什么尽管在这种情况下反倾销管理机构可以实施临时反倾销措施，但事实上却有必要继续完成反倾销调查的一个重要原因。此外，反倾销管理机构应当发布有关价格承诺得到接受的公告，并公布价格承诺中的那些非绝密信息。

3. 最终反倾销税

WTO《反倾销协议》规定，在反倾销管理机构最终裁定外国进口产品存在倾销、损害以及因果关系的情况下，可以允许征收反倾销税。这表明，反倾销管理机构能够认定倾销、损害以及因果关系并不意味着就应当自动实施最终反倾销税。换言之，协议只是允许而不是要求采取这种反倾销措施。在符合所有征收反倾销税条件的情况下，进口国反倾销管理机构可以决定是否征收反倾销税，以及是按照倾销幅度征税还是以小于倾销幅度征税。但根据 WTO《反倾销协议》，进口国实施的无论是临时反倾销税还是最终反倾销税，都只能用来抵消所认定的倾销幅度。因此，实际的倾销幅度便成为可以征收的反倾销税的绝对界限。然而，WTO《反倾销协议》希望反倾销国尽可能以低于倾销幅度的水平来确定最终反倾销税。这就是说，最终反倾销税的数额不应当超过倾销幅度。特别是，WTO 希望成员方能遵循从低征税的原则，即如果部分征税足以消除倾销对国内产业的损害，则征税幅度最好小于倾销幅度。为了保证征收的最终反倾销税不超过倾销幅度，反倾销协议规定了两种情况：一是如果反倾销税额是在追溯征收的基础上估算的，则应尽快确定应支付的最终反倾销税额。该决定通常应在提出最终估算反倾销税额的要求之日后的 12 个月内做出，但最长不能超过 18 个月。二是如果反倾销税额是在预计征收的基础上估算的，则应尽快返还超过倾销幅度的那部分已交税款。退款工作通常应在涉案进口商提出充分的退款证据和退款要求之日后的 12 个月内完成，无论如何不得超过 18 个月。在征收反倾销税时，除已接受价格承诺的产品外，应当在无歧视的基础上对构成倾销和损害的所有进口产品按适当的数额进行征税，并列明有关产品供货商的名称或有关供货国。

根据 WTO《反倾销协议》，如果反倾销管理机构按照规则对每一个出口商都单独确定它们各自的倾销幅度，那么就应当为每一个出口商单独确定相应的最终反倾销税。但有以下两种例外：一是如果采用的是样本企业，那么对于被认为在反倾销调查中积极合作的企业，则征收以样本企业加权平均为基础的最终反倾销税；二是对于那些非合作企业，尽管协议没有就如何处理这类企业做出明确的规定，但《反倾销协议》的附件则允许反倾销管理机构对非合作企业采取比合作企业较为不利的方式。

最终反倾销税只有在裁定存在倾销、损害和因果关系后才能征收。然而，在调查期间可能已经发生损害，或者出口商可能已经采取规避反倾销税的措施，因此，WTO《反倾销协议》规定了在特殊情况下可以追溯征收反倾销税，具体地说，分为四种情况：第一，如果在做出倾销造成实质性损害的最终裁定之前没有实施临时反倾销措施，从而使倾销产品在调查期间继续对进口国国内产业造成损害，则最终确定的反倾销税可以追溯到能够适用临时措施时开始计征。第二，如果当局在做出初裁后已经采取临时措施，那么在追测计征反倾销税时，不再征收最终确定的反倾销税高于已付或应付的临时反倾销税的那部分金额。如果最终确定的反倾销税额低于已付或应付的临时反倾销税或支付的保证金，其差额应予以退还或重新计算。第三，如果反倾销调查最终认定所进口的倾销商品有造成进口国国内产业损害的倾销历史，或者进口商在知道或理应知道出口商在进行倾销，并肯定会对进口国产业造成损害的情况下，仍然进口该产品，或者损害是在相当短的时期内因倾销产品的大量增加造成的，那么可以对那些在适用临时措施前 90 天内进入消费领域的倾销产品追溯征收反倾销税。第四，如果出口商违反价格承诺，进口国当局可以立即采取行动，利用现有证据实施临时措施。此时，可以对实施临时措施前 90 天内进口的倾销产品追溯反倾销税，但不可追溯到违反价格承诺之前。

此外，征收反倾销税措施中还有一个“落日条款”，即反倾销税自开征之日起的 5 年内一直有效，直到能消除倾销所造成的损害为止，超出 5 年则自动失效。但是如果有利害关系的当事人以确切资料提出审查要求，或在反倾销税征收一段合理期限后，进口国当局应审查继续征收反倾销税的必要性。如果事实表明已没有必要，则应立即终止征收反倾销税。

4. 代表第三国反倾销行动

代表第三国反倾销行动的概念最早由1967年GATT肯尼迪回合所达成的《1967年反倾销守则》第12条提出。1979年，GATT东京回合《1979年反倾销守则》取代了《1967年反倾销守则》，但是该条款得以保留下来。随后WTO《反倾销协议》取代了《1979年反倾销守则》，其第14条取代了《1979年反倾销守则》第12条，对于代表第三国反倾销行动制度进行了专条规定。其内容如下：①代表第三国实施反倾销行动的申请应由请求采取行动的该第三国的主管机关提出。②此种申请应得到证明进口产品正在倾销的价格信息及证明被指控的倾销正在对第三国的有关国内产业造成损害的详细信息支持。第三国的政府应向进口国的主管机关提供所有帮助，以便使后者获得其可能要求的任何进一步信息。③在考虑此种申请时，进口国的主管机关应考虑被指控的倾销对第三国有关产业的整体影响，即对损害的评估不应仅限于被指控的倾销对该产业向进口国出口的影响或甚至对该产业全部出口的影响。④关于是否开始启动反倾销案件的决定应取决于进口国。如进口国决定准备采取反倾销措施，进口国应主动与货物贸易理事会联系，以征得其同意采取该反倾销措施。需要说明的是，自肯尼迪回合《1967年反倾销守则》首次创设代表第三国反倾销行动制度以来，从历次GATT/WTO反倾销协议文本条文上看，内容并没有发生变化，但是，由于代表第三国反倾销行动制度是以普通反倾销制度为基础的，或者说是反倾销制度的特殊形态，因此随着历次反倾销协议的不断完善和发展，这一制度实际上是在多边体制的层面上也得到完善和发展。特别是20世纪80年代以来，随着区域经济一体化的发展、区域贸易安排的兴起以及各缔约方或成员方国内反倾销立法的不断完善，代表第三国反倾销行动制度通过国内立法和区域贸易安排的形式得到进一步落实、运用和发展。

（二）征收反倾销税与价格承诺的经济效应比较

征收反倾销税和价格承诺是WTO反倾销政策中两种最为常用的反倾

销措施，这两种反倾销措施对实施反倾销措施的进口国国内经济会产生不同的影响。

1. 反倾销税的贸易保护效应

反倾销税是进口国政府为保护国内产业对进口倾销产品征收的特定关税。反倾销税对进口国福利的影响与普通关税的效应十分相似。对普通关税效应的局部均衡分析表明，关税导致进口产品数量减少，进口国国内价格上升，国内进口竞争产业产量增加，国内生产者福利改善，但消费者因价格提高和消费量减少而福利下降。如果进口国为小国，即该国的进口额在世界总进口额中所占的比重较小，以至于该国进口额的多少不会对世界市场的价格产生影响，那么，该进口国在征收反倾销税后，消费者剩余的损失将大于生产者剩余的增加和政府的关税收入，从而进口国遭受净福利损失；相反，如果进口国为贸易大国，即该国的进口额在世界总进口额中所占的比重较大，以致该国进口额的多少可以影响进口商品的价格，则进口国有可能通过贸易条件的改善从征收关税中受益。反倾销税的贸易保护效应具体表现在反倾销税的价格效应及其对进口和国内生产的效应上。

从反倾销税的价格效应看，反倾销税是通过影响倾销产品的进口价格影响国内生产和消费的。征收反倾销税后，出口商或进口商会将税负通过提高产品价格转嫁给进口国国内消费者。反倾销税的价格提升效应有两种实现途径：一种是出口价格不变，进口商缴纳反倾销税，进口商品国内售价提高；另一种是出口商提高出口价格主动规避反倾销税。

再从反倾销税对进口国的进口和国内生产的效应来看，征收反倾销税会导致进口品价格提高，对进口高品的需求和实际进口数量下降，在某些情况下来自反倾销调查指定来源的进口会完全停止，国内生产增加，这是反倾销税的贸易保护效应。

2. 价格承诺的经济效应

与征收反倾销税相比，价格承诺的经济效应具有以下几个主要特点。

首先，与征收反倾销税相比，价格承诺可以减少出口商的成本责任。无论征收反倾销税还是接受价格承诺，对于出口商而言都将提高商品价格，其结果将增加进口国消费者对本地产品的需求，从而减少对进口商品的需求。但对于剩余的贸易量而言，商品价格提高形成的额外收入去向并不相同。如果出口商仍按原来的价格出口商被进口国征收反倾销税，则价格提高而产生的收入将转化为进口国政府的税收。如果实施价格承诺，出口商将价格提高到消除倾销的水平，则价格提高部分将成为出口商的收入，该部分收入可弥补因销量减少所带来的损失。对于出口商而言，实际上价格承诺帮助其合理地逃避了相应的成本责任。

其次，价格承诺的价格效应低于反倾销税。通常进口国反倾销税按反倾销调查最终裁决确定的税率征收，其税率往往较高。例如，美国对中国金属锰反倾销案中，未应诉的中国企业裁定超过100%的高额反倾销税，而参加应诉的几家企业的反倾销税税率分别仅为3%、5%和20%。如果进口商能够证明其缴纳的反倾销税高于实际的倾销幅度，就可以申请税收返还。但由于申请和复审程序烦琐，实际中成功返还的案例很少。因此，出口商缴纳的反倾销税在某些情况下会高于实际的倾销幅度，导致进口商品销售价格相应提高。相反，如果采用价格承诺措施，进口商品价格可以根据承诺协议确定的方法定期调整，价格提高幅度更接近实际倾销幅度。这种价格效应使反倾销税与价格承诺相比对进口的实际限制会更加严格。

再次，对于出口商而言，价格承诺措施更具灵活性。价格承诺措施在市场变化从而进口商认为继续履行义务已没必要时，可提出撤回承诺协议，与征收反倾销税措施相比，撤回承诺比较容易，而试图终止反倾销税的征收则十分困难。同时，价格承诺一经生效，进口国当局将立即终止反倾销调查，对于进口商而言可以免除因调查而处于不稳定状态对出口带来的消极影响，也可以减少因继续应诉而耗费的费用。

最后，与征收反倾销税一样，价格承诺措施将提高商品的最终价格，从而减少出口商品在进口国的销售量。特别是当出口商不知道倾销和损害是否存在，以及不知道倾销幅度和损害程度的情况下，做出提高价格承诺是不利的，因为这样的承诺将会导致过高提价而造成不必要的损失。

此外，与征收反倾销税比较，出口商对其价格承诺必须严格遵守，如果出口商没有按协议规定要求履行承诺，不提供必要的履行资料或不允许进口当局对有关资料进行核查，进口当局在向出口商说明理由后，可以采取以现有的最完善资料为依据，实行包括征收临时反倾销税在内的临时措施，并可继续进行调查，对进口产品征收固定反倾销税。由于 WTO《反倾销协议》对哪些情况才算违反承诺的规定不够具体，出于保护本国产业的需要，有些国家经常以承诺不再符合进口国的利益或市场变化为理由，单方面终止价格承诺而采取其他反倾销措施。

三、WTO 成立以来的全球反倾销调查（1995～2014 年）

所谓反倾销调查，是指进口国反倾销管理机构应国内厂商针对国外进口产品的倾销指控，对国外进口产品是否在本国市场上存在倾销行为、倾销行为是否对本国国内相关产业造成损害以及倾销和损害之间是否存在因果关系的情况所展开的调查。

从全球反倾销的申诉案件数量看，根据国家商务部贸易救济调查局的统计资料，自 WTO 成立以来的 1995～2014 年，全球总共有 46 个国家或地区发起反倾销申诉，发起申诉的反倾销案件总数达 4754 起，如表 2－1 所示。其中，前 10 个国家或地区分别是印度、美国、欧盟、巴西、阿根廷、南非、中国、加拿大和土耳其，这十大反倾销调查申诉国或地区所申诉的反倾销调查案件总数达 3532 起，占同期全球全部反倾销调查案件总数的 74.30%。其中，印度、美国、欧盟和巴西申诉的反倾销调查案件总数为 2104 起，占同期全球全部反倾销调查案件总数的 44.26%。这一时期最显著的特点是，印度总共申诉了 740 起反倾销调查，占同期全球全部反倾销调查案件总数的 15% 以上，成为全球申诉反倾销调查案件最多的国家。

自 WTO 成立以来，全球反倾销调查申诉国的国别类型结构发生了显著的变化。WTO 成立以前，反倾销调查的申诉国主要集中在澳大利亚、美国、欧盟和加拿大这四大反倾销传统用户上，而这四大反倾销传统用户都属于发达国家或地区。然而，自 WTO 成立以来，不仅发达国家或地区频

表 2-1　1995～2014 年全球反倾销申诉情况

反倾销申诉的国家（地区）	反倾销申诉案件的数量（起）	占全球全部反倾销调查数量比率（%）	反倾销申诉的国家（地区）	反倾销申诉案件的数量（起）	占全球全部反倾销调查数量占比（%）
加拿大	196	4.12	波兰	12	0.25
美国	527	11.09	乌克兰	45	0.95
墨西哥	129	2.71	拉脱维亚	7	0.15
危地马拉	2	0.04	欧盟	468	9.84
洪都拉斯	3	0.06	俄罗斯	38	0.80
哥斯达黎加	10	0.21	立陶宛	7	0.15
巴拿马	6	0.12	澳大利亚	289	6.08
牙买加	6	0.13	新西兰	57	1.20
多米尼加	3	0.06	土耳其	180	3.79
哥伦比亚	73	1.54	以色列	48	1.01
厄瓜多尔	3	0.06	巴基斯坦	82	1.72
委内瑞拉	31	0.65	印度	740	15.57
特立尼达和多巴哥	13	0.27	中国	218	4.59
秘鲁	72	1.51	韩国	127	2.67
巴西	369	7.76	日本	8	0.17
巴拉圭	2	0.04	越南	4	0.08
智利	25	0.53	菲律宾	19	0.40
阿根廷	316	6.65	泰国	61	1.28
乌拉圭	7	0.15	马来西亚	70	1.47
摩洛哥	7	0.15	印度尼西亚	122	2.57
埃及	82	1.72	中国台湾地区	36	0.76
南非	229	4.82	保加利亚	1	0.02
斯洛文尼亚	1	0.02	捷克	3	0.06

频发起反倾销调查，而且有越来越多的发展中国家或地区也加入到全球反倾销调查申诉国的行列之中，反倾销的全球化特征日趋明显。1995～2014

年，全球申诉反倾销调查最多的4个国家和地区是印度、美国、欧盟和巴西，其中，发达国家（地区）和发展中国家各占2个，如图2-1所示。在这一时期的十大反倾销调查申诉国家或地区中，发达国家（地区）和发展中国家分别有4个和6个。印度则更是超越四大反倾销传统用户而成为反倾销第一大户。

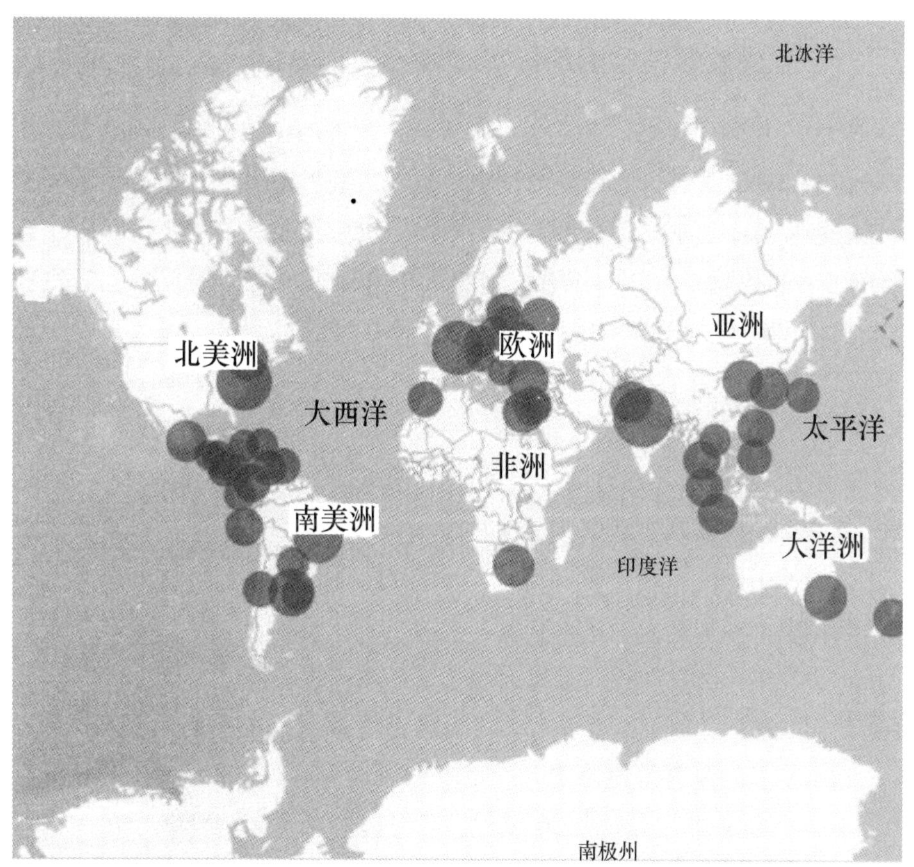

图2-1 全球反倾销按申斥国（地区）分布（1995~2014年）

第三节　全球主要经济体的反倾销制度

一、各国反倾销政策的制定进程

WTO《反倾销规则》确立了国际反倾销政策的框架原则，在此基础上各国制定和修改了各自的反倾销政策措施。从世界各国反倾销政策的制定及立法进程看，加拿大是世界上第一个制定反倾销政策的国家。尽管国际反倾销政策最早始于20世纪初，但绝大部分国家或地区的反倾销政策及立法都是在1948年GATT生效或1995年WTO成立以后出台或实施的。在1948年GATT生效前出台反倾销政策的国家只有8个，即加拿大（1904年）、澳大利亚（1906年）、南非（1914年）、美国（1916年）、日本（1920年）、新西兰（1921年）、法国（1921年）和英国（1921年）。这第一波的反倾销政策浪潮主要是针对德国制定的，因为在第一次世界大战结束前，德国国内出现严重的生产过剩，德国厂商竞相向国外倾销产品。在上述国家中，加拿大、澳大利亚、美国以及欧盟被称为反倾销政策的传统用户。在第一波反倾销政策出台后，国际反倾销政策惊人地沉寂了近30年。然而，进入20世纪50年代后，反倾销政策开始在世界范围内得到推广，越来越多的国家纷纷制定各自的反倾销政策。这一趋势直到20世纪70年代才有所放缓，在整个70年代，只有奥地利和阿根廷2个国家出台了反倾销政策。但到20世纪70年代末，几乎所有发达国家都出台了反倾销政策。

从20世纪80年代开始，国际反倾销政策的实施步伐又急剧加快，1980年以后至少有61个国家制定反倾销政策，而且这一时期的一个显著特征是，发展中国家成为制定反倾销政策的主体。到2002年年初，出台反倾销政策的国家或地区达到了91个（见表2-1）。应当指出的是，其中的许多国家包括后来称为反倾销政策“新用户”的发展中国家，如南非、韩国和阿根廷，虽然都较早地制定了反倾销政策，但真正实施反倾销政策的年份却远远滞后于其反倾销政策的出台年份。甚至还有许多国家虽然制定了反倾销政策，但从来没有实施过反倾销政策，截至2005年年底，属于这类国家的共有24个，它们分别是巴巴多斯、玻利维亚、克罗地亚、古巴、塞浦路斯、多米尼加、萨尔瓦多、斐济、格林纳达、洪都拉斯、匈牙利、冰岛、吉尔吉斯斯坦、摩洛哥、挪威、罗马尼亚、圣路西亚、塞内加尔、斯洛伐克、突尼斯、乌干达、乌兹别克斯坦、赞比亚和津巴布韦。

二、美国《反倾销法》

美国不仅是世界上最早制定反倾销政策的国家之一，而且美国反倾销政策对WTO《反倾销规则》的形成和世界其他国家反倾销政策的制定产生了重大影响。从反倾销实践看，美国不仅是全球传统反倾销用户，而且也是WTO成立以来的全球第二大反倾销国，中国则是美国反倾销的首要目标国。因此，研究WTO框架下的各国反倾销政策与实践，有必要首先深入考察美国反倾销政策与实践。

（一）美国《反倾销法》的发展

有关美国反倾销之规定最早见于1916年税收法（Revenue Act 1916），并在1921年正式制定反倾销法，并于《1930年关税法第七篇B章》《1979年贸易协议法》《1984年贸易暨关税法》及《1988年综合贸易及竞争法》做若干修正，配合1994年GATT乌拉圭回合谈判的《反倾销/平衡税规约》，美国国会于1994年年底依据该规约的内容，再度修订且通过《反倾销法修正案》。

（二）倾销案件之调查机构及程序

1. 调查机构

（1）国际贸易委员会（International Trade Commission，ITC）：1916年美国成立关税委员会，1974年国会鉴于该委员会所处理的事项已不限于关税问题，故在贸易法中将其更名为国际贸易委员会，该委员会由6名委员组成，由总统征求参议院的意见与同意后任命之，委员必须为美国公民，且须对国际贸易问题具有专业知识，任期为9年，为填补遗缺而任命者，以补足原任期为限。来自同一政党的委员不得超过3人，并尽可能交替任命不同政党的委员，委员会的预算具有独立性，总统不得加以修正。国际贸易委员会在倾销案件调查程序中，负责调查涉案产品对美国国内同类产品的产业是否造成实质损害并做出裁定。其裁定方式系以委员会投票方式决定，如3位或3位以上委员投票认为对美产业造成损害则该裁定即成立。

（2）商务部（Department of Commerce，DOC）：商务部是由其下的国际贸易局进口组（Import Administration，International Trade Administration，ITA）负责调查涉案产品是否有倾销事实。商务部在主动展开调查或受理美国厂商的控诉以后，即寄送调查问卷与涉案出口厂商填答，并依据问卷回复的内容计算倾销差率（Dumping Margins）；且于做出初步肯定裁定以后，派员至出口国或第三国就涉案厂商所填复问卷进行实地查证，并作为裁定课征最终反倾销税的依据。此外，商务部在应利害关系人的书面请求下，得于课征反倾销税命令公告满一年后，举行年度行政复查。

2. 调查程序

（1）提出指控（Petition Filed）：反倾销调查可由美国商务部主动依职权提起或由美国国内产业相关的利害关系人以书面方式同时向美国商务部及国际贸易委员会提出控诉。美国业者在正式向美商务部提出倾销指控时，通常会事先提出一份指控申请书草案，交由商务部提供修正意见，再依据该部意见进行修正后才正式提出指控。反倾销指控的内容包含倾销的事实、产业损害及两者间关联性的证据。有关提出反倾销指控的相关利害关系人包括：①美国同类产品的制造商、生产者或批发商；②在该工业内具有代表性的工会或工人团体；③主要生产者的工业或商业同业公会；④厂商、工会及商业公会结合在一起而有独立申请资格者。

（2）发动调查（Initiation of Investigation）：在收到控诉状20天内，商

务部应审查并决定该控诉状申请人的适宜性，即反倾销控诉是否得到产业支持、书面资料正确性及是否合乎形式上与法律上的要件等，若商务部决定展开调查，商务部应在《联邦公报》（Federal Register）上公告，通知涉案国政府及出口商并通知国际贸易委员会。

（3）国际贸易委员会初步裁定（ITC Preliminary Determination）：国际贸易委员会应在接到商务部依职权自行展开调查的通知或美国产业利害关系人的控诉状后 45 天内，依据当时可取得的最佳资料（Best Information）决定是否有合理证据显示有重大损害的存在；同时提起控诉人应负有举证责任。国际贸易委员会在做出该初步决定前，需向美国生产者与进口商发出问卷调查、收集资料，作为研判案情依据，如委员会初步裁定为否定，则应终止调查程序；如果其裁定为肯定，则继续进行调查。

（4）商务部发送问卷（DOC Send Questionnaire）：原则上，商务部应对所有已知的涉案出口商或制造商进行问卷调查，若厂商数目过多，则可采用有效的统计方法，或以占出口国涉案产品最大量的业者进行调查。实务上商务部依据控诉状所列被告或透过其驻涉案出口国的使馆协助提供名单，选定输美涉案产品金额占总出口额 60% 以上的出口商或制造商进行问卷调查。至于调查期间（Period of Investigation，POI），因调查对象为市场经济体或非市场经济体（Non - Market Economies，NME）而有所不同。对市场经济体的调查期间，为美国厂商提出申请当月起算之前 4 季；对非市场经济体的调查期间则为提出申请当月起算前 2 季。至于未经美国商务部指定填写调查问卷的涉案厂商亦得主动提出希望列入填答调查问卷的需求，并在指定的期限内填答问卷，以争取接受实地查证并裁定个别倾销差率的机会；只有商务部仍有可能因受调查厂商的数目及渠道等提交资料过于庞大，以致造成该部过分负担及无法依限完成调查，决定不接受自愿纳入调查的申请。

商务部的调查问卷共有 A ~ E 五种，该部一般会先对所有已知涉案厂商寄发问卷 A，再按问卷 A 回复之内容选定后续指定之被调查厂商，以及决定以涉案出口国之市场价格，或考虑采用第三国市场或推算价格，作为判断涉案出口国正常价格之基础。问卷 A 之回复期限为 21 天，其他问卷则为 37 天，必要时出口商或制造商于征得商务部同意后得延长其期限，最长不得超过 14 天。另商务部于分析填复之问卷后，因案情之复杂度对涉案厂商寄发补充问卷（Supplement Questionnaires），该问卷之回复期限，则需视离初判或实地查证的时间多久而定，通常为 10 天。若涉案厂商未在规定之期限内回复问卷，逾期商务部将不受理或予以退件。

（5）商务部发布初步裁定（DOC Preliminary Determination）：在指控案提出后 160 天内，商务部应做出初步裁定并刊登于联邦公报。如初步裁定系属肯定，并应载明预估的倾销差额（Dumping Margin）。肯定的初步裁定具有以下效果。

1）采行临时措施：商务部一般在联邦公报公告初步裁定后，或发布展开反倾销调查通知日期之 60 日后，两者中较后之日起发布暂停完税通关（Suspension of Liquidation）命令；进口商如欲通关，需提供相等于初步裁定倾销差额之现金担保（Cash Deposit）或其他保证该临时措施之实施期间原则上不得逾 4 个月，可延长但最长不得逾 6 个月。

2）国际贸易委员会应开始最后的损害调查阶段，商务部必须提供一切可得到的相关资料。如初步裁定系属否定，则无须暂停完税通关，商务部仍应继续进行最终调查程序。

3）如涉案厂商在初步判决后，要求订立中止调查协议（Suspension Agreement），商务部可考虑是否接受该项要求，而中止调查。

（6）商务部的实地查证（DOC On－Site Verification）：商务部在做出倾销差额初判后 1～2 个星期内会派员至涉案国针对填答问卷的厂商进行为期 4～5 个工作日的查证工作，以确认其正确性，并依据查证结果发布实地查证报告。商务部实地查证通常拜访出口国的办公室及工厂，查看公司的财务账册记录，如经查证出口商或制造商之前回复问卷的资料不完全或不真实，商务部需以已得资料（Facts Available）决定，计算最终的倾销差额，此种已得资料常导致出口商被判高额的反倾销税。不过，若涉案业者回复资料符合以下规定，美国商务部仍得采用部分已得资料（Partial

Facts Available)：①涉案业者在规定的期限内提交资料；②该资料可经实地查证予以确认；③该资料虽不完整，但不致影响据以做出决定的可信度；④该资料在运用上没有困难。

（7）商务部发布最终裁定（DOC Final Determination）：在初步裁定发布以后的 75 天之内（得申请延长至 135 天），商务部应做出最后决定，即被调查产品是否以低于公平价格在美国销售。如最后裁定系属否定，则调查即应终止，并废除初判时发布的暂停完税通关命令、退还预估的反倾销税、发还担保物及担保金等；如果最后裁定系属肯定，商务部应下令停止通关，涉案产品进口商需提供现金及债券担保始准放行，同时并等候国际贸易委员会最终裁定的通知。

（8）国际贸易委员会发布损害的最终裁定（ITC Final Determination）：如果商务部的初步裁定系属肯定，国际贸易委员会应在商务部做出初步裁定后 120 天内，或做出肯定的最终裁定 45 天内（以届期较后者为准）做出是否对美国产业造成重大损害的最后裁定。如商务部的初步裁定为否定但最终裁定为肯定，此时国际贸易委员会应在商务部最后肯定裁定后的 75 天内做出其最终决定。

（9）商务部发布反倾销命令（Anti - dumping Order）：商务部将于国际贸易委员会做出最终裁定的 7 日内发布反倾销税命令，并通知海关对涉案产品的通关收取相当于终判倾销差额的现金保证（Cash Deposit），如最终倾销税率低于初判税率，则应退还初判后所超收的保证金；反之，如最终倾销税率高于初判税率，其差额不得追补。

3. 司法复查（Judicial Review）

如利害关系人对商务部或国际贸易委员会的最终裁定不服，应在该项裁定公告后 30 日内，向国际贸易法院（Court of International Trade，CIT）请求司法复查。以复查该项裁定是否缺乏足够证据支持或是否有违法之处，如对国际贸易法院的判决不服，利害关系人上诉至联邦巡回上诉法院（Court of Appeal of Federal Circuit，CAFC）。

4. 行政复查（Administrative Review）

商务部在反倾销税命令公布期满 1 年时，利害关系人可向商务部请求进行年度行政复查，此项复查通常需 1 年左右。

（三）倾销控诉的适用性

（1）美商务部在决定是否发动反倾销调查时，应先确定该项控诉是否得到多数厂商的支持，其认定标准：一是表示完全赞成反倾销控诉案厂商的生产量占所有表示反对或赞成意见厂商总产量的 50% 以上。二是且前述表示完全赞成该项反倾销指控申请的厂商生产量占该国同类产品总产量 25% 以上之比例。

（2）若厂商数目众多，商务部得以统计抽样（Sampling）方式以决定是否有足够的产业支持该反倾销指控。

（3）利害关系人均允许就倾销案是否得到产业的支持，提供相关资料并陈述意见。

（4）产业的员工应申请或表示支持反倾销指控，只有当其意见与管理阶层意见相左时，该公司将被视为立场中立。

（四）倾销的判定

美国反倾销法令对倾销的定义为低于公平价格（Less Than Fair Value，LTFV）的销售，即在市场条件完全相同的情况下，涉案出口国在美国的售价，又称出口价格（Export Price），低于其在本国或第三国市场销售的价格，即正常价格（Normal Value）。因此欲判定倾销是否存在，应先确定涉案产品的出口价格与正常价格，事实上因为外国与美国的市场条件无法完全相同，对于是否倾销以及倾销的程度则应依法给予必要的调整。

1. 出口价格（Export Price，EP）的决定

出口价格系货品第一次销售给予出口商或生产商无关联的美国买者的价格。在出口商或制造商与进口商彼此间有关联或存有补偿协议时，将以进口商将产品转售给一独立买主的价格，另减去进口商转卖成本与利润推算出口价格（Constructed Export Price，CEP）。

（1）采用出口价格的情况如下。

1）首次销售对象是在美国境内的非关系买者（Unaffiliated Purchaser），且销售日期（双方同意销售条件之日期）完成于进口前。

2）在美国进口前销售给以出口美国为目的的非关系买者（包括在涉案国本国及第三国），例如贸易商，只有制造商或生产商事先知悉该贸易商将转销其产品至美国，且其本身并无直接销售给美国非关系客户的情况。若制造商事先不知道该贸易商转销的目的地，则将以该贸易商销售给美国非关系进口商扣除折扣后的价格为出口价格。

3）涉案国制造商在销售给国内或第三国的非关系贸易商后，该贸易商以低于购得成本或无法回收销售成本的价格转销至美国，美方将展开中间商倾销调查（A Middleman Dumping Investigation），本案的出口价格将以该中间商卖给美国首位非关系买者的价格为起算出口价格。

4）若涉案国制造商出售产品给国内或第三国有关系贸易商，若该贸易商与美国买者之间决定销售价格及条款的时间在出口美国前，则美国商务部将以该关系贸易商销售给美国的非关系买者的价格为出口价格。

5）若涉案制造商通过在美关系企业销售，必须符合下列所有情况，美商务部才会考虑采用出口价格：①进口前已完成交易。②产品直接由制造商运到美国非关系买者，并且该产品未列入其在美关系销售代理的存货。③通过习惯性商业管道（Customary Commercial Channel）的销售。④在美国的关系销售代理只处理与销售有关的资料，及与美非关系买者的联系。换言之，在美关系销售代理的工作若包括保固（Warranting）、广告、技术协助以及进一步制造的监督时，则超过适用出口价格的范围。

（2）采用推算出口价格的情况如下。

1）销售给美国的非关系买者系发生在进口后，如先将产品运至在美的关系企业仓库再行出售者。例如，A公司（制造商）运电视机至美关系企业D之仓库，D公司再将存货卖给美国零售商，价格为260美元/件，扣除15美元的折扣。本案之起算价格需采用推算出口价格，即A公司在美关系企业D公司的卖价245美元/件。

2）虽然为首次销售给在美非关系人，且销货发生在进口前，如销售契约中明确将产品直接运至美国的非关系买者，但是制造商在美销售代理必须负责包括安装、处理所有保固及维修零件的供应、购买及刊登广告以及零售人员的训练等，则仍应采用推算出口价格。

3）寄销（Consignment Sales）：例如，A 公司（制造商）和美国一非关系承销商 B 公司商议寄销契约，价格为 1 美元/件，产品直接由 A 公司运至 B 公司以销售给在美之非关系买者 C 公司，价格为 2 美元/件。这种情况下，虽然销售发生在进口前，且 A 公司与 B 公司没有关系，但仍必须适用推算出口价格，即以 B 公司转销给美非关系买者之价格为起算基础。

2. 正常价格（Normal Value）的决定

对于进口产品是否在美低于正常价格销售，如何认定涉案产品的外国售价是关键，只有该进口产品在出口国国内是否有销售行为，其数量价格是不是具有代表性（Home Market Viability），如若不具有代表性，又应如何确认该产品的外国价格？为解决上述问题，就将外国价格的决定方式依下列顺位予以取舍。

（1）本国市场价格（Home Market Price）：出口国本国市场同类产品的交易价格，若本国市场销售数量不足输美数量 5% 或本国市场状况特殊无法适当比较时，则被认为其不具代表性而将以下列的第三国交易价或以推算价格作为正常价格。

（2）第三国销售价格（Third - Country Sales Price）：是涉案产品出口商销售至美国以外第三国的价格，只有该第三国销售价格应具有代表性、其销售数量应超过出口国在美国销售数量的 5%，且该市场状况可为适当的比较。

（3）推算价格（Constructed Value）：如运用本国市场价格或第三国市场价格均无法决定时，得以受调查厂商生产涉案同类产品的成本加计正常交易过程中所发生的销管费用及利润，推算其正常价格。有关计算推算价格的基本原则如下。

1）产品出口前的制造成本（Cost of Manufacture，COM）：包括原料、劳工薪资及固定生产成本等项目。

2）销管费用（Selling，General and Administrative Expense，SGA）：以受调查厂商在正常交易过程中实际发生的销管费用来求算应计销管费率。

3）利润：受调查厂商在正常交易过程中实际发生的利润求算平均利润率（Profit Margin）。

4）出口货品的包装费用。

（4）低于成本销售：如果倾销案的利害关系人提供事实资料，使美国商务部有合理根据相信出口商以低于成本价格销售，则商务部将进行生产成本调查（Cost of Production Investigation）（商务部所发问卷将包含成本调查问卷），如经调查确有低于成本销售且该部分销售：①已持续一段时间（通常指1年，任何情况均不得少于6个月）；②具有相当数量（低于成本销售占总销售量20%以上，或加权平均售价低于加权平均成本）；③销售价格于合理期间无法回收所有成本。

（5）商务部认定该部分销售为非正常交易行为而予以排除，以其余不低于成本的销售作为正常价格的依据，如无高于成本的销售则应适用推算价格。有关本国市场没有涉案同类产品的销售或所有的销售均低于成本时，则作为推算价格的销管费用与利润基础如下。

1）以涉案制造商在本国市场销售同一大类产品（The Same Category of Products）的管销费用及利润为准。所谓同一大类产品系与同类产品同属的更广义类项产品，商务部若决定采用此法，则必须个案决定应采用的适当产品类别，有关利润值必须依据可靠的来源如财务报表，且符合一般公认之会计原则及经实地查证确认者。

2）其他受调查厂商在正常交易过程中销售同类产品发生的加权平均销管费用及利润值为准；此正常交易过程必须是指含有利润的销售。

3）其他合理的方法，只有在利润不得超过其他厂商在本国市场销售同一大类产品所应有的利润率，即利润上限（Profit Cap）。

3. 正常价格与出口价格的比较

两种价格应以相同交易层次（一般情况下为出厂价格）并尽可能地以在同一时间销售的价格进行比较，对于可能影响比较公平性的交易条件、税捐、数量折扣、产品物理特性及其他因素，应进行调整。此外，两种价格的比较应以加权平均对加权平均方式，或逐笔对逐笔方式（实务上较难实施）进行比较，只有在出口价格因买主、地区或时间的不同有很大差异时，才采取加权平均正常价格与逐笔出口交易价格作比较。在反倾销案复查时，通常以加权平均正常价格对逐笔出口价格进行比较。有关得以进行调整的主要项目说明如下。

（1）不同交易层次的调整（Difference in Level of Trade）：所谓不同交易层次，由于涉案产品在出口国市场及美国市场的行销阶段不同，必须将两个市场的市面价格调整至可进行正常价格与出口价格或出口推算价格进行比较。有关调整的基本原则为，出口国市场的价格扣除所有使涉案同类产品达到可于该市场销售的有关费用，再加上所有使涉案产品达到可出货至美国的有关费用；在正常价格与推算出口价格比较的情况下，若决定正常价格的销售阶段较后（A More Advanced Stage），但是商务部所具有的资料无法提供调整的基础，则正常价格需扣除涉案出口国所发生之间接销售费用，这种情况称为推算出口价格的冲销（CEP Offset）。

（2）数量折扣（Quantity Discount）的调整：得以作为正常价格减项的数量折扣，必须涉案产品之销售有超过20%系给予该数量折扣，或该折扣与节省制造这些产品的数量有直接关系。

（3）产品物理特性的调整：产品物理特性的调整又称为货品差异调整（Difference in Merchandise Adjustment，DMA）。有关DMA的计算，系以出口国与美国市场的总变动制造成本的差异作为计算基础，若美国市场的总变动制造成本高于出口国市场的总变动制造成本，则正常价格应加入该DMA值。

（4）销售环境不同（Differences in Circumstances of Sale）的调整：为使出口价格或出口推算价格能与正常价格的比较基础趋于一致，商务部会将两个市场发生的直接销售费用（Directly Related Selling Expenses）、指定费用（Assumed Expenses）及其他销售费用列入不同销售环境的调整项目（Differences in Circumstances of Sale，COS）。所谓直接销售费用，是与销售特定涉案产品给第一位非关系买者有直接关系的费用，包括佣金、利息成本、专利权利金、保固费用、技术服务、仓储费用等；反之，为间接销售费用，不能纳为调整项目（除非发生前述推算出口价格冲销的情况）。指定费用是由销售者替买者支付的销售费用，如广告费等。有关可作为 COS 调整项目费用列举说明如下：①出货至付款期间发生的利息成本（Credit）：出货至真正收到货款之间通常有一个期间，必须将这个期间的利息计入。②广告和促销费用：广告若针对最终消费者，则属于间接费用，不能作为 COS 的调整项目；若针对经销或零售商者，且与涉案产品有直接关联者，则可作为调整项目。③技术服务费用：在销售特定货品时协助客户解决问题所提供的技术服务，可作为 COS 的调整项目，例如技术人员支出差旅费、依合约给予非关系技术人员的服务费用等，公司技术人员的固定薪资则不能列为 COS 的调整项目。④仓储费用：应诉者必须证明其所维持的特定产品存货系为了特定销售，才能作为 COS 的调整项目。⑤保固费用：必须与涉案产品的销售有直接关系如修理或替换瑕疵品的费用，若牵涉售后服务或该服务有关的非变动成本者，则应视为间接销售费用。⑥权利金：牵涉专利或商标权利金的销售，若系按约定且针对特定产品时，则可作为直接费用。⑦佣金：付给公司员工销售或介绍新客户的佣金。

（5）开办成本（Start up Costs）的调整：开办成本系指开创经营（Start up Operation）期间所发生的成本。美国《反倾销法》将开创经营定义如下：①制造商使用新生产设施或生产一新产品，且必须额外进行相当大的投资；②生产因技术问题尚未达到商业量产初步阶段的水准。所谓开办成本的调整，指开办期间结束之际，以涉案产品的单位生产成本取代开办期间的单位生产成本，若开办期间超过调查或复查期间，商务部将使用最近可获得的生产成本资料，且在不需延长调查或复查期间下进行实地查证。

（6）外国同类产品（Foreign Like Product）的比较原则：美国商务部在进行调查及行政复查时，必须在出口国市场（指涉案出口国之本国市场或第三国市场）决定可与在美国销售涉案产品进行比较的同类产品，即外国同类产品。美国反倾销法规对如何选择外国同类产品订立原则如下：①产品是否符合问卷定义产品特性；②物理特性差异数（Difmer）是否大于销售至美国产品制造成本的20%；③若涉案厂商在本国或第三国市场销售产品的性质与出口至美国者不完全相同，商务部会要求其提供在本国或第三国市场销售产品的详细技术规格，以决定采用与在美国销售最相似的产品做比较。

（7）汇率的调整：在比较正常价格与出口价格牵涉到不同货币的换算时，应遵循下列方式：①一般情况下，就汇率波动进行调整的情况，必须视该波动的幅度是否超过目标汇率（Benchmark Rate）的2.25%以上。所谓目标汇率，系指前40个连续日的平均汇率；若当日汇率超过目标汇率2.25%以上，则属波动汇率，即需以目标汇率为当日公定汇率（Official Rate）；若差异未超过2.25%时属正常，则以当日实际汇率为公定汇率。②若汇率波动发生持续现象，系指持续8周（称为认定期间）每个周平均每日汇率超出目标汇率5%以上，应诉者可进行汇率调整的情况有两种：一是当外国货币对美金发生连续8周大幅升值，商务部将自认定期间的最后一日起，连续采用公定（目标）汇率至满60天为止，至第61天商务部将回复进行实际汇率与目标汇率的比较；二是当外国货币相对美元发生连续8周大幅贬值时，商务部必须自认定期第一天起即以实际汇率为准。

4. 微量不举原则

如商务部于做出初步或最终裁定时，对于判定倾销差额低于2%以下出口商，将以微量（de Minimis）不举原则，不对其课征反倾销税。

（五）损害的认定

1. 产业的认定（Industry）

美国国际贸易委员会在调查国内产业是否受到实质损害（或损害或延缓某项产业的建立）时应先明确定义该产业的范围。

（1）一般情况下，所谓产业指美国国内同类产品的所有生产商或生产量占该产品总产量主要部分的厂商而言，如无同类产品的生产商则以其性质及使用上最相似，且对该涉案进口商品有替代效果的生产者为同一产业。

（2）制造商与出口商或进口商有关联，或其本身即为涉案产品的进口商时，国际贸易委员会将考虑排除该厂商于美国产业范围外。制造商在下列情况下可视为与出口商或进口商有关联：①其中之一方直接或间接控制另一方；②双方直接或间接被第三者控制；③双方联合控制另一第三者，所称控制指法律上或事实上限制或指示对方。

（3）在特殊情况下，涉案产品得划分为两个或两个以上的竞争市场，每一市场内的厂商都可视为一独立的产业，但以符合下列要件为限：①该市场内的制造商将其所生产的涉案产品，全部或几乎全部在该市场销售；②该市场的需求甚少由国内其他生产此涉案产品的制造商供应。

2. 实质损害的认定

（1）实质损害认定因素包括：①涉案产品进口数量的增减关系，包括绝对及相对于国内生产或消费的数量。②涉案产品进口后造成国内同类产品价格的影响，如是否进口商品相对于国内同类产品价格已有明显的价格压抑效果，或已造成价格明显低落或防止价格上升的效果等。③涉案产品对国内生产同类产品产业造成的影响，包括生产销售、市场占有率、利润、生产力、投资报酬率、产能利用率、倾销差额的大小（Magnitude of Dumping Margin）、现金流量、存货、雇用员工人数、员工薪资、成长幅度、募集资金、投资能力、投资与资金取得等相关之经济因素。以上因素均无法单独作为判断的基础，必须在受影响产业特有的商业循环及竞争情形下进行考量。

（2）如果由数个国家进口产品于同一天被提出反倾销控诉，该进口产品不仅彼此间相互竞争，且与美国国内生产的同类产品竞争情况下，国际贸易委员会应全面评估进口对国内产业的影响，只有被合并评估的任一进口国的进口量必须皆不容忽视，倾销额度才高于微量标准。

3. 损害的认定

国际贸易委员会在裁定本国产业是否因进口产品的倾销而遭到损害时，应以是否有足够证据证明除非发布反倾销命令，否则进口产品将对国内产业造成损害；国际贸易委员会的决定不能依据臆测或假设，而需整体性考量可能造成损害的因素，包括考虑进口量的增加、出口国的闲置产能增加或产能扩充、进口品的价格效果、存货数量增减等因素。

4. 产业建立受到实质的阻碍（Material Retardation of Establishment of an Industry）

本项损害的认定对象适用于尚未从事生产的产业，或设立新生产设备的产业，然其生产状况尚未稳定者；本项认定的标准以美国业者提出对该产业的生产已进行相当的投入为要件。

5. 因果关系的认定（Causation）

依美国《反倾销法》的规定，反倾销税的课征应以国内产业所受的损害，以进口产品倾销事实所造成的因果关系，为其裁量的主要依据，对于倾销的判定应提出足够的证据显示其因果关系，如该美国产业所遭受的损害，非肇因于倾销则不应以反倾销税予以救济，而考虑采用其他进口救济措施，如《201 防卫条款》等。

6. 进口微量忽略原则

国际贸易委员会在其初步裁定时，发现某涉案国进口品可予忽略，即低于美国总进口量 3% 时，应终止调查，只有当数个国家之个别输入未达美国进口总量的 3%，但进口量总和占美国进口总量的 7% 以上时，不在此限。

7. 产业损害的累积评估

产业损害调查对各涉案国采取累积评估时，个别涉案国经终止调查不得计入累积评估；经商务部倾销初步认定为否定的涉案国，亦不得纳入累积评估，唯有产业损害最后认定前经倾销最终认定为肯定者除外。

（六）调查的终止及中止（Terminations and Suspensions of Investigations）

1. 调查终止的情况

（1）撤销指控（Withdrawals of Petitions）：依据美国《反倾销法》规定，商务部可基于公众利益的考量，或与涉案出口国、出口商或制造商签订数量限制协议，撤销指控而终止反倾销调查。商务部若决定签订数量限制协议，应依据公众利益条款，与国内涉案产品的消费者、制造商及其员工进行商议。有关公众利益条款的内容包括应评估该协议对消费者的负面影响是否大于不采行反倾销税措施、对美国的国际经济利益及对国内生产同类产品产业是否具有相当影响，如对该产业的就业与投资的影响等。

（2）缺乏兴趣的终止调查（Lack of Interest Termination）：若美国国内生产同类产品的大部分产业一致表示已对是否发布反倾销命令失去兴趣，商务部则应终止该反倾销案件的调查。

（3）否定之调查决定（Negative Determinations）：当商务部及国际贸易委员会做出否定的最终裁定时，均可终止调查。甚至，在国际贸易委员会做出否定的初判时，即应立刻终止调查。

2. 签订中止调查协议（Suspension Agreement）

（1）中止调查协议的签订：①中止调查协议应由涉案出口商、制造商或非市场经济国家政府于商务部公告初判结果后 15 天内向商务部提出协议草案，商务部应于初判公告后 60 天内决定是否接受该协议，其中，该部应于 30 天内与国内指控业者就协议草案的内容进行商议，另亦应通知及提供所有利害关系人、工业使用者、消费者组织代表、美相关政府机构等 50 天期限，以表示书面意见。②商务部如认为接受中止调查协议不符合公众利益或总体政策，同时无法有效对出口商是否履行具结保证进行有效监控的情况下，应拒绝涉案国或厂商所提出中止调查协议的要求，商务部应说明无法接受的原因，并尽可能提供出口商就商务部所叙理由表示其意见的机会。③商务部在接受中止调查协议后，如占出口绝大部分的出口商提出继续进行反倾销调查的要求，商务部及国际贸易委员会应继续进行调查；如最终裁定的结果是否定，该具结即自动失效。④如协议厂商违反其保证，商务部应立即采取临时措施并恢复反倾销调查。⑤中止调查协议的实施期限等同于课征反倾销税的实施期限，均适用落日条款。

（2）中止调查协议的内容：①涉案出口商及制造商保证自商务部中止调查日起 180 天（6 个月）内停止出口至美国，并同意在协议所定的过渡期间（Interim Period）内不增加出口数量，或超过商务部特定代表期间已出口的数量水准。②保证修正价格使倾销不再发生。③保证修正价格使美国产业不受到损害。④对于非市场经济体的中止调查协议，一般均以数量限制方式处理，该协议的签订必须符合公众利益原则。

（七）反倾销税的课征

（1）美国对于反倾销税的课征采取回溯课征方式（Retrospective System），最后反倾销税的金额依反倾销命令发布后满 1 年，商务部依利害关系人申请进行年度行政复查的结果而决定，该行政复查并将作为复查结果发布后的次年，预估反倾销税保证金的标准。

（2）在美国国际贸易委员会终判有实质损害时，反倾销命令发布后第 1 年的行政复查结果，需回溯自美国商务部初判及课征临时反倾销税之日起。若国际贸易委员会终判为有损害，则该行政复查结果，仅能回溯自最终反倾销税命令发布之日。

（3）在反倾销命令发布前，美国进口商必须依据商务部初判的倾销差率提供债券或现金保证（Bond or Cash Deposit）；反倾销命令发布后，美商务部得继续维持 90 天之债券担保，之后进口商仅能提出现金保证。此外，商务部将于该 90 天内进行反倾销税的清算。

（4）对于接受反倾销调查的厂商，商务部将个别裁定其反倾销税，而对未列入调查的厂商，商务部将以所有个别公布的受调查厂商反倾销税的加权平均值作为其税率（All Others Rate），商务部于加权平均计算时将排除低于微量标准（2%）以下或适用可得事实资料计算出来的倾销差额。

（八）追溯效力（Retro Activity）

（1）商务部最终裁定的倾销税率，若高于依据初步裁定的临时措施所缴的现金或债券保证，其差额不得追补，若最终倾销税率低于现金或债券保证金，其差额应予发还。

（2）依最终裁定所发布的倾销税率所缴的现金保证，若高于隔年行政复查判定税率，其差额应加计利息发还有关的进口商，若较现金保证金低，亦应加计利息向进口商追补课征该差额。

（3）为防止进口商在初步裁定发布前，抢先进口涉案产品，而妨碍反倾销措施的救济效果，反倾销控诉申请人提出有紧急情况（Critical Circumstance）存在，需课征反倾销税且经商务部判定属实者，则商务部初判实施的临时措施（暂停完税通关命令）将可追溯自初判前 90 天开始实施。

（4）美商务部判定是否有紧急情况存在的要件：①涉案产品在美国或其他地方曾有倾销并造成美国产业实质损害的记录；②进口商明知或应知出口商系以低于公平价值销售，且此销售可能造成美产业实质损害；③涉案产品已于极短期间内大量进口至美国。

（5）紧急情况适用的回溯规定：美国指控业者可在提出指控时或在商务部终判 21 天前提出紧急情况的指控，但必须提出如进口资料等事实证据以支持其主张。商务部若判定紧急情况确实存在，对进口产品暂停通关的临时措施将适用回溯规定。有关紧急情况初判及终判的结果如何适用回溯规定，说明如下。

1）紧急情况的初判：紧急情况的指控若于商务部倾销初判的 20 天前提出，商务部必须于倾销初判时就是否存在紧急情况做出初判，否则（非于初判前 20 天前提出者），商务部必须在该指控提出 30 天内就是否存在紧急情况做出初判；若紧急情况的初判为肯定，临时措施将可回溯自该初判公告前 90 天起实施。

2）紧急情况的终判：①在紧急情况初判及终判均为肯定时，则仍维持在初判时所发布的临时措施回溯规定。②在紧急情况初判为否定，终判为肯定的情况，商务部将指示海关 90 天回溯规定自倾销初判公告日起生效。③倾销初判为否定但紧急情况为肯定时，商务部将指示海关 90 天回溯规定自公告暂停通关日（即倾销终判公告日）起生效。④在紧急情况初判为肯定、终判为否定的情况下，商务部将中止在初判时所公布的回溯规定，且将指示海关解除过去回溯 90 天时所要求进口商缴交的现金或债券保证。

3）商务部于其最终裁定中判断确有紧急情况存在，国际贸易委员会应于其最终裁定中就进口时间、数量、存货增加情况及其他因素，判定该涉案产品短期间大量进口是否将影响到未来反倾销措施的救济效果。若所有或绝大部分受调查厂商均被判定适用紧急情况规定，则其他所有未被调查厂商需一并适用。

（九）倾销的复查

1. 行政复查

（1）年度行政复查（Administrative Reviews）：反倾销命令或中止调查协议生效后，美商务部将自隔年起每年于同月份在美国《联邦公报》刊登行政复查的申请公告。若于指定期间内无任何利害关系人提出申请，商务部将通知美国海关继续按照原反倾销税率课征，若有人提出申请，商务部则会另外发布展开行政复查的公告。行政复查通常需 1 年左右，复查判定的新反倾销税率将作为该复查所涵盖期间已缴反倾销税保证金的清算，并作为复查结果发布后缴交预估反倾销税保证金的标准。

（2）情势改变复查（Circumstance Change Review）：反倾销措施实施满 2 年后，如商务部或国际贸易委员会接获讯息或申请，认为情势改变且有足够理由对施行中的反倾销命令或中止调查协议等进行复审，商务部或国际贸易委员会应于联邦公报中公告后进行复审。国际贸易委员会的复审应判定撤销该反倾销命令是否将导致实质损害的继续或再度发生，以决定是否撤销该命令或协议，要求进行此类复审的利害关系人负有举证责任。

（3）撤销反倾销命令的复查（Revocation Based on Absence of Dumping）：依据美国《反倾销法》，倘若所有涉案出口商及制造商至少 3 年期间未倾销，且未来不可能以倾销价格销售至美国，则美商务部得考虑撤销对其的反倾销命令；对部分涉案出口商及制造商撤销反倾销命令，除需满足上述两个条件外，该部分涉案厂商还需提出未来若再倾销，商务部将得立即恢复原实施之反倾销命令。实际上，商务部还要求涉案厂商需在主张的 3 年内曾进行行政复查，且每一年都有输入相当数量的涉案产品至美国。涉案厂商得于第 3 年行政复查月提出包括行政复查及撤销反倾销命令复查的申请，若于第 3 年行政复查后才提出撤销反倾销命令复查的申请，商务部将不予受理。

（4）新出口商复查（New Shipper Review）：对于在反倾销调查期间未输出涉案产品，且与曾在调查期间输出涉案产品的出口厂商并无关系之出口/生产商，需向商务部提出新出口商复查的申请。商务部将于反倾销命令发布后第 6 个月后或实施满 1 年时展开复查，该复查应于 180 天（需延长 120 天）内发布初步裁定，初步裁定后 90 天（需延长 60 天）内做出最终裁定，对此类出口商给予个别倾销税率。

2. 司法复查（Judicial Review）

（1）国际贸易法院（Court of International Trade）：国际贸易法院位于纽约，前名为海关法院。《1930 年关税法》第 516 A 条（D）项规定，任何利害关系人且为反倾销调查程序的当事人，均须在国际贸易法院起诉，请求复查倾销裁定的合法性，是为倾销案件的司法审查，以防止行政机关滥用行政权力。

有权提起诉讼之人，应在有关裁定公布后 30 天内提出申诉及申诉理由，但对最后肯定倾销裁定及最后损害裁定提诉讼者，该 30 日应自反倾销税或平衡税命令公布之日起算。需受司法复查的反倾销裁定，包括如下 5 种：①商务部或国际贸易委员会的最后肯定裁定；②商务部或国际贸易委员会的最后否定裁定；③依《关税法》第 751 条所做的最后行政复查裁定；④商务部根据出口商所做的具结保证而中止调查的裁定；⑤国际贸易委员会关于具结保证协议是否已完全消除损害性裁定。

国际贸易法院的审查属于法律审查，即仅就上述决定是否具有足够证据支持，或有违法情形进行审查，不得重新调查事实。

在诉讼进行中，利害关系人应申请国际贸易法院颁发禁止令（Injunction Ordering），禁止进口物品通关。国际贸易法院在决定时，应考虑如下因素：①原告可能胜诉；②如不予禁止，原告将受不可弥补的损害；③禁止通关有利公益；④不禁止所造成的损害将大于禁止所造成的损害。

如果国际贸易法院审理后判决原告胜诉，案件应发回有关机关更审（Remands），依判决内容处理。美财政部（Department of Treasury）或商务部应在判决后 10 天内将法院（包括国际贸易法院及联邦巡回上诉法院，因不服国际贸易法院的判决，可上诉至联邦巡回上诉法院）已为判决的通知在《联邦公报》公布，并要求主管机关在指定期间内将更审结果送回国际贸易法院，在公布日后进口的产品（如有假处分，则自假处分生效之日后进口的产品），应依法院判决所裁条件通关，在公布日前进口的产品，则仍依原裁定通关。

（2）联邦巡回上诉法院（Court of Appeal for the Federal Circuit）：联邦上诉法院旧名为海关与专利上诉法院，由3位或5位法官组成审判小组，有权对国际贸易法院的判决进行审查。通常联邦巡回上诉法院能确认国际贸易法院的判决或推翻其判决或发回国际贸易法院或商务部做进一步调查与认定，联邦巡回上诉法院的判决为二审（上诉审）判决。

（3）最高法院：从理论上说，当事人不服联邦巡回上诉法院的判决者，可以向最高法院上诉，但就实际来说，却十分少见。

（十）反倾销税课征及价格具结的期限——落日条款

1. 期限

反倾销命令或具结措施实施期满5年后，商务部及国际贸易委员会应进行落日条款审查，以决定是否终止该反倾销命令或具结保证协议，以视倾销的情形及对产业损害的情形是否继续存在或再度发生。如商务部最终判定倾销将不会持续或再度发生，国际贸易委员会最终裁定亦判定对国内产业之损害不太会再度发生，或美国国内利害关系人对美商务部所发布落日条款审查通知均无响应时，商务部将撤销该反倾销命令或终止“中止调查协议”。

2. 落日条款审查程序

（1）于反倾销命令实施满5年至少30天前，商务部应于《联邦公报》中公告，将发动落日条款复查，并请有意愿参与该项复查的利害关系人提供商务部及国际贸易委员会所要求的资料，美国国内利害关系人若于落日复查公告日起90天内未做任何响应，则该倾销命令或中止调查协议即应撤销或终止。倘若利害关系人提出参与该复查意愿的声明，但所提供资料不充分或不适当时，商务部应不经调查于120天内、国际贸易委员会于150天内就既得事实做出最终裁定，此即所谓的加速审查程序（Expedited Review）。若利害关系人对商务部及国际贸易委员会所要求提供资料未尽力合作，该机构甚至可采用对相关利害关系人不利的既得资料，包括指控商提供的资料、本反倾销案的最终决定、过去复查的结果或在记录上所有的资料。

（2）商务部应于复查开始后 240 天（必要时可延长 90 天）内做出最终裁定（对于特别复杂的案件可延长 90 天）。商务部进行复查时应考虑，倾销命令发布后的历年实际倾销差额，倾销命令发布之前及之后的进口量及其他相关价格、成本、市场、经济因素，以判定撤销或中止反倾销措施是否将导致倾销的再度发生；另倾销差额为零或微量，不一定表示商务部会判定未来倾销不会继续或再度发生。

（3）如果商务部的复查结果是肯定的（即倾销将会继续或再度发生），国际贸易委员会应于复查开始后 360 天就反倾销措施的撤销或终止是否在可预见的未来可能导致对国内产业实质损害情形的再度发生做出裁定，而委员会应考虑的因素包括反倾销措施撤销或终止后可能的进口量、价格效果及其对国内产业的影响。

（4）对于 WTO 生效（1995 年 1 月 1 日）前已存在的反倾销命令，将被视为起始于 1995 年 1 月 1 日开始实施。对该等反倾销命令的落日条款复查不得早于 5 年届满前 18 个月，并不得迟于 5 年届满后 18 个月，原则上将对较早发布的反倾销命令，优先开始审查，对此类反倾销命令的审查应自审查开始后 18 个月内完成。

（十一）反规避条款（Anti－Circumvention）

（1）为防止被课征反倾销税出口商或制造商以在美国或第三国从事简单的装配规避反倾销措施，美国反倾销法令以反规避条款，规定反倾销税的课征应及于该类产品进口。

（2）美国商务部判定“反倾销命令”是否被出口商规避的因素如下。

1）在美国（或第三国）的装配或占整个生产过程系属次要或无关紧要者。

2）自被课征反倾销税国家所进口的零组件占整个产品价格的主要部分。

3）商务部决定是否将自被课征反倾销税国家进口的零件纳入课征范围的因素：①零件的贸易形态，包括零件来源形式；②零件出口商、制造商与在美国（或第三国）的组装者有否关联；③零件的进口量是否在展开反倾销调查后大量增加者。

（3）商务部将于调查开始后300天内裁定反倾销命令是否遭规避，并于120天内决定是否将自涉案国进口的零件纳入反倾销命令课征范围。

三、欧盟反倾销法

欧盟反倾销政策虽然出台时间较晚，尤其是远远晚于加拿大、澳大利亚、美国和日本等发达国家，然而，迄今欧盟也同样形成了较完备的反倾销政策体系及其管理体制。同时，在反倾销实践中，欧盟既是全球四大传统反倾销用户之一，也是WTO成立以来全球第三大反倾销发动者，中国则成为欧盟反倾销的首要目标国。作为中国最大的贸易伙伴，欧盟对中国频频发起的反倾销已日益成为影响中国扩大对欧盟出口和中欧经贸关系进一步发展的一个主要障碍。

（一）欧盟及倾销法的发展

欧盟反倾销法规源于《罗马条约》（Treaty of Rome）第113条第1项，该项条文规定欧盟应统一区内的共同商业政策，包括对抗不公平竞争的反倾销措施。欧盟反倾销法规最早的版本在1968年正式生效（1968 Regulation No. 459/68），其后曾多次进行修正，1995年为配合乌拉圭回合协议的反倾销协议（Anti－Dumping Agreement），欧盟再度修正其反倾销法规［Regulation（EC）No. 3283/94］，并自1995年1月1日开始实施。1996年3月欧盟又公告384/96规章，做小幅度修正。

欧盟反倾销法规适用于所有对欧盟出口的国家，不论该出口国是否为GATT/WTO缔约国。欧盟各会员国本身并无反倾销法，所有反倾销相关的调查及保护措施的采用均由欧盟执委会主管。

依据乌拉圭回合谈判的结果，各会员均将逐步降低关税、取消非关税障碍及开放本国市场。为避免本国产业因市场开放而遭受损害，反倾销措施势将成为未来各国较具成效的贸易防卫武器。

（二）欧盟反倾销执行机关

1. 执行委员会（European Commission）

欧盟反倾销法令主要由欧盟执行委员会（简称执委会）执行，执委会的执行委员由会员国政府在征得各国国会同意后任命，每一会员国至少有1位执行委员，但至多不得超过2名，任期为4年，独立行使职权。执委会共分为24个总署及12个服务处，有关反倾销的业务系由贸易总署下辖的C处及E处管辖。正常反倾销调查程序为执委会在接受控诉后展开调查，并做成采取课征反倾销税或其他措施的决议，提交欧联部长理事会做最后裁决。

2. 部长理事会（Council of Ministers）

由各会员国主管相关业务的部长出席，在执委会决议课征最终反倾销税或采取其他措施时，针对执委会的提案以简单多数决（Simple Majority）（即15个会员国中至少有8个会员国表示同意）决定是否课征最终反倾销税及其税率，通常理事会都会采纳执委会的提案。

3. 咨询委员会（Advisory Committee）

由各会员国反倾销专家组成，主席由执委会的代表出任。在倾销调查的各主要阶段应各会员国或执委会的要求提供咨询意见，另外在行政复查前或价格具结实施前，也接受执委会的咨询。

（三）欧盟反倾销调查程序

1. 提起控诉

（1）控诉资格。反倾销调查程序通常始于欧盟业界向执委会提出倾销控诉，该项指控须由任何自然人、法人或产业公会代表遭受倾销损害的欧联产业，以书面方式提出［一般而言，欧盟的反倾销控诉案经常是由各欧盟公会（European Trade Association）代表其会员提出，因为以这种方式提出控诉可使欧盟产业较易收集相关资料，且得以确保各公司的业务机密］。欧盟执委会应在可能范围内审核控诉书中所提证据的正确性，以决定是否正式展开调查。另外，欧盟会员国如有足够资料，也可直接向执委会提出反倾销控诉案。

（2）控诉书内容。控诉书需包括倾销及倾销所造成损害的初步证据（Prima Facie Evidence）及两者间的关联性，由于控诉书中部分资料属机密性质，控诉者另需准备一公开版本，在正式展开调查后供各利害关系人查阅。

（3）提出反倾销控诉的适宜性。执委会需先决定欧盟产业对倾销案控诉的支持或反对程度，以决定是否展开调查程序，其认定欧盟产业是否支持反倾销案的条件为：①明白表示赞成反倾销控诉厂商其生产量占所有表示反对或赞成意见厂商总产量的50%以上；②且前述表示赞成反倾销指控厂商其生产量占欧盟同类产品总产量25%以上。

2. 展开调查

（1）执委会征询咨询委员会的意见后，于控诉提出后45天内决定是否展开调查。执委会如认为控诉书的证据不够充分，将请控诉人补提资料。[①]

（2）如决定展开调查，应将其决定刊登于《欧盟公报》（Official Journal）。

（3）执委会在决定展开调查之前，不应公布倾销控诉书内容，但若执委会收到的控诉书内容符合一般构成反倾销的要件，执委会应于正式展开调查前，通知出口国政府。

（4）展开反倾销公告的内容应包括决定发动调查的原因、涉案产品及国家，并应说明利害关系人提供资料的最后期限。

（5）执委会应将展开调查的决定通知出口商、进口商及其相关公会及出口国政府的代表及控诉申请人，并提供控诉申请书（机密资料除外）给出口商及出口商政府，如出口商为数较多，则申请书内容仅提供给出口国政府及相关公会。

3. 发送问卷

（1）执委会在展开反倾销调查后，为调查区内的产业是否受损，以及

① 据估计有50%的案件被执委会认为没有充分证据而决定不进行调查。

裁定外国生产或出口厂商的反倾销税率，将对涉案产品的进口商、出口商、欧盟同类产品生产者发送不同的问卷，基本上问卷可分为以下 4 类。

1）对外国生产或出口商的问卷：对外国生产或出口商的问卷将作为执委会判定是否有倾销事实及是否造成产业损害的依据，其中要求填答出口商过去四五年来产品输往欧盟价格、数量的一般资料，并提供调查期间（调查期间应选定在展开调查之前且至少达 6 个月以上，实务上欧盟调查期间为 1 年）。逐笔输入欧盟及本国销售价格资料，及提供调整出厂价格所需的直接销售费用，以作为计算倾销及损害差额，通常欧盟会要求受调查者将资料以固定格式存放于磁盘中（欧盟对出口商的问卷一律要求出口商提供生产成本资料）。

2）对与生产或出口商有关联之进口商的问卷：要求购买价格、转售价格及其间所发生的成本，以获得计算推算出口价格（Constructed Export Price）的资料。

3）对与生产或出口商无关联进口商的问卷：所得到资料将用来核对第 1 项问卷的正确性，并估算推算出口价格及其利润率。

4）对欧盟生产者的问卷：此类问卷将作为决定欧盟产业是否受到损害的依据，通常要求提供过去四五年来欧盟生产者生产数量及交易价格等资料。

（2）问卷答复时间：欧盟反倾销法第 3 条第 2 款规定，受调查者应有至少 30 天的时间答复问卷；如受调查者能提出正当理由，可延长 30 天，实务上执委会通常会同意延长 14 天（出口商的答复期限应自问卷寄送日或透过出口国政府代表转送之日起第 7 天即视为受调查者已收到问卷，故出口商实际上有 37 天的时间填答问卷）。

4. 抽样调查（Sampling）

如进出口商、产品形态、交易笔数过于庞大，执委会将以合理有效的抽样方式进行调查，执委会有裁量权决定抽样方式，只有事先与受调查对象协商并取得共识，对于未经选择为调查对象，但在时限内主动提供资料者，仍应尽可能给予个别税率。

5. 实地查证（Verification）

欧盟执委会在接收到填答的问卷后，将派专员（通常 3 ~ 4 人）到出口国进行为期 2 ~ 3 天的实地查证，以便调查问卷填答资料的原始凭证及其正确性，此做法有别于美国在初步调查结束后即进行实地查证（由于欧盟在初步裁定前即进行实地查证，所以其最终裁定通常与初步裁定的结果相同）。只有执委会在进行实地查证前应先得到出口商的同意，并通知出口国政府，如该政府不表示反对意见时，方可进行。只有因拒绝接受实地查证时，执委会引用可获得的现有资料来判定高税率，因此一般出口业者均会接受实地查证。

6. 初步裁定（Preliminary Determination）

（1）调查结束后，执委会即着手准备初步统计结果及初步裁定，若调查结果并未发现有倾销或损害的事实，而无须采取措施时，执委会可在征得咨询委员会的同意下，终止调查程序并说明理由，刊登于《欧盟公报》。若咨询委员会表示反对意见，则执委会需向部长理事会提出拟结束调查的建议报告，除非该案经欧盟部长理事会对此意见以条件多数决（Qualified Majority）（即指部长理事会各国部长依其不同权数投票，获得所有 87 票中 62 票的决议，各国代表的投票权数，如表 2 - 2 所示）表示反对，否则调查应在报告提出后 1 个月内终止。

表 2 - 2　条件多数决

国家	票数	国家	票数	国家	票数
法国	10	葡萄牙	5	比利时	5
意大利	10	爱尔兰	3	希腊	5
西班牙	8	德国	10	丹麦	3
荷兰	5	英国	10	卢森堡	2
奥地利	4	芬兰	3	瑞典	4

（2）如调查结果显示确有倾销事实，且对欧盟产业造成损害，除非出

口商提出价格具结保证并经执委会同意接受，执委会将于咨询咨委会后开始对涉案产品课征临时反倾销税。

7. 最终裁定（Final Determination）

执委会调查结果如认定确有倾销并导致损害事实，且有采取救济措施的必要时，应提出课征最终反倾销税的建议，并于临时措施届满前 1 个月提交部长理事会，部长理事会应以简单多数决定是否课征反倾销税及其税率。部长理事会做出最终裁定后，调查程序即告终止。整个调查程序应自公告展开调查之日起 1 年内完成，最长不得超过 15 个月。

（四）倾销的判定

1. 出口国出口产品至欧盟的出口价格，若低于类似产品在正常贸易途径的可比较价格时则涉及倾销

出口国可能是原产地国，亦可能是中间国。

2. 出口价格的决定

（1）在正常情况下，出口价格系指产品直接销售到独立欧盟进口商的价格。

（2）如进出口商之间有关联或彼此间有补偿性合约或出口价格不可采信的情况下，执委会将以产品第一次转售给独立买主的价格为基础推算出口价格。

（3）执委会于推算出口价格时应进行调整的项目，包括运费、保险费、处理及装卸费用、关税、反倾销税、其他进口税捐及推算出来的合理销管费用及利润（执委会在推算利润率时不以与出口商有关联进口商的真实利润率为基础，而以同业中独立进口商已实现的利润率为基础）。

3. 正常价格的决定

（1）在一般的反倾销案件调查中，正常价格系指同类产品在出口国国内于正常交易过程中的价格，如交易双方有关联或存在补偿性协议，除非能证明此种关联性不影响销售价格，其交易价格将不作为决定正常价格的基础。

（2）出口国的出口商如未在其本国生产或销售同类产品，则正常价格

将以其他销售者或生产者的价格为认定基础（欧盟反倾销旧法规系指出口商既非生产者且未在出口国本国内销售时，将以其他出口商之价格或推算价格作为正常价格，此即贸易商条款，新法中已扩充其适用范围。换言之，出口商虽为制造者但无内销时，也可能适用此条款）。

（3）涉案产品在国内市场的销售量如未超过输往欧盟数量的5%时，不得作为决定正常价格的基础，虽未超过5%，但其价格被认为具有市场代表性时，仍可作为决定正常价格的基础（上述5%标准系以总销售量或如过去以涉案产品的规格、品别、等级分别判定，目前仍未知）。

（4）如出口国本国市场交易价格不具有代表性或因特殊市场情况无法做公平比较时，执委会将以下列两种价格择一作为正常价格（在实务上执委会倾向于选择推算价格作为正常价格，其理由为：出口至第三国价格也可能系倾销价格。且在出口商与第三国进口商有关联时，又需另计算推算价格）。

1）推算价格（Constructed Price）：以出口国国内同类产品的生产成本（Cost of Production）加计销管费用（Selling，General and Administrative Cost，SGA）及利润。

2）第三国价格：以出口国销售至第三国在正常交易情况下的价格为基础，则该出口价格需具有代表性。

（5）在执委会以推算价格作为正常价格时，对于成本的计算应以出口商本身的会计记录为基础，这些会计记录系依照出口国公认会计原则制定，且需对非经常性成本项目做合适的期间分摊。如出口商的既有分摊方式合理时，应予尊重并适用，否则应优先考虑以销货金额（Turnover）为分摊基础。

（6）在调查期间内因使用需相当投资金额的生产设备且在开办期间设备使用率偏低情况下，其成本的计算应以开办期结束时的成本作为计算基础，开办期间内较高的成本将不被采纳，开办期原则上不超过1年，如开办期超出调查期间，则厂商应于调查开始后3个月内，且于实地查证前，将开办成本资料提交执委会。

（7）为推算正常价格中之利润及销管费用，原则上应以受调查厂商在正常交易过程中实际发生之数额为基础，如无法由此推算，则应由：①其他受调查厂商于其国内市场销售同类产品在正常交易过程所发生，且经执委会认定的加权平均利润及费用；②其他受调查厂商于其国内市场销售同一大类产品（General Category of Product）的实际利润及费用；③其他合理方法，但其推算的利润不得超过第 2 项所估算的金额。

（8）对于来自于非市场经济国家进口的产品，其正常价值应以市场经济的第三国或该第三国售与其他国家（包含欧联在内）的售价或推算价格或欧盟同类产品的价格并经适当调整后（包含合理利润）的价格。选择市场经济的第三国时，应考虑信息取得的难易程度及时效等因素。如某一市场经济的第三国亦为同案的调查对象，应以该第三国为选择对象。选择替代的第三国应在开始调查后尽速为之，并将决定通知当事人，当事人需在 10 日内对此表示意见（此规定大部分仍承袭旧法的规定，仅增加选择第三国时考虑资料取得难易程度及赋予当事人就此选择提出意见的权利）。

4. 在决定正常价格中，对于低于成本销售的规定

出口国本国市场的价格或输出第三国价格，如低于单位生产成本加上销管费用总和，被视为非正常交易情况下的交易，在合乎下列情况时，低于成本的销售将被排除而不作为决定正常价格的基础（过去执委会对于低于成本销售价格的实务做法：①低于成本销售的数量如占总销售数量 20% 以下，且加权平均售价仍高于加权平均成本时，则不排除任何低于成本销售的售价，全部被采纳作为计算正常价格的基础。②低于成本销售的数量占总销售数量 20% 以上，但加权平均售价仍高于加权平均成本时，将排除低于成本的销售而以其余高于成本的销售为计算正常价格的基础。③如加权平均价格低于加权平均成本，执委会将采推算正常价格）。

（1）持续一般相当期限：正常情况为 1 年，但不得少于 6 个月。

（2）销售相当数量：低于成本销售量占总销售 20% 以上，或单位平均价格低于单位平均成本。

（3）在合理期间无法回收成本：销售价格于销售当时虽低于成本，但

高于调查期间平均成本者，仍视为可回收成本。

（五）倾销差额的决定

（1）倾销差额系产品销往欧洲的出口价格（Export Price）与产品正常价值（Normal Value）。在相同期间，针对产品的物理特性、进口规费及间接税捐、交易折扣、交易层次及运送、保险费、包装、销货利息、售后服务、销售佣金及汇率转换（一般情况下以销售日的汇率为准，如涉及远期外汇操作时，则以该远期外汇交易的汇率为准，不考虑短期汇率波动，如汇率发生持续性变动时，出口商需选择使用60天前的汇率）等因素，进行调整后再做同样基点的公平比较后所得的差额。

（2）倾销差额的决定应以相同交易层次及尽可能同一时间的加权平均正常价格与加权平均出口价格相互比较或正常价格与出口价格逐笔相比较（此规定系依据乌拉圭回合反倾销规约所做修改，过去执委会以加权平均正常价格与逐笔出口价格方式来比较，造成倾销差额虚增的不公平状况），如出口价格的形态与购买者销售地区及时间有很大差异时，需以加权平均正常价格与逐笔出口价格做比较。

（3）在实务上执委会几乎都以涉案产品CIF价格的百分比来表示倾销差额。

（六）产业损害的认定

（1）执委会为裁定欧盟产业是否受到损害，将对欧联同类产品产业发出问卷，寻求该产业在过去4～5年的产量、生产力、销售、进出口额、获利能力等情形变化，并与涉案出口商提供的成本及价格资料相互比对，以确定是否因倾销造成欧盟产业损害。

（2）欧盟产业的认定。

1）所谓欧盟产业系指欧盟同类产品的生产者全体或总产量占欧盟生产量主要部分的生产商。

2）欧盟生产商与出口商或进口商有关联或本身即为进口商时，将被排除在欧盟产业之外，在下列情况下，欧联生产商将被视为与出口商或进口商有关联：其中一方直接或间接控制另一方；两方均直接或间接被同一第三者所控制；两方同时直接或间接控制另一第三者。

3）在下列情况下得将欧盟区分为两个或以上的竞争市场，该竞争市场内的生产者得视为单独产业（由于欧盟由15个会员国组成，区域性产业的适用在欧盟将具有相当的重要性）：此竞争市场内之欧盟生产者仅于（或几乎仅于）此区域市场内销售；此竞争市场之需求量极少由此市场外的欧盟生产者所供应。

如执委会决定以此竞争市场决定产业是否受损时，应给予出口商提出价格具结的机会（此一价格具结可以是地区性），如出口商未提出具结，则可就整个欧盟市场实施反倾销措施，此情况下反倾销税的课征应尽可能限于特定出口商（此项规定是基于课征技术困难的考虑而设立的）。

（3）执委会在决定欧盟产业是否受到倾销损害时，应基于确实的证据，包括对下列层面的考虑。

1）在倾销进口量方面：应考虑进口量在相对或绝对数量上是否有显著增加。

2）在倾销产品对欧盟同类产品市场价格的影响：应考虑倾销产品是否造成明显的削价、降价或压抑价格调升效果。

3）倾销产品对欧盟同类产品产业造成的影响：应评估下列经济因素，如产业遭受过去倾销或补贴的影响的回复情况、倾销差额大小、欧盟产业在销售、利润、产出、市场占有率、生产力、投资报酬率、产能利用率等方面2年内真实或潜在的衰退及倾销所造成欧盟产业在现金流量、存货、员工雇用情形、薪资、成长、募集资金或投资能力上的负面效果（执委会实务上特别重视市场占有率及绝对进口量的增加等因素）。

（4）反倾销是否对欧盟产业有损害，应基于事实而非凭臆测或推论，且此起因于倾销损害威胁需是明显且即将发生者，其应考虑因素如下：①进口量明显增加；②出口国产能增加；③进口商品价格将对欧盟产品具有相当程度的价格压抑效果；④涉案产品的存货量。

（5）若涉案产品系自数个国家进口，且该数个国家同时接受反倾销调查时，在合乎下列条件下将合并评估进口产品的损害效果。

1）所有国家的倾销差额均超过微量标准，且其进口量均超过可予忽视数量。

2）依进口产品之间的竞争状况及进口产品与欧盟同类产品的竞争状况的判断，合并评估是适当的。

（6）某一特定国家的进口量，如低于欧盟同类产品市场占有率1%以下，将被视为可忽视（Negligible）进口量而结束调查，但若个别国家加总进口量超过欧盟市场消费量3%以上时不在此限（乌拉圭回合协议反倾销协议中规定为，某一特定国家的进口量占进口国同类产品的进口量3%以下时，将被视为可忽视进口量，只有数个国家之总进口量在7%以上时，则不在此限。欧盟系以市场占有率及市场消费量为计算标准，较以进口量为计算标准时涵盖范围较广，故两者在规定比例上略有差异）。

（7）判定是否对产业造成损害时，涉案产品的进口需为对欧盟产业造成冲击的原因之一，且只要具有因果关系相关性，即使此相关性不具重要性，亦可视为因果关系的要件成立，只有非因倾销所造成的损害效果，如需求、消费形态的改变等，不应归因于倾销因素。

（七）临时措施（Provisional Measure）

（1）在执委会依法定程序展开反倾销调查，做出对倾销及损害的肯定初步裁定后（Provisional Affirmative Determination），并且采取救济措施防止此类损害符合欧盟利益时，将在咨询咨委会后采取临时措施，课征临时反倾销税。临时措施的实施不得早于正式展开调查之前60天内，亦不得迟于展开调查之日后9个月。

（2）临时反倾销税不应超过初步裁定所判定的倾销差额，如较低的倾销差额即足以消除倾销损害，应课征较低税率。

（3）执委会于做出课征临时反倾销税的决定后，应立即通知部长理事会及各会员国，理事会得以条件多数决推翻其决定。

（4）临时反倾销税应以保证金（Security）方式课征，涉案产品在缴交保证金后，可以在欧盟市场上流通。

（5）临时反倾销税得连续课征9个月或课征6个月后再延长3个月，

但只有当占欧盟进口量大部分的出口商提出要求或这些出口商在接到执委会的通知后不表示反对，方得课征9个月（乌拉圭回合《反倾销协议》规定，临时措施以实施4个月为限，但当占贸易量大部分的出口商提出要求时需延长为6个月。当主管机关在调查过程中研究是否以低于倾销差额的税率即足以撤除损害时，则上述情形可分别延展为6~9个月）。

（八）价格承诺（Price Undertaking）

（1）在涉案出口商提出自愿性的修正价格或停止以倾销价格出口至欧盟的具结保证，并经执委会咨询咨委会意见后，认定倾销之损害得以消除时，将不采取临时或最终措施而停止调查。执委会并建议涉案出口商进行价格具结，但出口商并无义务接受执委会的建议。执委会如认为出口商提出的价格具结建议，实施上有困难或其他原因，亦应拒绝出口商的具结，其拒绝的理由应在最终裁定中加以说明。

（2）执委会应在初步判决对倾销及损害均成立的情形下，方接受或寻求出口商的价格具结。

（3）如执委会接受涉案出口商的价格具结，且执委会无相反意见后，该反倾销案的调查应即终止；如执委会持反对意见，执委会应提出咨询结果及终止调查的建议给部长理事会，部长理事会如未于一个月内以条件多数决做出相反决定，该调查案即告终结。

（4）价格具结的涉案出口商应配合执委会要求定期提供资料，以查核该出口商是否忠实履行具结保证，未配合提供资料者，视为违反具结规定。

（5）通常具结方式系由出口商以书面方式承诺以不低于某价格于欧盟销售涉案产品，该具结中通常亦规定执委会得就该具结价格的调整与具结的出口商进行协商；部分具结协议中亦包含依某些条件自动调整最低价格的条款。

（6）价格具结后，有关倾销与损害的调查仍应继续完成，若调查结果并未发现倾销或损害的事实，则价格具结自动失效；若调查结果发现有倾销或损害的事实，则价格具结仍依原具结的条件继续有效。

（九）反倾销税的课征

（1）如经调查确有倾销或损害事实，执委会应在咨询委员会后提出课征最终反倾销税的建议给部长理事会，部长理事会将以简单多数议决开始课征反倾销税，如该倾销案课征的临时反倾销税仍在有效期间，执委会的提议则应该临时措施到期前一个月送交部长理事会。

（2）在一般情况下执委会应给予每一厂商个别反倾销税率，但如给予个别税率实施上有困难或对非市场经济国家的案件，将给予出口国家单一反倾销税率。如果受调查厂商采取不合作态度或阻挠调查的进行，执委会将以现有可得资料（Facts Available）作为裁定反倾销税率的标准，该项替代资料常导致出口商被裁定很高的反倾销税率。

（3）对于曾主动提供资料但未列入调查对象的厂商，执委会将以不超过所有个别税率的加权平均作为反倾销税率，但该加权平均的计算应排除任何零或微量税率及使用现有可得资料计算出来的税率。

（4）出口商的倾销差额如经裁定低于2%的微量标准（De Minimis），反倾销的调查应即终止，但调查时经判定低于微量标准的出口商，仍应接受事后对该出口国的复查。

（5）反倾销税的课征不应超过裁定的倾销差额，如较低的倾销税率即足以消除倾销的损害，应课以较低反倾销税率［执委会将根据此项规定估算倾销的损害差额（Injury Margin），即以进口产品的零售价格与欧盟同类产品的价格相比较的差额，但如欧盟产品价格因进口品而受到压抑，则以欧盟同类产品的生产成本加上估算的利润率进行比较以计算损害差额，损害差额的计算方式并未明确规范于欧盟反倾销法规中，执委会对此有很大裁量权］。

（十）追溯效力（Retro activity）

（1）如最终反倾销税（Definitive Duty）高于临时反倾销税，其差额将不追缴，如最终反倾销税低于临时反倾销税，其差额应退回，如最终裁定是否定，则保证金应予归还。

（2）若已对进口货品采取登记，且给予进口商辩驳的机会，且符合下列两项条件时，则可追溯自采取临时措施日前90天开始（但不得早于展开调查之日），对已登记的进口产品（为便于欧盟追溯课征反倾销税，欧盟产业提出证据要求对进口产品采取登记措施，执委会将在咨询委会后，指示海关对调查中进口产品采取登记措施，但登记措施的施行不得超过9个月，除追溯课征外，有关新出口商复查、反规避及反吸收调查亦可适用登记措施）追溯课征反倾销税：①涉案产品有相当期间倾销的记录或进口商已知晓或应知晓倾销的事实及其造成的损害。②涉案产品在调查期间内进口大量增加，依其时间、数量及其他因素判断可能严重影响反倾销税的救济效果。③出口商如退出或违反价格具结保证时，仍可追溯至采取临时措施前90天（但不得早于违反或退出价格具结之日），对已登记通关产品课征反倾销税。

（十一）反倾销税课征实施期限及期终复查

（1）任何最终反倾销税应自实施满5年后［一般称为落日条款复查（Sunset Review）］终止，除非经期终复查（Expiry Review）裁定，停止课征反倾销税将导致倾销及损害的继续发生。如反倾销措施实施期间曾进行复查，且该复查包括倾销及损害两方面时，反倾销措施之实施期限应自该复查结果发布之日重新起算，满5年后终止。

（2）期终复查应由执委会依其职权自行发动或由欧联生产者提出申请并提供充分证据，显示反倾销措施的取消将导致倾销及损害的继续或再度发生，出口商、进口商、出口国政府代表、欧联生产者均可对此类复查提出说明、反驳或评论，执委会在做出裁定时应考虑各方就反倾销措施的取消是否导致倾销或损害的再度发生所提出相关及辅助证据。

（3）复查结果确定前，现有的反倾销措施仍然有效。

（4）执委会应于反倾销措施到期的当年度，在欧盟官方公报中公告即将到期的讯息，欧盟同类产品生产者应在期终前3个月提出期终复查的申请，此项复查应在发动日起12个月完成。

（十二）反倾销措施的期中复查（Interim Review）（欧盟的期中复查仅具有未来效果，依据复查结果算出的反倾销差额仅适用于复查结果发布后的反倾销税课征标准）

（1）执委会及会员国将基于职权需要进行期中复查；进口商、出口商及欧联厂商亦得于反倾销措施实施至少满 1 年后，提供足够证据证明进行期中复查的必要时，要求执委会进行期中复查。

（2）执委会于进行期中复查时，应依相关及适当辅助证据考虑倾销或损害是否有重大改变，目前反倾销措施是否达成消除损害的目标以做出裁定。

（3）期中复查一般应于发动日起 12 个月内完成。

（十三）新出口商复查（New Exporter Review）

（1）在调查期间内未出口涉案产品的出口商如符合下列两个条件时得申请进行复查，以适用个别反倾销税：①与已遭欧盟实施反倾销措施的出口商无关联。②于调查期间后曾实际出口涉案产品至欧洲或经证明与欧联厂商订立不可撤销的出口约定，将出口相当数量产品至欧盟。

（2）前述对新出口商的复查，执委会应在咨询委员会并经欧联业者表示意见后加速进行，并对调查中的新出口商暂不课征反倾销税，而先采登记方式，以便于日后依据复查的税率对新出口商自发动复查之日起追溯课征反倾销税。

（3）出口商虽经复查结果取消反倾销税的课征，仍应接受日后针对该出口国家所进行的复查。

（4）此类复查正常情况下应于 12 个月内完成。

（5）若反倾销措施系依取样方式决定，则有关新出口商复查的规定不得适用。

（十四）反倾销税的退款（Refund）

（1）出口商如证实其遭课征的反倾销税较实际发生的倾销额度为高时，需经执委会调查后决定是否退还反倾销税及认定应退金额。

（2）反倾销税归还申请应由欧盟进口商向执委会提出申请，或向货物通关地的欧盟会员国申请后转交执委会。该项退款之申请应提出申请归还金额及海关的缴款证明，产品的正常价格及出口至欧盟的价格，如进口商、出口商之间并无关联或出口商不愿透露相关资料，则应同时提出由出口商出具体证明，声明倾销差额已经降低或消除，并将提供相关资料予执委会，若出口商未于合理期内提供或所提证据不齐全，申请将被拒绝。

（3）欧盟进口商提出申请后执委会应于咨询咨委会后进行调查，决定是否归还反倾销税及应归还金额，或依期中复查的结果，以决定是否归偿及应归偿的金额。

（4）执委会对于反倾销税的归还，一般情况下，应于提出申请后 12 个月内完成，最迟不得超过 18 个月，会员国应在执委会完成调查后 90 天内完成退款。

（5）退款将不附利息。

（6）在计算退税金额时，若出口价格系以推定方式取得，则只有在进口商的转售价格与欧盟内部的市价均已反映反倾销税成本之后才可以不被当作成本扣除，如不符合此条件，倾销税仍应视为进口成本的一部分。

（7）反倾销税退款在实务上之施行情况并不理想，其原因为：①退款的申请需由进口商提出。②必须对欧盟所有会员国提出申请，且以逐笔（Per Shipment）方式进行比对，耗费时日且所费不赀。但若出口商欲申请复查时，常先申请反倾销税退款，以作为提出复查申请时的证据。

（十五）反规避措施（Anti – Circumvention）

（1）所谓规避措施，系指厂商为逃避反倾销税的课征，而非基于经济或其他因素的考量，改变第三国与欧盟间原有的贸易形态，且此种改变已影响欧盟反倾销措施的救济效果。

（2）在欧盟或第三国的组装产品活动如属下列三种情况，即可被视为规避反倾销措施的行为。

1）此类产品组装活动在反倾销调查开始或正要开始之前大量增加，而产品之零件系来自遭欧盟执委会实施反倾销措施的国家。

2）进口零组件占制成品总价值的 60% 以上时；只有如产品于组装过程中所产生的附加价值高于制造成本 25% 以上时，则不视为规避行为。

3）反倾销措施的救济效果因涉案产品的价格及数量而受到不良影响，且相对于原已建立的正常价格，有倾销的证据。

（3）反规避调查应由申请人提供充分的证据，执委会于咨询咨委会后发布法令正式展开调查，并指示海关对涉案进口品进行登记或要求缴交保证金。整个调查程序应于 9 个月内完成。

（4）反规避如经调查属实，并经部长理事会以简单多数议决后，将对涉案产品自采取登记措施日或要求缴交保证金之日起课征反倾销税。

（5）进口商得提出书面申请，请求豁免登记手续。执委会应于咨询咨委会后决定或由部长理事会决定授权核发海关豁免文件。

（十六）反倾销措施的暂停实施

依调查结果应采取反倾销措施时，如基于欧盟利益的考量，执委会将于咨询咨委会后暂停反倾销措施的实施，一般情况下得暂停 9 个月，只有如执委会提出建议且经部长理事会的简单多数决议才延长为 1 年，如暂停实施的理由已不存在，执委会得经咨询程序后恢复反倾销措施的实施。

（十七）反吸收条款（Anti – Absorption）

如反倾销税由出口商吸收负担，导致进口商品在欧盟销售价格未能上升，致使反倾销措施未能达成预期的救济效果时，欧盟产业将提出相关资料要求执委会重新针对涉案产品的出口价格及正常价格（旧法仅针对出口价格重新调查，不考虑正常价格的改变造成的倾销差额变动，新法中则规定出口商能于时限内提出正常价格改变的相关资料，则执委会将对正常价格变动造成倾销差额的改变纳入考虑）展开调查，执委会将就新的调查结果建议采取新的倾销税率，此建议由部长理事会以简单多数决定。此类调查应在开始后 6 个月内完成。

（十八）司法复查（Judicial Review）

（1）欧盟反倾销法中并未对反倾销案的司法救济有任何规定，因此对反倾销案之司法复查应适用欧盟条约（EC Treaty）的一般法规。

（2）越来越多的反倾销案件上诉到位于卢森堡的欧盟法院（European Court of Justice），出口商或生产者、倾销控诉者及欧盟进口商均针对欧盟反倾销调查结果的若干事项提出司法复查申请。至于涉案国未接受反倾销调查的出口商或制造商可否提出司法复查，目前仍无相关案例。

（十九）欧盟利益

（1）欧盟反倾销法中规定，在课征临时或最终反倾销税前，应考虑欧盟利益关系人的意见，此处所指欧盟利益关系人包括欧盟产业及产品使用者及消费者，因此提起控诉者及其公会，产品使用者及消费者组织代表应有机会就其立场陈述意见。纵然调查结果已具备课征反倾销税的条件，欧盟仍将基于整体利益的考量，选择不课税。

（2）利益关系人对于课征临时反倾销税有任何意见时，需于课征 1 个月内向执委会提出。

（3）事实上“欧盟利益”在执委会的决定过程中，仅扮演消极性的功能，出口商在实际案例中，如欲引用欧盟利益以作为不应课征反倾销税的理由，应了解该理由对欧盟执行机关的说服力不大。

（二十）不合作厂商

（1）当厂商不提供相关资料或阻碍调查过程，或提供错误的资料时，执委会需以现有可得资料（Facts Available）为基础做出决定。

（2）未能提供计算机化答复时，若能证明此做法造成不合理的额外负担时，将不构成不合作条件。

（3）厂商不合作或仅提供部分合作时，所获得的最后结果应逊于充分合作时的结果。

（二十一）取样

（1）当涉案的进出口厂商数目众多时，执委会需选取合理数目的厂商作为样本，进行调查。

（2）样本内的厂商将核定个别税率，其他未在样本内的厂商将适用加权平均税率。

（3）若厂商在规定期限内提供所有相关资料，且厂商数目不会妨碍调查适时完成时，执委会应尽量核予个别税率。

四、加拿大反倾销法

（一）加拿大反倾销法的发展

加拿大被认为是世界上第一个正式对反倾销进行立法的国家。1904 年，加拿大通过了《1897 年海关关税修正案》第 6 节，为加拿大第一部反倾销法。该法规定，若进口产品价格低于该产品在出口国的公平市场价格，可对其征收反倾销税。此后，加拿大制定了相应的倾销条款实施细则，后人将其视为世界上最早的、比较完备的反倾销法体系。1904 年，反倾销法规定，只要证明倾销存在，即可征收相应幅度的反倾销税。

1969 年 1 月 1 日起生效的加拿大反倾销法案将 1967 年 GATT 制定的《反倾销守则》纳入国内法，增加了损害标准，增设了反倾销法庭这一准司法机构，负责立案的调查和确定。只要申诉人提供证明存在倾销的初步证据，即可开始调查。但 1969 年反倾销法对实质损害的概念未作规定，也无价格承诺的规定。

1984 年 12 月 1 日生效的《特殊进口措施法》对反倾销法做了较大修改，如规定了严格的税务部调查程序规则、增加其调查和裁决过程中的透明度、将反倾销法庭更名为进口法庭、满 5 年的反倾销税非经进口法庭审查损害后认为应当延期的以外自动失效等。1989 年，新设立的国际贸易法庭取代进口法庭的职能。

1994 年，为承担乌拉圭回合协议的义务，加拿大又按其新的反倾销协议修改了反倾销法。

（二）加拿大反倾销法调查程序

1. 立案

根据加拿大《特别进口措施法》的规定，边境服务署的专员可以主动立案对某种产品进行反倾销调查，也可以因国内生产商的投诉而对某种产品进行反倾销调查。对于第二种情况，《特别进口措施法》规定，投诉方生产的该产品必须占国内相同产品生产总产量的 50% 以上。

在接到投诉后，边境服务署将对投诉方提供的倾销和损害的证据是否充分进行审查，如果认为证据充分，则必须在 21 天内书面通知投诉人和出口国政府，并在 30 天内立案，在特殊情况下，立案时间可延长至 45 天；相反，如果边境服务署认为证据不充分，可要求投诉人提供补充资料，审查后若仍认为不符合立案条件，则不予立案，并通知投诉人。

如果边境服务署仅以证据不足为由不予立案，投诉人可以在接到通知后的30天内将其提供的资料提交国际贸易法庭审查，若国际贸易法庭同样认为证据不足，则不予立案；但若国际贸易法庭认为证据充分，边境服务署则必须立案。

边境服务署正式立案后，应通知投诉人、出口国政府、出口商、本国进口商等，并在政府公报上发布立案通知，同时向国际贸易法庭提供有关资料。

2. 调查问卷

边境服务署在发出立案通知的同时，向各涉案企业发出调查问卷，涉案企业需在37日内交卷。企业调查问卷的内容繁多，工作量大，涉案企业通常是在问卷发出一段时间后才得到消息或收到问卷，而加拿大边境服务署又很少给企业以延期，所以没有充裕的时间，涉案企业的答卷工作往往非常紧张，甚至是仓促应战，这对答卷的质量产生很大影响，使涉案企业处于被动的不利境地。

对于那些被加拿大视为非市场经济的国家，在涉及反倾销案件时，边境服务署会同时向该涉案国政府发调查问卷，以确定《特别进口措施法》中有关“国家控制经济条款”的规定是否适用于该国。政府调查问卷的交卷期限与企业问卷相同。

加拿大反倾销调查问卷的发出方式并不确定，在边境服务署知道涉案企业确切的名称、地址时，它会直接将立案通知和调查问卷寄给该企业；而当它不明确谁是涉案企业或涉案企业的名址时，通常的做法是将立案通知和调查问卷交给涉案国驻加拿大的使馆或领事馆，由使、领事馆通知并转交其国内有关机构、组织和涉案企业。国际贸易法庭的损害调查问卷通常在边境服务署做出初裁后，向进口商、出口商、生产商、加拿大制造商等发出，其交卷期限为22天。

3. 核查

核查是指边境服务署专员亲自到涉案企业对其答卷涉及的有关内容、证据进行现场核实、查证。核查一般应在立案之日的46天后、初裁前进行，但在特殊情况下，也可能是在初裁后进行。加拿大的核查与美国等国家不同的是，边境服务署在核查前不提供核查提纲，具有较大的随意性，这使得受核查的企业不得不做全面准备，从而增加企业的工作量。

4. 裁决

（1）初裁。按加拿大《特别进口措施法》的规定，国际贸易法庭在接到立案通知后，即开始对投诉人提供的证据是否能证明被控倾销的产品对国内产业造成损害或存在损害的威胁做初步调查，60 天内做出裁决。在此期间，国际贸易法庭还可以对什么是相似产品、由谁构成国内产业形成自己的观点。

立案后，边境服务署将就是否存在倾销以及倾销幅度进行调查，并在 90 天内做出初步裁决，肯定性的裁决将导致临时反倾销税的征收。《特别进口措施法》规定，在特殊情况下，如案情复杂、涉案国家众多等，边境服务署的初裁调查期可延长至 135 天。

（2）终裁。边境服务署做出初裁后，继续做倾销调查，并需在 90 天内对被控产品是否存在倾销及倾销幅度做最终裁决。

国际贸易法庭在边境服务署初裁后，开始对损害做实质性调查，分析在调查前 4 年间被控产品在加拿大市场上的销售变化情况，以及被控产品是否已对国内产业造成损害，或在不征收临时反倾销税的情况下，是否将会对国内产业造成损害。

国际贸易法庭还将就被控产品是否对国内产业造成实质性损害举行听证会，双方当事人可以充分发表自己的意见并进行辩论。国际贸易法庭关于损害的最终裁决需在边境服务署倾销终裁后的 30 天内做出。如果国际贸易法庭做出有损害的终裁，涉诉产品将被征收与倾销幅度相等的反倾销税。

5. 调查的终止

（1）初裁终止。边境服务署初裁阶段的调查在满足以下条件之一时，即可终止：①投诉人提供的证据不足；②被控产品倾销幅度低，可忽略不计；③实际或潜在的倾销产品数量较小。

国际贸易法庭在投诉人提供的证据不足以证明被控产品对国内同类产业造成实质损害或存在损害的威胁的情况下，可终止调查。

（2）终裁终止。最为普通的是调查程序因边境服务署、国际贸易法庭的肯定性终裁而当然终止。此外，边境服务署在初裁后经进一步调查，认为被控产品确实不存在倾销或倾销幅度可忽略不计，则调查程序终止。国际贸易法庭也可因被控产品的倾销数量小忽略不计而终止损害调查。

反倾销调查程序还可能因边境服务署接受出口商提出的价格承诺和终止调查的要求而结束。

终止调查的决定做出后，边境服务署或国际贸易法庭应及时通知相关机构、涉案国政府及当事人，并在政府公报上公布。

6. 价格承诺

《特别进口措施法》规定，边境服务署专员可以接受出口商或出口国政府（适用于反补贴）递交的书面价格承诺，其前提条件是该承诺必须降低被控产品的倾销幅度或消除对加拿大国内同类产业的损害。

这里的价格承诺是指一个或多个出口商或出口国政府承诺改变被控产品对加拿大的出口价格或停止倾销该产品。边境服务署要求提出价格承诺的出口商至少应能代表所有涉案出口商的85%。

1994年以前，出口商很少提出并被接受价格承诺，主要有两个原因：①价格承诺必须在初裁前提出的规定不合理，出口商无从得知边境服务署的初裁倾销幅度，从而无法确定承诺价格；②长时期以来，边境服务署没有对价格承诺的接受条件做出指导性说明。关贸总协定乌拉圭回合谈判中关于反倾销的协议签订后，作为签字国的加拿大按国际规则对其关于价格承诺的规定做了相应的修改，即价格承诺应该在做出肯定性的倾销和损害初裁后提出。通常在接受价格承诺之前，边境服务署会征求国内生产商的意见，其他相关利益方也可就是否接受提出建议。接受价格承诺的结果是停止征收临时反倾销税，反倾销调查程序中止。承诺递交人也可以在递交承诺的同时要求终止倾销和损害调查程序。根据《特别进口措施法》的规定，价格承诺的有效期为5年，期满后自动失效，同时所有反倾销程序终止。期满前边境服务署经复审认为有必要的，可以延长5年。在价格承诺的有效期内，出口商可以根据具体情况对其内容做修改，但如果出口商违反价格承诺或接受价格承诺的情势发生变更，边境服务署将立即终止承诺的执行。

7. 反倾销税的征收

（1）临时反倾销税。边境服务署做出倾销存在的初裁后，涉案产品从初裁之日起的进口将被征收与估计的倾销幅度相同的临时反倾销税，临时反倾销税的征收有以下两种不同情况：①如果被调查企业与边境服务署充分合作，回答问卷，临时倾销税将按所估计的平均倾销幅度征收；②如果被调查企业回答问卷不完整或不允许边境服务署专员进行现场核查，临时倾销税将按调查中所估计的最高倾销幅度征收。

（2）反倾销税。从损害终裁做出之日起，涉诉产品的进口将按照边境服务署终裁所确定的倾销幅度征收反倾销税。

在特定情况下，反倾销税具有溯及既往的效力。加拿大反倾销法律规定，国际贸易法庭在作实质性损害调查时，可以对立案之日前后较短一段时间内被控产品的进口进行调查，看其是否构成大宗进口并对加拿大国内产业造成损害，如果国际贸易法庭做出的裁决是肯定的，则该批大宗进口将被追加征收反倾销税。

反倾销税的有效期为 5 年，期满后自动失效。期满前，国际贸易法庭可以主动或应财政部长、边境服务署专员以及有关当事人的要求进行审查，如果认为仍然存在倾销引起的损害，则可延长 5 年或根据情况对其做适当调整。

8. 司法审查

加拿大反倾销法规定，如果一方当事人对边境服务署的倾销幅度终裁不服，可以在裁决做出后的 90 天内向国际贸易法庭上诉，国际贸易法庭需就此举行听证会，并提前 21 天在政府公报上公布听证会的日期。国际贸易法庭对此上诉做出的裁决是终局性、结论性的，如果当事人对此裁决仍不服，只能以适用法律错误为由向联邦上诉法院提起诉讼。

五、澳大利亚反倾销法

（一）澳大利亚反倾销法的发展

澳大利亚是世界上较早进行反倾销立法的国家，在其 1901 年的《海关法》和1906年的《产业保护法》就对反倾销措施做了详细的规定。此后，澳大利亚多次根据WTO的相关原则，对其反倾销法律进行补充和修订，形成了比较完善的法律体系。

1901年生效的《产业保护法》是澳大利亚第一部反倾销法，同年生效的《海关法》授权海关总署在反倾销案件提出肯定性裁决之后采取临时担保措施。

1975年，澳大利亚加入GATT《反倾销协议》，同年制定澳大利亚《关税法》中的反倾销部分称为《反倾销法》，即《关税（反倾销）法》，这是澳大利亚反倾销的重要法律渊源，该法对反倾销的规定与肯尼迪回合产生的《关税与贸易总协定》反倾销法基本一致。

1981年，根据东京回合的反倾销协议，澳大利亚对《1975年反倾销法》做了相应修改，但只规定了海关总署在核心问题上的权利与义务，未明确审查程序。授予产业援委员会对海关总署初裁结论进行行政审查的权利，但仅为建议性审查。1982年的再次修改允许行政机构在反倾销中无须遵守GATT有关条文和《反倾销协议》及其他双边条约义务的约束，加强了行政机构的自由裁量权。

1986～1996年，澳大利亚先后几次对反倾销法做了较大的修改，设立了负责产业损害调查的反倾销管理局，建立了反倾销的程序规则，并对“相同和类似产品”以及“产业”的范围做了界定。

1988年的澳大利亚反倾销法由《1988年澳大利亚反倾销管理局法》《1988年海关法修正案》及《1988年关税法修正案》组成。作为反倾销组织法与程序法的重要部分，《1988年澳大利亚反倾销管理局法》对反倾销管理局的职责、权限、人员组成和产业、罢免方法及调查程序做了详细规定。《1988年海关法修正案》对海关在举行听证、进行初步调查、收集相关的证据等方面的职权做了补充规定。《1988年关税法修正案》则对“相似产品”等重要概念重新做了界定或补充，并对对外事务及贸易部部长干预反倾销事务的办法、征收反倾销税和价格承诺的期限等做了明确规定。

同年，澳大利亚和新西兰签订了《澳、新加速货物自由贸易协定》，约定两国根据协定制定各自的国内法，互免反倾销法的适用。该法是对澳大利亚《反倾销法》的例外。

澳大利亚《海关关税（反倾销法）》在1998年进行了修订。这次修订主要是将原来需要220多天完成的调查时间缩减为155天；撤销反倾销管理局，规定反倾销调查统一由海关负责；提高透明度，设立贸易措施审查官（TMRO）对海关的调查结论进行审查。

澳大利亚现行的反倾销法律主要包含在1999年7月1日生效的《海关法》修正案中，该反倾销法倾向于给予澳大利亚国内工业更大的保护。按照目前澳大利亚《反倾销法》，一个反倾销案的调查时限是有史以来最短的，并且自1988年以来，第一次只有一个澳大利亚政府部门负责反倾销案的调查和相关事项，这使其在反倾销案的调查和裁决过程中可能会失去制衡，而且在做出最后裁决前，外国出口商不再有机会向独立的第三方提出申诉。

（二）澳大利亚反倾销管理机构

澳大利亚共有4个相关管理机构涉及反倾销事项：澳大利亚海关（Australian Customs Services）、司法与海关部部长（Minister of Justice and Customs）、贸易措施审查官（Trade Measures Review Officer，TMRO）、联邦法院（Federal Court of Australia）。

（1）澳大利亚海关下属的贸易措施司负责反倾销事务，其主要职责是审查反倾销申请和复审申请；决定是否启动反倾销调查并具体实施；将反倾销调查结果和建议上报给司法和海关部部长。

（2）澳大利亚司法和海关部长是反倾销措施的最终决策者，根据有关报告和建议，决定是否采取反倾销措施。

（3）贸易措施审查官拥有一定的审查权力，可对海关做出的拒绝反倾销调查申请或终止反倾销调查的决定、司法和海关部长做出的实施或不实施反倾销措施的决定进行审查。审查官主要是对海关在反倾销调查中的程序性问题进行审查，如发现存在问题，可要求海关重新进行调查。

（4）联邦法院是负责贸易措施司法审查的部门，对海关部部长和贸易措施审查官做出的决定不服的利害关系方均可向联邦法院提起司法审查。

（三）澳大利亚反倾销程序

根据《关税（反倾销）法》，澳大利亚的反倾销调查程序的时间期限为155天，在世界各国和地区中是最短的。以下就澳大利亚反倾销程序做简要介绍。

1. 提起上诉

任何人都可以向澳大利亚海关提出对外国产品进行反倾销调查的起诉，但该起诉必须是代表本国相关的产业，即必须得到本国相关产业的支持。在正式提出反倾销起诉前，澳大利亚有关产业会将起诉的意图通报给澳大利亚海关。澳大利亚海关会就申请事宜对相关产业提供指导。

（1）起诉资格。按照法律规定，任何申请进行反倾销调查的起诉人都必须证明自己有权起诉并能够代表澳大利亚国内相关产业的整体，即起诉人资格。为使澳大利亚海关能够正式启动调查程序，起诉人必须符合两个条件：一是支持起诉的公司的生产量必须占所有该行业中支持或反对该起诉公司产量的50%以上，并且所有支持起诉的公司生产量必须占整个行业生产量的25%以上；二是该同类产品必须是在澳大利亚国内生产的。

澳大利亚《反倾销法》原本规定：在构成该同类产品的所有生产成本中（包括原材料、人工和工厂经营成本），必须有25%是在澳大利亚国内生产的或者是在澳大利亚发生的。如果起诉人不能达到该条件，则不具有起诉资格。但是在1998年7月24日修正案生效后，上述规定被取消。目前的规定只要求生产该同类产品的一个主要生产环节是在澳大利亚完成的即可。

（2）同类产品。外国产品是否与澳大利亚本国产品属于同类产品是决定反倾销调查能否开始和进行下去的关键。澳大利亚法律规定同类产品必须符合两个条件：一是在各方面都相似；二是如果不相似，则在重要特征上非常相似。

在大多数情况下，外国出口商都会称自己的产品同澳大利亚本国生产的产品不同。因为生产者在生产上的竞争意图不完全一样，同类产品一般都会在外观或特征上有所不同。但仅仅在规格、颜色、形状上的些许不同并不足以说明两种产品在本质上是不相似的。每个案件都有其特殊的条件和情况，由调查机关视情况而定。

（3）与制成品密切相关的农产品。澳大利亚反倾销法律有一项特殊规定，允许不生产同类产品的产业也可以对某种产品提出起诉，在调查损害问题的过程中可以将该产业包括在国内产业中。该规定的目的是为生产初级产品（如农产品）的产业提供起诉的机会。因为大部分初级产品将被加工成制成品，而国外制成品的倾销将对澳大利亚国内生产初级产品的产业造成沉重打击。在这种情况下，澳大利亚本国的加工制造商可能并不愿意对国外制成品提出起诉，因为澳大利亚国内制造商可以直接购买廉价的国外制成品或者借此要求国内初级产品生产者降低价格。

2. 立案调查

澳大利亚海关在接到起诉书后应在20天内决定是否立案调查。一旦决定立案，就开始启动公开的调查程序。按照法律规定，澳大利亚海关必须将启动反倾销调查的通知和案件的技术性要求刊登在正式公报上。所有利害关系方包括外国出口商、本国进口商、外国政府，应在40天内提交相应的抗辩材料。经海关批准，该期限可以延长。递交的材料都应包含一份保密文本和一份非保密文本。澳大利亚海关将负责保密文本的保密工作，非保密文本可供任何人查看。澳大利亚海关将视案件情况决定是否对各利害关系方进行实地核查，以确认各方递交材料的真实性。

在正式立案后60天内可以做出初步裁决。在正式立案后的110天内海关必须公布根据调查情况撰写的《基本事实报告》。根据案件的具体情况不同，主管部长可应有关方面的要求对110天的时限予以延期。在公布《基本事实报告》后，各利害关系方可在20天内提交对报告的抗辩意见。

从正式立案到海关向主管部长提交裁决建议的时间最长不能超过155天。如果主管部长对110天的时限进行延期，则155天的总时限也将予以顺延。澳大利亚法律并未规定主管部长在收到澳大利亚海关的建议后要在多长时间内做出是否采取反倾销措施的决定。一般情况下部长会在 2～8 周内做出决定。

3. 调查的终止

根据澳大利亚法律，如果出现下列情况，则反倾销调查应当予以终止。

（1）调查结果表明被诉外国出口商不存在倾销。

（2）被诉外国出口商的倾销幅度低于 2%。

（3）如果被诉国对澳大利亚的出口量不足澳大利亚总进口量的 3%（无论该被诉国是否存在倾销）。但是，如果几个国家各自对澳大利亚的出口量均低于澳大利亚总进口量的 3%，但所有这些国家出口量的总和高于澳大利亚总进口量的 7%，则不予终止。

贸易措施审查官可以对调查终止的决定进行复议，如果发现问题，可以否定调查的终止，要求海关重新启动调查程序。对审查官的决定可以向联邦法院提出司法审查。

4. 初裁

按照 WTO 多边贸易协定项下反倾销条款，最快可以在立案 60 天后对有可能被认定倾销或造成损害的产品做出初裁。澳大利亚的反倾销法律反映了上述精神。这主要是为了保护受季节变化影响较大的产业，如水果种植业。此种产业的季节性很强，一旦错过季节，可能造成大量产品积压或损毁，由此可能导致产品价格急剧下降或出现大量损耗，使产业遭受严重打击。这项规定使调查机关可以在尽短的时间内采取行动，减少产业遭受的损失。

5. 部长裁决

在澳大利亚海关结束反倾销调查后，将向澳大利亚司法和海关部部长提交采取反倾销措施的建议，由部长对是否征收反倾销税做出决定。部长的决定包括以下几种类型。

（1）决定不征收反倾销税。

（2）决定对所有或部分外国出口商征收反倾销税。

如果外国出口商提出要求，则可以与相关的外国出口商就价格承诺事宜进行协商和达成协议。

6. 对部长裁决的审查

（1）澳大利亚《反倾销法》一个最重大的改变就是设置贸易措施审查官（TMRO），其职责包括对部长做出的决定进行审查。澳大利亚原本设有反倾销局，负责在澳大利亚海关向部长提交调查结果之前审查海关的决定，但该局已于1998年被撤销。按照目前的规定，贸易措施审查官只有在部长做出决定后才有权对该决定进行审查。

无论部长的决定是征税还是不征税，任何利害关系方都有权要求贸易措施审查官对部长的决定进行审查，并应在部长公布决定后30日内提出。如果利害关系方提出要求，并且贸易措施审查官认为有理由进行审查，则贸易措施审查官会公布审查的开始，并要求各方提供资料。从宣布开始审查之日起，贸易措施审查官应当在30～60天内完成审查，并向部长提出其意见。

贸易措施审查官可能会认为部长的决定是错误的，或者要求进一步调查，部长可以对贸易措施审查官的要求不予理会。如果部长接受贸易措施审查官的意见，并要求海关重新调查，则海关必须执行。但部长必须明确海关完成调查的时限，并对外公布该时限。海关在重新调查后可能仍坚持其原来的调查结果，此时部长有最终决定权，决定是否同意海关提出的建议。

（2）上诉。任何受到反倾销税影响的人都可以向联邦法院提出上诉。联邦法院可以要求部长重新考虑其决定或者裁决部长的决定违背法律或不当。

7. 复审

在采取反倾销措施后，随着时间和贸易形势的变化，正常价值和出口价格可能会发生变化，因此各相关的利害关系方可以要求对反倾销税进行重新计算。但复审必须同上一次做出的反倾销措施决定间隔12个月。对于复审也有相应的技术和时间上的要求。如果某一新出口商在案件原审的调查期间内没有对澳大利亚出口过涉案产品，则该出口商可以要求对其进行新出口商复审。

六、巴西反倾销法律

巴西总统依据宪法于1995年8月23日签署了有关反倾销的第1602号令，正式颁布了巴西反倾销法，全称为《关于实施反倾销措施的行政诉讼标准条例》（以下简称《条例》），以执行WTO的《反倾销协议》。

（一）基本原则

《条例》的总则部分确立了巴西反倾销法的三项基本原则。

（1）当倾销的进口产品造成国内产业损害时可实施反倾销措施。

（2）由工商旅游部部长和财政部部长共同决定实施临时和最终反倾销措施，批准价格承诺。

（3）工商旅游部的对外贸易秘书处负责行政诉讼程序。

（二）关于确定倾销的规定

《条例》第二章对倾销的定义、正常价值、出口价格、正常价值与出口价格的比较以及倾销幅度都做了较为详尽的规定。

1. 倾销的定义

《条例》对倾销的定义做了规定，即产品的出口价格以低于正常价值进入（巴西的）国内市场，视为倾销行为。

2. 正常价值

首先，《条例》对正常价值的规定是：在通常贸易过程中，相同产品在出口国用于国内消费时实际应支付的价格，视为正常价值。

其次，《条例》规定了在出口国国内市场没有相同产品销售时，或者市场条件特殊，以及销售量低，不能做充分比较时，则正常价值指下述两种中的一种。

（1）相同产品向第三国出口所支付的具有代表性价格。

（2）原产地国生产该产品的成本，加上合理的管理与销售成本和利润。

《条例》还对一些不是在通常贸易过程中的价格不能作为正常价值的确定做了规定，包括低于单位生产成本的价格销售。

再次，《条例》规定，价格的计算应根据受调查生产商或出口商提供的在正常贸易过程中相同产品的有效生产和销售数据。如该数据无法或不能使用，则使用其他方法，包括用其他受调查的生产商或出口商生产和使用实际价格的加权平均价格。

最后，《条例》第七条对不属于市场经济导向国家的正常价值的确定做了特别规定：对那些国内价格大多数是由国家决定的显然不是市场导向国家的进口产品，价格比较发生困难时，其正常价值可用一个市场经济的第三国相同产品的价格来确定；用该国向其他国家（但不包括巴西）的出口价格来确定；在上述方法无法适用时，使用合理的价格来确定，包括在巴西市场上相同产品的已付或将付价格加上合理的利润幅度，必要时应做调整。

3. 出口价格

《条例》第二节对出口价格的规定比较简单：出口价格应为出口到巴西的已支付或将要支付的实际价格。如果由于出口商和进口商或第三方有协作关系或有补偿安排，则出口价格可推定适用下述两种价格。

（1）进口产品首次转售给独立买主的价格。

（2）在不存在转售或转售条件不同时，由一个合理基础构成的价格。

4. 正常价值与出口价格的比较

《条例》第三节对正常价值与出口价格的比较确立了一项基本原则，即出口价格与正常价值应在同一贸易水平（通常指出厂水平）并尽可能在同一时间的基础上进行公平比较。同时《条例》还对影响价格比较的其他种种因素，如不同的销售条款条件、税务、贸易水平、数量、物理性能、汇率、进口措施以及其他税和利润等，规定要进行价格调整。

《条例》还对不是产地国直接向巴西出口而是通过一个第三中间国向巴西出口产品的价格比较做了专门规定，即适用出口国向巴西出口产品的价格与出口国的可比价格进行比较。只有在下述三种情况下，可适用产地国的价格进行比较。

（1）该产品仅仅是通过出口国转运的。

（2）该产品不是在出口国生产的。

（3）该产品的出口国不存在可比价格。

5. 倾销幅度

《条例》第四节规定：倾销幅度为正常价值与出口价格之间的差额。倾销幅度的存在应按加权平均正常价值与所有可比出口交易的加权平均价格进行比较确定，或者按正常价值与单个交易出口价格进行比较确定。

在被调查产品数量巨大而无法按上述规定操作时，可使抽样方法确定正常价值和出口价格，但应与有关当事方商量决定。

《条例》还将对各个已知受调查的产品出口商或生产商确定倾销幅度作为基本原则加以确定。只有在特殊情况如受调查的已知出口商、生产商和进口商，或者产品种类特别多，则调查可采取统计抽样方法，将其局限于合理数额的有害关系的当事人，或最低百分比的出口产品。

（三）关于确定损害的规定

《条例》第三章对损害的确定也做了不少规定。

首先，损害是指对业已建立的国内产业造成实质性的损害或实质性的损害威胁，或者是对在建的产业构成实质性障碍。

其次，《条例》规定了确定损害的方法，即应基于确定的据和对下述三方面的客观审查：①倾销进口产品的数量；②对巴西相同产品价格的影响；③该进口产品对国内产业的后续影响。

《条例》还对上述三方面的客观审查做了较为详细的规定。例如，规定在审查倾销进口产品的数量时，要考虑进口产品是不是大量的、是否有明显的增长，占巴西进口相同产品生产和消费的百分比等。

如调查涉及一国以上国家的进口产品时，可对它们造成的损害进行累积评估。其条件是：倾销幅度均高于最低限度，且数量不能被忽略，以及产品间存在竞争。

《条例》像其他国家的反倾销法一样，规定要有相关证据证明倾销与国内产业遭受损害存在因果关系。

国内产业的概念是反倾销法中的又一重要问题。《条例》第四章指出，国内产业是指国内相同产品的全部生产商或者那些其全部产品的产量占国内产品总产量大部分的生产商，但不包括与出口商或进口商有关联的生产商，即它们之间存在控制被控制的关系，或受第三方控制或共同控制第三方。

（四）反倾销调查

1. 申请

《条例》第五章第18条认为，反倾销调查必须由国内产业或其代表向工商旅游部对外贸易秘书处提出书面申请，申请中应提供倾销、损害及因果关系存在的证据和相关的资料，如申请人身份、国内产业的生产量和生产值、国内相同产品的生产量和生产值、生产商名单、外国生产商或出口商的名单、进口商名单、出口价格、销售价格八项内容。

2. 开始调查

《条例》规定，主管当局在决定开始调查时，要同时考虑倾销和损害的证据，审查国内其他生产商支持和反对申请的程度，并在申请公布后的30天内将是否开始调查的决定通知申请人。《条例》规定在三种情况下可以驳回申请。

（1）倾销和损害的存在证据不充分。

（2）申请不是由国内产业或其代表提出的。

（3）支持申请的国内生产商少于国内相同产品产业生产商的25%。

如决定接受申请，则应开始调查，在官方公报上刊登该决定，并通知有关各方。

3. 着手调查

《条例》规定了调查的三个基本原则：一是对倾销和损害的证据应同时审查；二是原则上有关倾销存在的调查为开始调查之日起的前12个月；三是有关损害存在的调查期间不少于三年，包括倾销调查的期间。

《条例》还详细地就证据问题、有关当事人的抗辩以及最终裁决问题做了规定。

4. 临时反倾销措施

首先，《条例》认为只有在下述四种情况下才可适用临时反倾销措施。

（1）调查已开始，调查决定已发表，已给予有关系的各当事人充分的机会提供信息资料和发表意见。

（2）初步肯定性的倾销裁决已做出。

（3）主管当局认为该措施对防止在调查期间产生损害是必需的。

（4）自开始调查之日起至少已超过60天。

其次，《条例》规定临时反倾销措施的数额不可超过倾销幅度，其形式应采取收取临时税或提供担保，担保额相当于临时确定的反倾销税数额，采取临时反倾销措施应通知有关当事人并在官方公报上发表。

最后，《条例》还规定，被采取临时反倾销措施的产品只有在支付税款或保证金后才能由海关放行。临时反倾销措施一般有效期不超过4个月，在特殊情况下，应出口商的要求可延长至6个月。

5. 价格承诺

《条例》规定，调查程序、采取临时和最终反倾销措施，均可因出口商主动承担修改价格的承诺，或者承诺不再以倾销价格向巴西出口而中止，但以主管当局确信该承诺能消除因倾销而导致的损害为前提。

价格承诺的建议可由出口商提出，也可由主管当局提出。如果主管当局认为建议不适当，也可拒绝价格承诺。

价格承诺被接受后，应在官方公报上发表批准的决定。出口商应定期提供履行价格承诺的材料及相关证明资料。如不这样做，将被视为违反承诺。违反承诺后，主管当局根据已有的最佳信息资料，可立即采取反倾销措施。

6. 调查结束

《条例》第39条和第40条规定，调查应自开始之日起1年内结束，特殊情况下可延至18个月结束。申请人可随时要求终止调查。如被批准，调查也应终止。

调查应终止而不采取反倾销措施的情况如下。

（1）没有倾销存在或倾销导致损害的充分证据。

（2）倾销幅度低于最低限度（即不足出口价格的2%）。

（3）倾销进口产品的实际或潜在的数量，或者造成的损害是可以忽略不计的（即从一国进口的产品占巴西相同产品的进口不足3%）。

《条例》又规定，主管当局最终裁定存在着倾销和损害，并且两者有因果关系，即可采取反倾销措施而结束调查。反倾销税的税额应不超过倾销幅度。

《条例》还对价格承诺被接受后有关调查结束问题做了一些规定。

（五）反倾销税的征收

《条例》第45条首先规定了反倾销税的概念，即反倾销税是指相当于或低于倾销幅度的一笔金钱数额，其终结目的是消除因倾销而造成的损害。

接着《条例》规定，反倾销税应按固定的或不同的从价税或从量税征收，或者两者一起适用。从价税按产品海关进口CD价征收；从量税以美元兑换成巴西货币征收。

《条例》还对征收方式方法、征收标的以及临时和最终反倾销税的关系等问题做了不少具体的规定。

此外，《条例》最后还对反倾销税和价格承诺的期限和审查，对公告、裁决的解释、代表第三国的反倾销诉讼、做出决定的程序以及现场调查、现有最佳资料等也做了较为详细的规定。

（六）特殊程序

《条例》第65条对现场调查的规定：在进行现场调查前，应征得出口国政府机构以及受调查公司的同意，并通报告知调查的对象、地点与调查日期。对出口国政府提出的质询或提问，只要有可能，应在实地调查前予以答复。

《条例》第66条明确规定：有关当事方如未能提供所要求的信息资料，调查当局有权根据已掌握的事实包括申请人所提供的事实予以确定。

《条例》最后对时限的计算、制定补充规定以及生效日期等也做了简要规定。

七、日本反倾销法

（一）日本反倾销法的发展

20 世纪 80 年代以前，日本的进口产品多为原材料或劳动密集型产品，与国内行业很少发生冲突。日本政府对国内反倾销申诉的态度也比较谨慎，一般先通过外国出口商与本国生产商双方协商来解决，不倾向于采取严厉的反倾销措施。自 80 年代中后期开始，日本经济向内需主导型转变，逐步扩大了其他国家工业制成品的进口，导致进口压力不断增大，同时一些国家也强烈要求日本进一步开放其国内市场。这些都促使日本产业越来越频繁地求助于反倾销手段。

日本反倾销法律的国内法渊源主要有三项，即《海关和关税法》《反倾销和反补贴命令》《关于反倾销及反补贴程序的说明》。《海关和关税法》中关于反倾销的规定主要是第 9 条。《反倾销和反补贴命令》是日本内阁为了实施《海关和关税法》第 9 条而制定的。日本内阁还通过了《关于反倾销及反补贴程序的说明》，对如何实施《海关和关税法》第 9 条及《反倾销和反补贴命令》做了具体的规定，事实上它是日本反倾销法的实施细则。

（二）日本反倾销法律程序

1. 负责机构

在日本，主要由财务省、有关产业主管省和经济产业省共同负责反倾销调查工作。实践中，所有的反倾销调查事项均由这 3 个机构各自派出几人共同组成的调查小组进行，但反倾销终裁权却由财务省单独行使。

2. 申诉与受理

（1）申诉。日本《海关和关税法》规定，与日本产业有利害关系的任何日本人都可以提起申诉，要求政府对某种进口产品加征反倾销税，但应以日本产业的整体名义提出。申诉方必须向财务省国税局的计划法律部提交10份申诉书副本。申诉人应当向政府提交有关倾销产品的进口价格情况，以及进口所造成的重大损害情况的充分证据。关于价格情况和损害情况的证据，其时间限制分别为1年和3年以内。

（2）受理。收到申诉后两个月内，财务省、有关产业的主管省和经济产业省共同讨论并做出是否进行反倾销调查的决定。如有充分理由，三省一般应当做出开始调查的决定。但在特殊情况下，如在开始调查前出口商已采取措施消除对日本产业损害影响，则可以不进行调查。如果三省讨论后做出开始调查的决定，应当通知进口商、出口商和申诉人，并在政府公报上刊登通告。此外，日本政府如认为必要，也可以在无人申诉的情况下自行决定开始反倾销调查。

3. 调查

调查由财务省、有关产业主管省和经济产业省联合进行。原则上调查开始1年内应当做出调查结论，但因特殊理由需要延长者，日本政府可以决定延长，但财务省必须向有关各方发出通知说明理由。日本反倾销法未对调查期间做明确规定，实践中有时将调查开始前2个月之前的1年作为调查期间。调查期间内，直接利害关系人即出口商、进口商和申诉人以及其他利害关系人均可以提交证据，并可以要求对质。

4. 初步裁决

日本的初步裁决只有肯定性裁决一种，而没有否定性初裁，初裁的结果是采取临时反倾销措施。如果倾销的事实被确定，并且有足够的证据表明该产品进口对日本产业造成重大损害，就可以进行初裁。日本反倾销法规定，调查小组必须在开始调查之日起6个月内决定是否做出初步裁决。初步裁决的执行期限为4个月，出口商如果在初步裁决期限终止之日前30日提出延长请求，可延长至6个月。初裁的内容分为两种：一是征收倾销幅度范围之内的反倾销税；二是命令提交相当于征收关税金额的保证金。

5. 最终裁决

调查全部结束后，日本政府必须公开宣布对该进口产品是否实施何种反倾销税的最终措施，并将决定通知有关当事人和海关关税委员会。最终裁决的内容只能是肯定性裁决，裁决应在政府公报上公布，如果不采取终裁，也应以同样方式通知有关各方。

6. 行政审查

《关于反倾销及反补贴程度的说明》规定，如果日本政府认为有必要采取最后措施或继续使当事人承担价格承诺义务，有关当事人可以向日本政府提供证据，并要求对此类决定进行复审。但调查完成或中止后 1 年内不得进行复审。如果认为最后措施因情势变迁而不适当，有资格的当事人可以要求政府按照与反倾销调查相同的程序，对最后措施进行复审，政府认为原有最后措施确有不当，应当加以修正。日本法律在此的作用是对反倾销事务的司法审查程序进行规定，其反倾销行政自由裁置权较大。

（三）反倾销措施

1. 临时措施

日本《海关和关税法》规定，在下列情况下，可以采取临时措施。

（1）已经发生进口倾销的事实。

（2）有充分证据证明这种倾销已对日本产业造成重大损害。

（3）对该产业采取措施是必要的。

政府在调查开始后 6 个月内做出是否采取临时反倾销措施的决定，调查小组决定采取临时措施的，应及时通知海关关税委员会，临时措施的期限为 4 个月，只有在倾销存在的情况下才可以长达 6 个月。

2. 价格承诺

根据日本《关于反倾销及反补贴程度的说明》，如果出口商同意承担修改其价格或停止按倾销价向日本出口的义务，从而使反倾销机构确信倾销的影响已经消除，就可以中止或结束调查程序，并且不对其征收临时反倾销税。日本接受结果承诺的条件如下。

（1）这种价格承诺必须在调查开始后尽快做出，并为日方接受。

（2）即使日本政府认为倾销的影响已经消除，出口商也必须遵守价格承诺。

一般情况下，日本政府接受价格承诺后即中止调查，但日本反倾销机构可以要求出口商定期提供和证实有关资料，若被视为违反价格义务，日本政府可以立即恢复反倾销调查。出口商可以就此提出申辩。

3. 最终反倾销税

日本的反倾销措施主要是征收反倾销税。根据日本法律的规定，征收反倾销税的前提条件有如下 4 项。

（1）存在倾销，即进口产品对日本市场的出口价格低于正常价值。

（2）存在损害，即该产品对日本产业已造成重大损害或可能产生重大损害或阻碍日本产业的建立。

（3）损害与倾销之间存在因果关系，即损害是由倾销引起的。

（4）对该进口产品征收反倾销税对保护日本产业具有必要性。

八、韩国反倾销法

（一）反倾销关税制度

韩国现行的防止产业损害制度主要有三种：第一是反倾销关税制度，也是在韩国使用最为广泛的制度；第二是反补贴制度，这一制度虽在韩国法律上有规定，但实际适用的不多；第三是对外贸易法规定的紧急保障措施（Safeguard），但这一制度适用条件苛刻且对所有国家都要无差别适用，所以也不能广为使用。

韩国征收反倾销关税的国内法律依据为：①《对外贸易法》第 32 条至第 38 条；②《关税法》第 10 条（反倾销关税）；③《关税法施行令》第 4 条第 2 款至第 15 款；④《关税法施行细则》第 4 条至第 5 条。

最具代表性的国际法依据为 GATT 1994 Article VI 和 WTO《反倾销协定》（Agreement on Implementation of Article VI of GATT）。

反倾销关税的调查主要由贸易委员会贸易调查室负责，其中，价格调查科负责调查倾销率，产业损害科负责调查产业损害情况。

对调查官准备的调查材料的审议裁决机关是由包括委员长在内的 7 名委员会组成的贸易委员会，委员会由学术界、言论界，行政机关公务员及律师等组成。

过去由财政经济部决定有关倾销率的一切事宜，但从 1996 年开始调查业务由贸易委员会负责，财政经济部则对贸易委员会根据贸易调查室所做的调查要求征收反倾销关税时，由其最终决定征收反倾销关税与否，所以现在基本上是双重体制。

（二）韩国反倾销法调查程序

1. 调查开始程序

（1）申请书的受理。贸易委员会受理利害关系人关于征收反倾销关税的申请书后，应及时通知当事国政府，并在受理申请书后的 1 个月内决定是否进行调查，通常情况下初步调查期需要 3 个月左右，在这一过程中把需要调查的内容通过问卷调查，通报给出口企业，回收并分析问卷调查的内容。

（2）正式调查期。贸易委员会进行正式调查的期间为 3 个月，根据《关税法施行令》第 4 条第 8 款第 5 项之规定，当利害关系人没提供充分的资料时，则贸易委员会根据最佳可获资料原则（Best Information Available）进行裁决。如利害关系人提供的资料全面，贸易委员会可根据此资料进行比较客观、公正的裁决，但实际上被申请人经常只提供对出口商有利的资料，避而不提对其不利的资料，而且提供的资料不系统、不全面或者根据不足，所以在很多情况下贸易委员会根据最佳可获资料原则进行裁决。

2. 审查申请条件

（1）申请资格。可以申请征收反倾销关税的利害关系人是指因倾销受到损害的国内产业的生产者或者可以代表他们的法人、团体或者个人，并在国内同类产业中具有代表性。关于国内产业代表性的标准为同意提出申请的国内生产者的产量应占国内同类产品生产者中明确表示同意或者反对提起反倾销申请的企业生产量的 50% 以上，且同意提出申请的生产者的产量应占国内同类产品生产总量的 25% 以上，主管该产业的中央政府机关的长官也具有申请资格。

（2）申请材料。申请材料包括三份申请书和可以证明倾销进口及由此受到损害的各种凭证材料一式三份。

3. 决定进行调查与否

（1）审查是否具有申请资料。贸易委员会受理申请书后决定是否开始进行调查时，首先审查申请者的资格及是否具有代表性，在此确认被申请产品和同类产品的生产者、出口商及进口商，同类产品生产者对申请的支持与否，申请人在同类产业中所占的比例，同类产业中是否有代表该产业的团体等，还要审查申请人是不是进口商，和生产者是否与出口商或进口商具有特殊利害关系等。

（2）审查是否有充分证据证明倾销事实及实质损害情况。贸易委员会审查申请人的申请书，以确认申请人对其主张是否有充分的证据予以证明，证据不足时也可以要求提供补充材料，审查申请书后判断从这些材料上能否认定存在实质损害。

（3）审查倾销差价、倾销进口量和实质损害程度。贸易委员会根据调查对象产品的实际进口资料和申请人提供的进口产品的国内销售价计算倾销价格，通过审查申请人提供的材料和出口商的产品目录、价格表、报纸、杂志上的物价表等计算正常价格，并在正常价格和倾销价格的基础上计算倾销差价，最终决定是否要进行调查。

从特定国家进口的进口量占国内进口量的3%以下或者从进口量占3%以下的个别国家进口的总量不超过进口总量的7%时，就认为是少量进口，从调查对象中排除。

（4）决定调查期、调查产品及出口国。①决定调查期。对产业损害与否的调查，为确认各年度的变化趋势，通常以4年为调查期；对倾销与否的调查期一般以一个会计年度（1年）为调查期。②决定要调查的产品。根据申请人提出的样品和说明书等材料，审查产品的规格、制造过程、用途、类似产品及替代产品后，确认调查对象产品，并通过分析调查对象产品所属的产业规模，该产业生产的产品的种类及流通途径等，最终确定国内产业的范围。③决定作为调查对象的出口国和出口商对被提起反倾销起诉的不同国家，分别收集调查对象产品的出口商和生产厂家的资料，确定调查对象企业。

（5）决定进行调查后的行政程序。贸易委员会决定进行调查后，自受理调查1个月内通知财政经济部长官，财政经济部长官在收到通报后的10日内通知申请人、出口商、出口国政府及其他利害关系人，并在官报上公告。

4. 初步调查

（1）制订调查计划。决定进行调查后，确定调查团的组成人员，制订调查进行日程表等调查计划，发送问卷调查，确认被申请人及其地址，调查团由贸易调查室的反倾销调查组和产业损害调查组组成，也可以指定贸易委员会调查室公务员以外的贸易委员会的咨询会计师、律师及有关研究机构的专家参加调查团。

（2）发送问卷调查表。按具体的调查对象，发送格式化的问卷调查表（调查产业损害问卷和调查问卷）和公文（公文内容包括通报反倾销调查的决定，倾销价格调查的依据，调查期，答辩状的制作及注意事项，答辩期间，答卷件数，委员会的地址和具体负责的公务员等内容）。被起诉国如果是非市场经济国家，要求提供被诉的产品是否按市场经济规律进行生产，销售的根据及被起诉国国内的通常交易价格，还要通报起诉方选定的替代国及正常价格，应诉方如对其有异议，可以提出反证，同时向驻被起诉国的使领馆通报决定进行调查的事实，要求驻被起诉国或者替代国的使领馆或者大韩贸易振兴公社（KOTRA）分社收集有关资料，对外国的生产者和出口商的问卷，答辩期限为37天（答辩期间30天，邮寄期间7天），被申请人可申请延期的期限最多不能超过14天。

（3）对答辩状的分析。收到答辩状后，首先确认答辩人对答辩状的保密要求，答辩状需要3份调查用答辩状和3份公开用答辩状，对被起诉方要求保密的调查用答辩状，只限调查团的成员和代理有关利害关系人的律师问卷，公开答辩状任何人都可以查阅，审查答辩状是否有重大瑕疵，如答辩状的内容不真实或者内容不明确时可制作发送补充问卷调查表。

对不提出答辩或者拒绝答辩的部分，可根据申请人提供的资料，已收集的资料及驻外使领馆和大韩贸易振兴公社驻外分社收集的资料等作为初裁倾销率的计算依据。

（4）初裁倾销率的计算。分析倾销调查问卷后，确定作为计算倾销率依据的资料，拟定计算倾销率的电算处理方案，电算处理后核对其过程和结果。答辩状上的交易量较少和没有提出电算资料时可通过个人用电脑计算倾销率。

（5）分析产业损害与否。根据提供的证据和协定书中规定的审查事项，分析实际损害程度，具体的分析内容是：生产指标中的生产能力、实际生产量、利用率、生产率变化情况；销售指标中的销售总量、市场占有率、库存量；财务指标中的经营状态、资本、投资、负债、投资收益和资金周转等状况；一般指标中的雇佣、工资等内容。

同时为了分析倾销产品的绝对量或者相对量的增加与产业损害之间有无因果关系，审查倾销对国内价格的影响，有无低价销售情况，倾销产品的国内销售是否导致国内产品的价格下跌或者倾销产品是否抑制国内产品的价格上涨等。

（6）听取利害关系人的意见。收到问卷调查表后，申请人的代理律师在保密的前提下可查阅答卷，并对答辩提出书面意见。在调查期间，利害关系人可随时向调查官书面陈述意见。确定倾销率后，召集利害关系人会议，说明计算方法。如对计算结果有意见，可以提出意见书。

（7）初裁后的行政程序。贸易委员会自调查开始公告日的3个月内向财政经济部长官提出初步调查结果（《关税法施行令》第4条第4款第2项），财政经济部长官在1个月内（可延长20日）决定征收暂定反倾销税与否及具体内容（《关税法施行令》第4条第4款第3项），但初裁措施原则上只对措施日以后进口的产品适用，即不溯及既往。不过为了防止调查开始后初裁决定前，因进口数量的急剧增加使国内产业受到损害时，自初裁决定之日起，可涉及适用90天（《关税法施行令》第4条第12款）。

初裁措施是初步调查结束后的措施，调查结束后至少经过60天后才可实行，其期限为4个月（可延长2个月）以内（《关税法施行令》第4条第10款第2项）。根据初步调查，认为倾销差价或者对产业的实际损害轻微时，财政经济部长官可停止或者终止正式调查（《关税法施行令》第4条第4款第4项）。

5. 正式（本）调查

（1）实地调查。决定开始调查后，向有关出口国政府和出口企业通报实地调查意向，要求被起诉方协助实地调查，并与其商订日程，事前制定实地调查内容和调查方案。

（2）倾销幅度的最终计算。进行实地调查时，以实际调查结果为依据，与初步调查相同的方法计算倾销率。正式调查后认为没有倾销幅度，则中止调查，并向贸易委员会提交书面报告后终结调查。

（3）最终报告书的制作及公开。召开听证会10日前制作国内产业损害调查报告书（草稿）后，向利害关系人公开，使其在听证会上参考。根据利害关系人所提的意见及补充要求，可进行补充调查。

（4）召开听证会（利害关系人陈述对产业损害的意见）。制订召开听证会计划后，通过《官报》或者韩国贸易协会发行的《日刊贸易》向申请人及利害关系人通知听证会的日期、地点等。希望参加听证会的企业，在举行听证会7日前向听证会负责人提出利害关系人证明材料，听证会上的发言摘要，为其陈述的参考人的姓名等申请材料，委托他人代为参加的要提交授权委托书和说明因故不能参加的书面材料。

6. 最终措施

财政经济部长官在收到正式调查报告书的1个月（可延长20日）内，决定征收反倾销关税与否及具体征收内容（《关税法施行令》第4条第4款第7项）。反倾销关税或者做出的承诺，其适用期限除非另有规定外，经过5年后自动失效，希望继续适用已到期的反倾销关税的，该产业的利害关系人或者主管行政机关的长官在反倾销关税自动失效前6个月内向财政经济部提出再审查申请（《关税法施行令》第14条第13款第2项）。

决定终裁反倾销关税后，停止暂定反倾销关税的征收，如终裁反倾销关税率高于暂定反倾销关税率时，不得再征收其差额；但终裁反倾销关税率低于暂定反倾销关税率的，则要向被征收者返还其差额（《关税法施行令》第 4 条第 13 款第 1 项），返还的差额通常情况下是这一差额的本息。

（三）倾销率的计算

1. 计算倾销率的一般原则

（1）倾销率的概念。倾销幅度（Dumping Margin）是指该出口国的出口价格和国内正常价格的差价，这一倾销幅度对课税价格的比率为倾销率（Dumping Margin Rate）。

（2）调查期及交易。倾销率的调查期，按国际惯例，自接到申请书之前 1 个月起至少 1 年，调查对象的交易量以调查期内会计账簿上的记录为准，虽未记录但确实进行的交易也认定为是调查对象所做的交易，生产者通过独立的第三公司出口到韩国的，按以下情况分别处理：生产者（调查对象）向第三公司销售产品时确已知道或者可以推定它已知道本产品的最终出口地为韩国的，第三公司的出口也认为是调查对象的出口；如生产者向第三公司销售时，不知道其最终销售地为韩国，或者虽然知道最终销售地，但以为第三公司是以此为原料制造另外产品出口到韩国的，则认定为生产者的国内销售或者第三公司所进行的出口。

（3）汇率。如出口价格及费用是用外汇计算的，先按所支付的外汇计算后，再按开发票的汇率换算被起诉国的货币，如汇率变动不大，则适用月、季度、年度的平均汇率。

2. 倾销率的计算方法

（1）计算公式。按《关税法施行令》第 4 条第 6 款的规定，按下列公式计算倾销率：倾销率 =（正常价格 - 出口价格）÷ 课税价格（CIF 价格）×100。

（2）计算倾销率时的注意事项。计算倾销率时，适用调查期内的平均正常价格和平均出口价格为基础的全部计算方法，如调查对象的品种及价格种类或者数量太多时，可以具有代表性的样品计算倾销率。

3. 正常价格的计算

（1）正常价格的选择。为出口国内的销售价格、对第三国的出口价格或推定价格（Constructed Value），优先选择国内销售价格为正常价格，如没有国内销售价格时则在对第三国的出口价格和推定价格中任选一种。

(2) 特殊关系人之间的交易。被起诉方的国内销售价格是以售给具有特殊关系的公司或者个人为最终消费的价格时，此价格不能认定为正常价格，被起诉方的国内销售是通过具有特殊关系的公司再售给最终消费者时，把两个公司或者以上的公司视为一个经济共同体或者一个公司，扣除两个公司之间的运费、销售经费等费用。

(3) 原产地的认定。调查对象产品不是从原产地直接进口，而是通过第三国或者只是通过第三国转运进口的，其正常价格按下列原则计算：出口到第三国后再转出口到韩国的，如该第三国生产同类产品且在该国消费的，以该第三国的通常交易价格为正常价格，如不能认定通常交易价格时以其他合理方法选定正常价格；只在第三国转运或者该第三国不生产同类产品时，以原地国的交易价格为正常价格。原产地国的生产者知道产品的最终出口地或者在第三国对该产品的主要部分不做加工而只是转口的，以原产地国为倾销国；反之则以第三国为倾销国。

(4) 非市场经济国家的正常价格计算。被起诉国是非市场经济国家时，选择与该国经济发展程度最相类似的市场经济国家的国内市场价格为正常价格，或者以该国向第三国的出口价格或者推定价格为正常价格，通过以上途径都不能确定正常价格时，在韩国消费的同类产品的通常交易价格调整到同等交易阶段（通常情况下是出厂批发价格）后作为正常价格。

(5) 正常价格的计算方法。为了在同一产品间进行比较，除详细的生产过程外，最终用户对产品的认识程度更为重要，没有同样产品时以类似产品作为比较对象，对同一时期和同一流通阶段进行比较，尤其是为了与出口价格相比较，需要把国内销售价格调整到出口价格的同一流通阶段，即工厂批发交易阶段，为了算出工厂批发价格，要在国内销售价格中调整包装费、运费、优惠及回扣、手续费等费用，出厂销售包括在原产地国家进行正常生产所需要的费用、销售费、管理费用、利息及利润等内容。

4. 出口价格的计算

出口价格通常是指报关时的价格，根据销售渠道的不同分为实际出口价格和推定出口价格，推定出口价格是没有出口价格（如租赁或补偿贸易）时或者因为出口商与进口商或者第三者之间的特殊关系或者其他补偿约定，不可信报关价格时采用的出口价格。

（四）产业损害与否的认定

1. 产业损害的概念

对国内已建立的相关产业造成实质损害（Material Injury）或者产生实质损害的威胁（Threat of Material Injury），或者对国内建立相关产业造成实质阻碍，只证明其中一项，就可认定为受到损害。为征收反倾销关税，不但要有倾销的事实，还要求证明倾销与产业损害之间有因果关系。WTO《反倾销协定》中要求对损害事实的认定要有确实证据，这一结论要通过对倾销进口量、倾销进口对国内市场同类产品价格的影响和国内产业的影响等方面的客观分析才能得出。

2. 决定产业损害的审查事项

（1）实质损害与否。《反倾销协定》中列举的要审查的事项，但规定不能以一个或者几个事项作为决定性的判断标准，国内产业的损害要通过对生产指标（生产能力、实际生产量、利用率、生产量变化）、销售指标（实际销售量、市场占有率、库存）和财务指标（经营状态、资本、负债、投资收益及资金周转）的审查得出结论，并要分析倾销进口和产业损害间的因果关系。

（2）实质损害的威胁与否。调查倾销进口量显著增加的可能性，为此审查出口国实际生产能力的提高和调查对象产品的库存量。

（3）对国内建立相关产业造成实质阻碍与否。审查是否实质上阻碍商业性生产的开始，比较期待经营成果和实际经营成果，审查倾销是否阻碍国内产业的经营稳定等。

（五）其他

1. 再审

韩国的《关税法》虽然没有规定自动的年度再审制度，但财政经济部长官认为必要时可以再审已决定的反倾销关税征收、价格约束或者出口中止约定。财政经济部长官在利害关系人或者该产业主管政府机关长官的申请时可以进行再审，若情况发生变化或者有必要进行调整时，自采取措施1年后，财政经济部长官自行或者根据利害关系人的申请可以进行再审。

2. 价格约定

开始反倾销调查或者施行初裁措施后，该产品的出口商或者财政经济部长官可以提议把出口产品的价格调整到消除倾销损害的程度或者停止出口或者减少出口，建议被利害关系人（申请人）接受后，财政经济部长官不能采取初裁措施或者征收反倾销关税，并应中止或者终结调查。已采取初裁措施的，应予撤销。

九、南非反倾销法

南非共和国（以下简称南非）反倾销法是根据《关税与贸易总协定》有关反倾销措施的协议、补贴和反补贴措施的协议以及该协议下的专门委员会通过的其他决定而制定的。南非反倾销法由三部分组成。

（1）1986年9月24日开始实施的《关税和贸易委员会法》。该法于1991年和1995年经两次修订，其成果为《1991年第60号文件：贸易和产业委员会修订法》和《1995年第39号文件：关税和贸易委员会修订法》。上述法律和修正法主要是关于关税和贸易委员会的建立及与此相关的问题。

（2）《1964年第91号文件：关税和国内税法》。该法是关于关税和国内税法与附加税的征收，及对某些特定产品的进/出口和生产加工的禁止和管制和与上述内容有关的规定。该法及其修订法中只有部分内容属反倾销法范畴。

（3）《关税和贸易委员会指南》。该指南是关于与防止不公平国际贸易实践倾销和补贴出口有关措施的政策和程序。

（一）关税和贸易委员会

关税和贸易委员会的成员由专职和兼职两种人员组成，成员数不少于4人，由总统随时确定，总统根据有关人员在商业、产业和经济领域的知识和经验任命委员会成员。总统从委员会成员中指定1名主席和副主席。委员会成员的任期不超过5年，具体由总统任命时确定。

委员会的宗旨是，在国家经济政策的范畴内，通过对影响本国贸易和产业或南部非洲关税同盟共同关税区的贸易和产业的情况进行调查，并向贸易、产业和经济协调部部长做出有关建议的方式，促进经济增长。为实现该宗旨，委员会可以自主对有关倾销、补贴出口或破坏性竞争展开调查，对有关产业的发展进行调查，并征收关税和国内税。委员会也可在部长的要求下，对影响有关贸易和产业的情况进行调查，并根据以上调查向部长提交有关报告和建议。委员会亦应于每年12月31日以后，尽快向部长提交一份有关其上一年度工作情况的报告。

委员会出席会议的法定人数为不少于全体成员数的1/3，且不得少于3人。委员会的决定应由出席会议成员的多数通过有效。如果赞同和反对双方的票数相等，由主席投决定票。委员会可经部长同意，从其成员中组建小组委员会，并委托有关小组委员会代行自己的职权。委员会或小组委员会可根据部长的指示，委托某一由贸易和产业委员会主席指定并经部长同意的贸易和产业署的官员或雇员，代行其有关调查的职权。

（二）调查程序

委员会对主张的不公平贸易行为的存在、程度和影响的调查，可根据国内产业或其代表提出的书面申请而展开。该申请应包括以下证据材料：倾销产品的存在；有关产业的实质损害或实质损害的威胁，或国内某一产业新建的障碍，所主张的不公平贸易行为和实质损害、实质损害威胁或障碍关系。如果只有申请而无有关证据，则调查无法开展。其中，国内产业是指生产相同产品的所有国内生产商或其总产量占国内总产量大部分的部分生产商，但与出口商或进口商有关联或其本身即为有关产品进口商的生产商除外。

委员会的有关部门收到反倾销申请后，应审查申请人提供的证据的准确性，并由委员会确定证据是否充分而可以开展调查。如果委员会决定开展调查，应在政府公报上发表通告，同时通知有关的出口国政府和已知的有关当事方，并向有关的当事方提供相关的调查问卷。有关方面收到问卷后，应在30天内予以答复。如30天期限届满后没有收到答复，委员会可基于现有的材料做出初裁和调查结论。

与倾销调查有关的所有当事方，都应被给予以书面形式提供其认为与调查有关的证据材料的机会。受调查产品的工业用户和零售条件出售产品的代表性消费者组织，也应有计划提供其认为与倾销、损害或因果关系调查有关的信息材料。委员会的调查人员应召集非正式会议，以让有关方面书面提供与倾销主张有关的证据材料。调查过程中，向委员会提交的所有证据材料，除属机密情况外，都应依有关方面的请求予以提供。

如果委员会认为必要，可在得到出口商、生产商和有关国家政府同意的情况下，对出口商和/或进口商进行现场调查。如果申请人或国内生产商是以其他关税同盟成员国为基础，或依据其他成员国政府的请求，委员会应和有关关税同盟国政府进行协商。

事实调查阶段完成后，委员会应审查其掌握的各种信息材料，进行整理和核实。如果有关方面提供材料时主张其机密性质，但未被接受且没有附送非机密性摘要，则对此材料不予考虑。委员会做出决定后，应准备一份建议书及报告书，以提交给贸易和产业部长。如果被调查产品属初级农业产品，则应向农业部长提交建议和报告书。如果委员会建议采取措施，且该建议被贸易和产业部长接受（或在初级农业产品情况下，被农业部长接受），则贸易和产业部长可要求财政部长征收有关特别关税，并在政府公报上发表。如果委员会建议驳回申请，则驳回申请的决定亦应在政府公报上发表。如果部长不接受委员会的建议，则应把该问题退回委员会重新处理。

（三）临时措施

在调查过程中，如果委员会认为有必要采取紧急措施，以阻止实质损害的发生，其可以随时要求关税和国内税监察官在政府公报上发布通告，对受调查的产品征收临时税。委员会只有在做出初步调查结论，并有较充分证据证明倾销、实质损害或实质损害的威胁，或对某一产业新建的障碍的存在，且认定实质损害或实质损害的威胁，或障碍是倾销出口产品所造成时，才能提出上述要求。该临时税应以保证金的形式，在产品进口用于国内消费时予以支付，数额相当于从临时税开始实施之日起该产品可能被溯及征收的反倾销税。委员会在任何情况下都应审查所征收的临时税，以使其低于倾销幅度，只要能消除损害或损害的威胁或对某一产业造成的障碍即可。临时措施从开始实施之日起有效期为 6 个月。如果出口商提出请求或有关方面在结束调查中造成迟延，委员会可要求关税和国内税监察官延长该期限 3 个月。如果该临时措施期限届满前，未决定征收反倾销税，则征收的临时税应予退还。如果有关产品被征收的临时税超过被溯及征收的反倾销税，则差额应予退还；如果低于被溯及征收的反倾销税，差额不予补缴。如果委员会要关税和国内税监察官征收临时税，其应向有关当事方提供关于此情况的报告，并给予他们 30 天时间以发表意见。

（四）倾销的确定

倾销指产品以低于其正常价值的出口价格输入南非共和国或南非共和国关税同盟共同关税区用于销售的行为。出口价格指产品出口销售所实际支付或应付的价格，扣除所有税收、折扣及实际支付且直接与销售有关的减让。如果无上述出口价格或虽有类似价格，但情况表明出口商和进口商或第三方存在关联或补偿安排，或发现因其他原因，实际支付或应付的出口价格不可靠，则出口价格应以该进口产品首次转售给某一独立买主的价格为基础；若无上述进口条件的转售，以任何其他合理的价格为基础加以确定。

正常价值指相同产品在正常的贸易条件下，在生产国或出口国用于国内消费的销售或实际支付或应付的可比价格。如果没有上述条件的价格，则指该相同产品在正常贸易条件下出口到任一第三国的最高可比价格；该产品在生产国的生产成本加上合理的销售成本和利润，但这种确定方法确定的正常价值应根据各种情况下销售条件和条款、税收及影响价格可比性的其他差异进行适当调整。如果委员会认为出口国或生产国有关产品的正常价值因政府的干预不是按自由市场原则确定的，则可适用某一第三国相同产品的可比价格。

（五）损害的确定

损害包括实质损害或实质损害的威胁，或对国内某一产业建立的实质障碍。

实质损害的认定包括评估与国内产业现状有关的所有有关经济因素和指标。包括销售量、利润、市场份额、生产能力、投资收益、生产能力利用率等方面的下降，影响国内价格的因素，倾销幅度的大小，对现金流量、库存、就业、工资、增长和筹资能力的实际或潜在的负面影响。上述列举并未详尽，任何一种或几种因素的出现并不必然导致做出某种决定。对实质损害的威胁的情形必须是可以清晰预见且迫在眉睫的。对国内某一产业建立的实质障碍的认定，是以该拟建立起的产业能在关税同盟成员国市场已确立的价格的相同水平上开展竞争为条件，即使该价格是通过倾销产品的进口建立的。如果外国供应商是在新建的当地产业把其产品投放市场后降低其产品价格，且又发现不公平的国际贸易行为而又满足对此采取措施的条件，则可对此采取行动，以弥补已确立的市场价格与降低后的价格的差额；在实质损害的认定方面，有关经济因素和指标的下降和其他负面影响，必须是实质性的，并达到一定程度，以致受影响的国内产业不能依靠自己的力量消除倾销进口的影响。

（六）因果关系的确定

一旦确定实质损害或实质损害的威胁或国内产业新建的实质障碍，委员会必须确定倾销是否或在多大程度上造成上述情况的出现，而不是其他原因造成的。为此，委员会应考虑以下情况：从所有国家的相关进口数量、现存关税和优惠措施；上述进口及其价格对国内市场的影响；政治因素的影响；经济状况；劳工问题；罢工；产品质量和品种；交货期限；生产技术的使用；生产因素的利用率和与生产、营销和财政有关的产业政策。

（七）反倾销税

反倾销税的征收，适用的税率及反倾销税征收的条件应符合《1986 年关税和贸易委员会法》的规定和贸易、产业与经济协调部长的要求。反倾销税的征收期限从对有关产品征收临时税之日起开始。如果对有关产品适用反倾销税，则该产品的所有人应不迟于把其产品全部或部分从关税和国内税仓库移出运进关境内的时间内向审计官提交与产品有关的发票和其他文件。如果关税和国内税监察官根据有关产品的进口情况和进口数量，认为该产品的进口属于一般贸易目的正常进口，则可以免除该产品的反倾销税。财政部部长可以发布公告，修改反倾销税的征收事宜，并可以根据贸易、产业和经济协调部部长的要求，随时发布公告，撤销或降低反倾销税，溯及或非溯及性征收反倾销税。

（八）价格承诺

如果调查过程中，受反倾销调查的出口商做出价格承诺，自愿停止倾销行为，委员会将予考虑该承诺，并向部长提交建议书，建议终止或继续进行调查。部长的决定应在政府公报上公报，并通知有关方面。如果出口商不能遵守其价格承诺，委员会有权建议立即从违反承诺之日起征收反倾销税。

（九）反倾销税的撤销和复审

出口商在其产品被征收反倾销税后，出口商本人、生产国或出口国代表或有关任何其他个人和组织可以在反倾销税被执行 12 个月后，对反倾销税的实施情况要求进行复审。委员会在对请求进行初步调查后确定复审的请求是否合理。委员会也可以随时自主地决定对征收反倾销税进行复审。

十、印度反倾销法

印度《反倾销法》是在 1995 年通过修改《1975 年海关关税法》而确立的，它构成海关关税法的一部分。此外，印度《反倾销法》还包括印度中央政府于同年制定的实施细则，全称为《1995 海关关税（对倾销产品识别、评估及征收反倾销税和损害确定）规则》，并于 1995 年 1 月 1 日生效。

（一）执行机构

印度《反倾销法》规定，调查反倾销，由中央政府指定的一个调查员负责。该调查员应官居两院大臣以上职位。调查员有权决定是否发起调查；有权调查是否存在倾销、倾销幅度、对国内产业的损害，并将他的调查结果呈交中央政府；有权做出初步裁定、接受或拒绝价格承诺；有权作出最终裁定和做出征收反倾销税的建议，并将其呈交中央政府；有权发起复审等。

中央政府有更高一级的决定权。中央政府根据调查员的初步裁定征收临时税。若临时税高于最终征收的反倾销税，则中央政府向进口商退回多征的差额价款。中央政府根据调查员的最终调查结果，在 3 个月内做出征或不征反倾销税的决定。如果中央政府认为倾销税效力的终止很可能会导致倾销和损害的复发，那么它有权延长反倾销税征收的期限。

当事人对裁定进口产品倾销的存在、倾销幅度及影响的决定不服可以上诉，上诉法院有权维持、修改或撤销被上诉的决定。上诉法院配备必要的法官与技术人员。

（二）反倾销调查

1. 发起调查

发起调查有两种情况：一种是接到代表国内产业的书面申请；另一种是调查员主动发起调查。如果海关税收员提供满意的证据、信息或从其他渠道获得相关的足够的证据，调查员可主动发起调查。

印度《反倾销法》对书面申请规定了若干要求，即需提出以下证据：①倾销的存在；②损害的存在；③倾销产品与指控的损害之间有因果关系。申请需以法定格式做出，印度政府向申请人提供标准的申请表供申请人使用。

调查员收到申请后，根据规定进行审查，一要看是否有足够的国内产业支持，二要看是否有足够的证据及所附证据的准确性与充足性。国内产业的支持一般指占国内同类产品总产量的 50% 或 50% 以上的生产商。若只有同类产品总产量的 25% 以下的生产商表示支持，则不发起调查。

调查员应公告通知发起调查的内容，通知包括的项目规定在该法第6条第（1）款中。调查员还应向倾销产品的出口商、出国口政府及其他利害关系方送交一份公告通知，还需向有关当事人寄送调查表或要求提供信息的通知。各方应于收到通知后30日内提供该信息。

如果调查员调查发现倾销幅度低于出口价格的2%或进口产品占国内同类产品进口总额不超过3%，或认定损害是微小、可忽略不计的，则结束调查。

2. 临时措施

临时反倾销税由中央政府征收，应当在调查员初步裁定做出后才可征收，并且在调查员公布发起调查之日起60日内不得征收临时税。临时税不得高于初步裁定的倾销幅度。海关关税法规定了可以退税，即退还高于最终裁定倾销税率的差额部分。临时税的征收期最多为6个月，经占贸易额重大比例的出口商要求，中央政府同意，可以延长至9个月。

3. 价格承诺

印度《反倾销法》规定了准许出口商价格承诺而中止调查，其条件如下。

（1）修改后的价格不再是倾销价格，或若是优惠国的出口商修改价格，则只要调查员满意且认为足以消除损害即可。

（2）调查员认为接受出口商的价格承诺是实际的，是可以接受的。

（3）调查员已经初步裁定倾销和损害存在。

印度《反倾销法》第20条规定，如果有对价格承诺违反，则对违反价格承诺之前用于家用消费的进口产品，不追溯征收反倾销税；第15条规定了出口商提供遵守价格承诺的相关证据的义务以及调查员可以不时地审查价格承诺是否有必要继续下去。

4. 征收反倾销税

印度《反倾销法》规定了中央政府应在调查员最终调查结果公布后3个月内，开始对进口的该产品征收反倾销税，同时在官方公报上刊载。征税幅度：①以不超过所确定的倾销幅度为准；②如果是对来自优惠国的产品，则低于倾销幅度，即不应超过足以使国内产业损害得以消除的幅度。《海关关税法》规定不得对同一产品同时征收反倾销税和反补贴税。《海关关税法》附件Ⅰ第6条规定，若为比较的目的需转换货币，按销售日汇率计算；若出口销售时在期货市场上买卖所需外汇，则按期货交易的汇率计算。

根据第20条（2）的规定：①曾经有倾销历史并造成过损害，进口商知道或应当知道出口商在进行倾销，而这种倾销将带来损害；②损害由于短时间内大量倾销，很可能将严重减损征收反倾销税所能获得的补救效果，则可以追溯既往地征税，并且最多可追溯至征收临时反倾销税前的90天。

反倾销税应于征收之日起的第5年结束时终止效力，但经中央政府复审，可提前撤销，也可不断延长，只要它认为终止征税很可能会导致倾销和损害的继续或复发。

5. 时限

调查员应当在发起调查起1年内，做出被调查产品是不是倾销产品的认定。但是在特殊情况下，中央政府也可将上述1年期限延长6个月。如果调查员根据第15条接受了价格承诺中止调查，则计算1年时限时，中止调查期间不计入。

中央政府应当在调查员公布最终调查结果之日起3个月内，对进入印度的倾销产品征收反倾销税。

（三）倾销与损害的确定

1. 倾销的确定

印度《反倾销法》规定，一项产品如果以低于正常价值的价格从一国（地区）出口到印度将被认为是倾销。印度给予WTO成员方与享受最惠国待遇国家（简称优惠国）特殊的待遇，即第11条规定，如果是从优惠国进口的产品，调查员还应认定倾销产品引起国内产业的实质性损害，或国内产业实质性损害的威胁，或对某一产业的建立产生实质性阻碍时，就能最终裁定倾销案的成立。在征收反倾销税时，对优惠国征税是以足以消除对国内产业的损害，并不一定要征足差额。

2. 损害的确定

对确定损害的原则，规定在《海关关税规则》的附件Ⅱ中，附件Ⅱ规定了确定损害的三点要求。

（1）该损害必须是被控倾销产品引起的。

（2）在倾销产品与国内产业损害之间存在因果关系。

（3）审查除倾销产品外，任何给国内产业带来损害的因素。

正常价值规定于附件Ⅰ中第1、2、3、4条，通常是指出口国国内市场同类产品的销售价格。第1条规定了可采用出口商或生产商的会计记录的情况；第2条规定了不属于正常贸易下的国内销售或向第三国出口销售的构成要件；第3条是关于考察成本的分摊，特别是一次性成本和新投产的成本的调整；第4条规定了推定的生产商或出口商成本的计算基础。《海关关税法》还规定了正常价值、出口价格的定义及其调整的方法。

倾销幅度指该产品出口价格与正常价值之间的差额。附件Ⅰ第6条规定了公平公正比较应当考虑的问题与因素，主要有不同的贸易条件、税收、数量、物理特性等。此外，还规定了为转换货币时汇率的计算方法，即按当天销售的汇率计算，或在一定的条件下，按期货外汇市场汇率计算。

印度《反倾销法》将国内产业定义为：国内从事同类产品生产或与此相关的其他活动的生产商总体或合起来产量占该产品国内总产量多数的生产商。

调查员在认定倾销与损害时，尤其应考虑附件中所列的全部原则。至于应考虑的原则约束力有多强，还是由调查员自己掌握。应考虑的原则还可由现行其他适用法的规定来补充。

3. 价格调整

（1）正常价值计算的调整。如果国内市场没有正常贸易下的销售或足够的销售，或者如果由于特殊的市场情况，这些销售不能用来做适当的比较（印度没有单独列出非市场经济国家，所以如有需要，则可对非市场经济国家按特殊市场情况处理），那么，正常价值按向第三国出口的产品价格或构成价格确定。如产品仅仅是通过出口国转口，则正常价值按产地国价格确定。

如果出口国国内销售或向第三国出口价格被认为低于其单位成本，则将被认为属于非正常贸易，这一销售价格在确定正常价值时将不予采用。

（2）对出口价格的调整。若无出口价格或者由于出口方与进口方之间的联营关系或补偿安排使出口价格变得不可信赖，则出口价格可根据产品被第一次转售给另一个独立买方的价格来确定，或若产品未被转售给独立买方，或不是按原进口状态转售，则指定一个合理的价格。

（四）复审

印度《反倾销法》规定，中央政府可以不时地查明倾销幅度是否有重大变化，审查反倾销税是否可提前撤销，或是否有理由延长反倾销税征收的5年期限。第15条（6）规定，调查员应利害关系方的要求，可以复审价格承诺是否有违反，是否有必要再继续下去。

第22条规定了调查员应当进行阶段性复审，给那些在调查时期没有向印度出口该倾销产品的国家的出口商认定单独倾销幅度。在复审期间，可对这些出口商暂时评估一个倾销幅度或要求出口商提供担保的规定。

复审完成后应公布复审的最终决定。对于是否有必要继续征收反倾销税的复审，应于开始审查之日起12个月内结束。若5年到期之日复审仍未结束，则反倾销税在复审结果做出前继续保持有效。

（五）信息与保密

印度《反倾销法》第7条规定：调查员应给各方合理的机会知道对方提供的非秘密信息以便在答辩中能充分运用。在调查与复审的整个过程中，各利害关系方都应有合理机会提供证据。调查员应允许利害关系方口头说明有关信息，但只有把这些信息制作成书面文本后，调查员才会予以考虑。

第7条还规定，提交的申请书或其他信息，如果提供者申请保密，调查员认定属于秘密，则这些信息成为秘密信息。对于是否属于秘密信息的认定标准，由调查员掌握。对秘密信息除非有提供方的特别授权，调查员不得向任何第三方泄露。但调查员可要求该提供方就秘密信息提交非秘密的内容概要。若秘密信息概要也无法提供，就需说明无法提供概要的理由。要是调查员认为这一理由不能成立，则可以对此秘密信息不予考虑。

第6条规定，若有关利害关系方不提供必需的信息，或让这一信息不可获得，调查员可在已获得事实的基础上，即现有最佳资料原则上，记录其调查结果。

（六）其他

印度《反倾销法》还规定了对第三国倾销而征收反倾销税，印度会为第三国国内产业受损害而发起对进口倾销产品的调查，但第三国必须是WTO成员方。在这种情况下的调查，将适用WTO《反倾销协议》中第14条规定的程序办理。

十一、土耳其反倾销法

（一）主要反倾销法律法规

土耳其有关反倾销调查的法律法规制定于1999年，主要包括以下内容。

1.《防止进口中的不公平竞争法》

根据《防止进口中的不公平竞争法》（Law on the Prevention of Unfair Competition in Imports），其立法目的在于防止进口中的不公平竞争行为对土耳其的国内产业造成损害，主要针对倾销行为和补贴行为。该法对倾销、补贴以及与其相关的法律术语进行了定义，并对反倾销、反补贴的基本程序做了提纲挈领式的规定，包括申请与审核、反倾销反补贴调查机构、反倾销税和反补贴税、征税机构、原审调查、价格承诺、临时反倾销反补贴税、最终反倾销反补贴税、保证金的返还、复审等。这部法律是土耳其反倾销调查基本法。

2.《防止进口中的不公平竞争法令》

《防止进口中的不公平竞争法令》（Decree on the Prevention of Unfair

Competition in Imports）是在《防止进口中的不公平竞争法》的基础上制定的，主要涉及与反倾销、反补贴相关的具体程序问题，包括实施反倾销、反补贴措施的条件、适用反倾销、反补贴措施的原则、追溯征收、征税期限与复审、新出口商复审、暂停征税、多交税金的返还、反规避等。

3.《防止进口中的不公平竞争条例》

《防止进口中的不公平竞争条例》（Regulation on the Prevention of Unfair Competition in Imports）以《防止进口中的不公平竞争法》为依据，对反倾销、反补贴调查的方法与程序做出了具体化、明确化的规定。其具体内容包括倾销的认定、补贴的认定、损害的认定、调查程序与原则、价格承诺和复审。

总的来说，土耳其反倾销法是以《防止进口中的不公平竞争法》为基础，其他两部法令和条例对其做了程序上和内容上的补充。土耳其反倾销调查机构正是在以上三部法律法规的框架下进行反倾销调查并做出反倾销裁决。

（二）反倾销主管机构及职能

土耳其反倾销调查由两个政府部门负责：①与进口相关的不正当竞争行为评估委员会（Board of Evaluation of Unfair Competition in Importation，简称评估委员会）；②倾销和补贴调查局（Department of Dumping and Subsidy Investigation）。

评估委员会由8名委员组成，分别来自农业和农村事务部、工商部、国家计划秘书处、海关、行业协会和商会联合总会、农业商会联合总会以及外贸署的负责人。评估委员会有权决定发起反倾销调查、接受价格承诺、中止调查或征收反倾销税。

土耳其倾销和补贴调查局隶属于外贸署，负责对申请材料的初步审查、对评估委员会提出是否立案和征收反倾销税的建议、负责案件的具体调查工作。

（三）非市场经济地位问题

目前土耳其在反倾销调查中仍将中国视为非市场经济国家。如果中国被调查企业在应诉过程中不向土耳其倾销和补贴调查局申请给予市场经济地位待遇，则倾销和补贴调查局将不会使用中国应诉企业自身的成本数据和国内销售数据计算正常价值，而是使用替代国价格，这将导致计算的倾销幅度被显著地提高。

按照土耳其2002年5月2日颁布的第24743号补充规则，如果被调查企业能够符合如下五项标准，则土耳其倾销和补贴调查局将给予应诉企业市场经济地位待遇，并采用企业提供的成本数据和国内销售数据作为计算正常价值的依据。

（1）公司在生产经营过程中是否拥有自主决策权，对销售价格、生产要素的投入是否完全依据市场信号做出，而不受中国政府的干涉；生产过程中是否使用的原料成本都反映正常的市场价格。

（2）公司是否具有健全的财务会计制度和财务会计资料；公司的会计报表有没有经外部会计师的审计；公司的主要财务会计制度是否与中国公认的会计准则一致。

（3）公司的生产成本和财务状况是否由于中国目前的非市场经济体制而被显著扭曲，特别是有关固定资产折旧、冲销项目、易货贸易和补偿贸易的会计处理。

（4）是否有破产法或者财产法保证公司的稳定经营。

（5）公司的出口汇率是不是市场决定的汇率。

只有在被调查企业完全符合上述五项标准时，才会被给予市场经济地位待遇。如果土耳其倾销和补贴调查局认为被调查企业不符合上述五项标准中的一项或几项，因而不能给予市场经济地位待遇，那么正常价值将采用以下方法确定。

（1）同类产品在具备市场经济条件的第三国市场上的实际售价。

（2）具备市场经济条件的第三国对其他国家，包括土耳其的出口价格。

（3）使用具备市场经济条件的第三国同类产品的生产成本、SG&A（即销售费用、一般费用和管理费用）和合理利润率计算出的结构价格。

（4）无法用上述方法计算时，可使用任何合理的方法，包括使用土耳其国内同类产品的生产成本、SG&A 加合理利润率来计算结构价格。

上述第（4）条尤其值得关注，它授权土耳其倾销和补贴调查局使用本国同类产品的生产成本、SG&A 加合理利润率来计算结构价格，作为正常价值。这种权利在实际操作中很容易被不恰当地使用，导致应诉企业被裁定适用很高的税率。

（四）分别税率问题

一般而言，应诉企业通过填答土耳其反倾销调查问卷中有关单独税率待遇的部分，即可获得单独税率；其他未参与应诉的企业将获得一个全国统一税率，此种税率由土耳其倾销和补贴调查局根据可获得信息算出，通常较为不利。

但是，当应诉企业数目过多时，土倾销和补贴调查局会根据企业的生产、销售和出口数量对所有应诉企业进行抽样。在这种情况下，只有被抽中的企业才会获得单独税率。

（1）参与应诉且在抽样程序中被抽中的企业可以获得单独税率。

（2）参与应诉但在抽样程序中未被抽中的企业所获得税率为其他被抽中企业所得税率的加权平均税率。

（3）其他未参与应诉的企业将获得一个通常情况下比其他税率高得多的全国统一税率。

需要指出的是，土耳其倾销和补贴调查局一般在所有应诉企业提交完整答卷后才进行抽样，这一点十分特殊。在其他国家的反倾销调查程序中，抽样一般在提交完整答卷前进行，应诉企业只需填答和提交一个较简单的抽样问卷供调查机构参考；在得出抽样结果后，只有被抽中的企业才需提交完整答卷。土耳其倾销和补贴调查局先让所有应诉企业提交完整答卷再进行抽样的做法明显是不合理的，容易给应诉企业造成不必要的麻烦。

（五）反倾销调查基本程序

1. 反倾销原审调查

土耳其反倾销法律法规也规定了倾销、损害和因果关系这三个采取反倾销措施的条件。为确定是否存在倾销，土耳其倾销和补贴调查局将对国外出口商进行反倾销调查，其具体程序包括反倾销申请、立案、发放调查问卷和提交答卷、初裁、实地复核、听证和终裁。

（1）立案。在申请人向土耳其倾销和补贴调查局提交符合法律要求的书面申请材料后的45天内，评估委员会应当做出是否立案的决定。

（2）发放调查问卷和提交答卷。立案后，土耳其倾销和补贴调查局会向已知中国出口企业提供一份公开版本的申请书和反倾销调查问卷。应诉企业必须在立案之日起37天内按照调查问卷所要求的格式，向调查机构提交调查问卷的答卷和全部证据材料。经应诉企业申请，调查机构通常会给予应诉企业7天左右的延期。

（3）初裁。在立案之日起1年内，根据土耳其倾销和补贴调查局的提议，评估委员会将做出初裁，在初裁中一般会给出比较详细的裁决理由。通常在初裁后，调查机构将公布对进口产品采取的临时反倾销措施。临时反倾销措施通常采取保证金的形式。临时反倾销措施实施期限通常为4个月，经批准也可延期至6个月。值得注意的是，初裁并非土耳其反倾销调查必经程序。

（4）实地复核。为核实利害关系方提交资料和信息的准确性，调查机构可以赴申请人或应诉企业所在地进行实地复核。如果利害关系方拒绝配合、不提供必要信息或明显地妨碍调查，调查机构则可以做出对该利害关系方不利的裁决。

（5）听证会。经应诉企业申请或调查机构主动提出，调查官员可以通过听证会的形式从应诉企业进一步了解和收集对于本案的观点和证据。

（6）终裁。立案之日起1年内，根据土耳其倾销和补贴调查局提议，评估委员会应做出终裁。如果案件特别复杂，这一期限可以延长至18个月。终裁前，土耳其倾销和补贴调查局会通知利害关系方提出终裁所依据的主要理由，并允许各利害关系方发表自己的意见。

2. 日落复审

反倾销措施的期限为5年，土耳其倾销和补贴调查局将于最后1年发布反倾销措施即将期满的公告。土耳其国内生产商可于期满前 3 个月内向土耳其倾销和补贴调查局书面申请日落复审，其他利害关系方可就此申请提交评论意见。土耳其倾销和补贴调查局将根据所获得的所有相关证据来决定反倾销措施终止是否将导致倾销和损害持续或复发。

（六）期中复审

在反倾销措施实施 1 年后，出口商、进口商或被调查产品的生产商可以向土倾销和补贴调查局申请期中复审。土耳其倾销和补贴调查局也可依职权主动进行期中复审。

（七）新出口商复审

原审调查期内未向土耳其出口的出口商或生产商可以向土耳其倾销和补贴调查局申请新出口商复审。若新的出口商或者生产商能够证明，它与出口国中被实施反倾销措施的任何出口商或者生产商都没有关联，并且在原审调查期间之后，事实上已向土耳其出口或证明受到向土耳其大量出口的不可撤销的合同义务的约束，则土耳其倾销和补贴调查局应进行复审。

第四节　国际反倾销法与中国反倾销法比较

反倾销法内容复杂，涉及面广。笔者能力有限，仅就以下几个较有代表性的方面进行比较。

一、关于正常价值标准

根据 WTO《反倾销协议》的规定，通常情况下，应当以出口国在正常贸易中制定的、用于国内消费的同类产品的价格确定出口产品的正常价值，即所谓的出口国国内市场价格（Home Market Price）。《欧盟 1996 年第

384 号条例》第 2 条第 1 款中规定，衡量正常价值的出口国国内价格，通常的计算方法是指，在出口国正常贸易条件下，独立的消费者支付的或者实际应支付的价格。在确定正常价值的基本原则方面，中国与 WTO《反倾销协议》、欧美反倾销法相符，均将出口国国内市场价格作为确定被诉倾销产品的首要方法，对可比价格概念的内涵却无进一步规定。

二、关于同类产品的可比性

为了确保相同产品的可比性，防止出口商人为制造较高的正常价值，规避倾销指控或降低倾销幅度，WTO《反倾销协议》接受美国、欧盟等西方国家的反倾销立法原则，规定作为确定正常价值的同类产品，除非确有证据证明其销量具有代表性，否则，其在国内的销售量应当达到接受调查的出口产品销售量的 5% 以上。中国《反倾销条例》第 12 条规定了同类产品的定义，与 WTO《反倾销协议》定义基本一致，但是在确定正常价值时，对其可比性上却无进一步要求，有待于改进。

三、低于成本的销售

WTO《反倾销协议》规定，对于低于成本的销售，在确定正常价值时可不予考虑《欧盟 1996 年第 384 号条例》中规定，除一些类似于 WTO 协议中所提到的除外情况，规定低于成本销售价格，可以不被用作计算正常价值。美国最早在 1974 年反倾销法中便确定了“排除使用低于成本在国内市场或第三国销售”的原则，而中国《反倾销条例》对于此问题却未涉及。

四、倾销与损害的因果关系问题

WTO《反倾销协议》奉行这样一个原则，只要倾销产品是导致损害产生的一个原因，因果关系即可成立。同时为了公平适当地实施反倾销措施，要求进口国反倾销机构应当审查除反倾销以外的其他可能导致损害的因素，并将其排除在倾销因素之外。1994 年《反倾销协议》第 3 条第 4 款中详细列举了其他因素。《欧盟 1996 年第 384 号条例》规定与《反倾销协议》一致，也规定了类似于《反倾销协议》几种情况——中国《反倾销条例》与 WTO《反倾销协议》及欧盟反倾销法相比，规定应审查事项包括“造成国内产业损害的其他因素”规定较为抽象，这种做法不利于透明度原则的实现，易遭到他国指责。

第二篇　反倾销案例分析

第三章　美国对中国木制卧室家具反倾销案分析

第一节　案例简介

一、背景

中国的木制家具在进入世界市场之后发展迅猛，成为世界上最大的出口木制家具的国家。世界上最大的家具生产与出口国是中国，而中国的生产和出口占最大比例的家具是木制家具。自 2004 年中国木制家具的出口额超过了意大利，成为出口量排名世界第一的木制家具国家。发展到 2013 年，中国木制卧室家具出口总量为 3.52 亿件，跟 2012 年相比，出口总量增长了 15.11%。随着中国企业的不断发展，中国木制家具行业的发展总体呈健康发展的态势，出口不断增长。

据联合国商品贸易统计数据库数据显示，2000 ~ 2013 年，美国一直是中国最大家具出口国，出口平均份额达到 30% 以上，中国家具对美国依存度很高。美国作为世界第一大家具进口国，2013 年美国从全球进口家具额为 197 亿美元，其中 116 亿美元是从中国的进口额，占美国进口额的

58.88%，较2012年的108亿美元增长了7%。中国作为世界第一大家具出口国，主要是以出口带动发展，其主要出口国包括美国、欧盟、日本等，其中美国作为中国家具主要进口国，相当多的企业对美国市场形成严重依赖，而中美贸易逆差也越来越大。

美国作为中国木制家具的长期合作伙伴，是中国重要的贸易合作对象。2008年，美国次贷危机的爆发引发了国际金融危机，美国经济遭受了巨大的创伤，出现较大幅度的下降，同时美国国内的企业发展以及就业率都受到了一定的影响，从而无法带动国内的消费，于是美国国内对木制卧室家具的需求也在减少，加上为进一步保护国内企业的发展，美国商务部对中国的企业发起反倾销措施。

二、案件进程

（一）启动反倾销调查

2003年10月31日，美国家具制造商向美国商务部提出立案申请，请求对中国木制卧室家具进行反倾销调查，并提出了150%～441%的倾销程度请求。

2003年12月12日，美国商务部发布公告，决定对中国家具产业立案调查。

2004年1月9日，美国贸易委员会初步裁定中国家具产业对美国造成实质损害。

2004年6月18日，美国商务部发布初步裁定，认定7家强制调查企业的单独税率为4.9%～24.34%，82家填写调查A卷的企业的加权税率为10.92%，其余企业均为198.08%。

2004年8月5日，美国商务部初次修改初裁决定，将部分适用全国统一税率的企业改为加权税率企业。同年9月9日，美国商务部再次修改初裁决定，决定对部分企业的加权税率调整为12.91%。

（二）公布终裁决定

2004年11月9日至12月10日，美国商务部做出终裁决定：强制调查企业的反倾销税为0.79%～16.7%，加权税率企业增至113家，税率为

8.64%，其他企业为198.08%。

2004年12月20日，美国贸易委员会做出终裁决定：裁定中国家具产业对美国该产业造成实质损害。

（三）正式征收反倾销税

2005年1月4日，商务部对终裁结果做出修改：强制调查企业税率调整为0.83%～15.78%，加权平均税率改为6.65%，统一税率仍为198.08%。至此，美国正式对自中国进口涉案产品征收反倾销税。

（四）多次复审，重定税率

2009年8月17日，美国商务部做出行政复审终裁，认定倾销幅度为29.98%～216.01%。

2009年12月1日，美国商务部发布复审意见：根据《1930年关税法》中的“日落条款”，商务部认为取消反倾销税有可能导致倾销的继续存在或复发。

2010年4月14日，美国商务部做出反倾销快速日落复审终裁，认定倾销幅度0.79%～198.08%。

2010年11月30日，美国贸易委员会做出决定：根据《1930年关税法》的“日落条款”，委员会认为撤销反倾销税决定可能导致该产业继续对美国本土产业产生重大损害。美国国际贸易委员会裁定继续维持对中国输美木制卧室家具的现有反倾销税令，税率为43.23%～216.01%，税令实施期限为5年。

2015年11月3日，美国商务部对原产于中国的木制卧室家具进行反倾销快速日落复审调查，涉案产品海关编码为94035090.40、94035090.80等。

2016年3月9日，美国商务部发布公告，对原产于中国的木制卧室家具做出反倾销快速日落复审调查终裁：若取消反倾销措施，涉案产品对美国国内产业的损害将会按照198.08%的倾销幅度继续发生。

三、相关问题阐述

（一）非市场产业导向问题

美国《1930年关税法》经1994年修订后规定，在特定情况下，可以采用市场经济的方法确定产自非市场经济国家进口产品的正常价值。但是,《1930 年关税法》并没有明文规定何为“特定情况”。在实践中,美国商务部采用“市场导向型产业”(MOI)测试来认定美国《1930 年关税法》规定的“特定情况”是否存在。根据美国对“市场导向型产业”的认定标准,家具产业只有满足其规定的三项标准方能享受该待遇,具体规定为:①出口国政府对涉案产业的定价或产量没有进行实质干预;②涉案产业的所有制在整体上应当以私有制或集体所有制为主:③被调查产业在物质或者非物质领域上的所有重要投入都是以市场需求作为导向。

在这一环节,论辩双方的矛盾焦点表现为:申诉方认为,中国属于非市场经济国家,被调查产业做出的所有重要投资政策并非都是以市场作为导向,其中相当一部分是根据中方政府的决定制定的,并且涉案产品在生产数量以及产品定价方面都存在不同程度的政府干涉现象,所以对于应诉方市场导向产业的申请,美国政府不应给予支持性裁决。

应诉方认为:中国家具产业属于市场导向产业,因为该产业 70% 左右为外资控股企业,20% 左右为合资企业,10% 为私有企业。

经过对论辩双方提供证据的审核,最终商务部认为中国木制卧室家具产业不符合美国对市场导向产业的相关认定。

(二)出口价格与正常价值

WTO《反倾销协议》规定:出口价格是指正常贸易中出口国国内消费的同类产品的价格。如不存在出口价格或据有关主管机关看来,由于出口商与进口商或第三者之间的联合或补偿性安排,而使出口价格不可靠,则出口价格可在进口产品首次转售给一独立购买者的价格基础上推定,或如果该产品未转售给一独立购买者或未按进口时的状态转售,则可在主管机关确定的合理基础上推定。

本案中 7 家强制应诉企业与美国进口商无关联关系,美国商务部以其出口的实际发生价格确定出口价格。由于台升家具公司和星马克公司的产品价格是在产品进口到美国本土后由与制造商关联的美国销售商与第一个非关联的美国客户达成的,所以美国商务部对它们的一些销售交易采用推定出口价格作为其在美国的销售价格。关于出口价格的计算，商务部是以向美国非关联关系的购买商交易的 FOB 价格和 CIF 价格为基础的。然后根据《反倾销法》第 772 条的规定，扣减掉相关的运输费用（这些费用包括外国的内陆从工厂到港口的运费、国内出口代理费用、海运费、海运保险费、美国的进口代理费以及从美国进口商仓库到非关联的美国客户之间的内陆运费等）。在计算推定出口价格时，除扣除上述相关费用外，商务部还要减掉其在美国发生的销售活动所产生的费用，比如信用、销售回扣、直接销售费用、存货搬运费用等。

正常价值是指出口国或原产地国在正常贸易过程中，用于消费的同类产品实际已付或应付的可比价格。WTO《反倾销协议》对正常价值的确定采用三种方法：出口国国内正常销售价格、向第三国出口的价格和结构价格（生产成本 + 合理的管理费用、销售和其他费用 + 利润），这里假设该出口国是市场经济国家。对非市场经济国家出口产品正常价值的规定，WTO《反倾销协议》允许进口国自行裁决。

美国《反倾销法》第 773 条规定，当被调查产品是从非市场经济国家进口时，商务部不能采用生产商本国的国内价格、第三国价格或推定价格，而应该用生产要素投入法则、利用替代价格来计算正常价值。美国视中国为非市场经济国家，在此案中选择印度为替代国来计算正常价值。

（三）单独税率问题

根据美国法律的规定，非市场经济国家的涉案企业只要符合其规定的单独税率标准，其就可以申请单独税率资格，该标准具体表现如下：

1. 缺乏法律上的控制

（1）出口国政府没有对出口商的具体商业活动和出口许可做限制性立法。

（2）出口国政府没有减少公司自我控制的立法行为。

（3）出口国政府没有控制企业的其他不合理措施。

2. 缺乏事实上的控制

（1）企业有制定出口价格的权利。

（2）企业有独自谈判并签订合同和其他协议的自由。

（3）企业可以自主选择经营管理层。

（4）企业有独自做出如何处理企业利润或损失融资方面决策的权利。

3. 美国商务部在单独税率问题上的表态

在本案的终裁结果中，只有 6 家强制调查企业获得了单独税率资格，113 家参加调查 A 卷的企业获得了加权平均税率，其余企业则一律被采取全国统一税率。以针对没能获得单独税率的企业，商务部给出的理由可以概括为如下几点。

（1）营业执照缺少必要的信息记录。本案中，美国商务部在对申请单独税率的企业进行资格审查时发现有 6 家企业的营业执照没有标明失效时间，并且这些企业也不能证明这些执照的合法有效性。基于这些原因，商务部最终拒绝了这 6 家企业的申请。

（2）不能提供能够证明出口价格是经过自由协商而制定的有力证据。在审查中，商务部发现有 11 家中国企业没能提供能够证明企业在产品定价方面是经过自由协商而确定的价格磋商书面证明。商务部认为这些企业由于不能提供有效证明而存在着政府干涉定价的嫌疑，所以其拒绝了这些企业的申请。

（3）不能提供商务部需要的相关资料的英文版本。在审查中，商务部发现有 8 家中方企业提供的申请资料中没有英文翻译或翻译不够准确。在要求这些企业补充翻译遭到拒绝后，美国商务部根据“利害关系方没有提供信息或提供的信息不符合规定时，商务部可根据获得的最佳信息做出裁定”的规定，对这些企业做出了否定裁决。

（四）普遍税率

对于未应诉的涉案企业采取普遍税率。由于营业执照的信息不充分，价格磋商信息不充分，提交的信息没有英文翻译或不清楚，企业提供的资料之间彼此明显相互矛盾，未能按时向美国商务部递交相关文件等原因，许多申请了单独税率的企业最终未能通过美国商务部的审查，也被征收普遍税率。

本案中共有 1000 多家企业被征收 198% 的普遍税率。

（五）替代国选择问题

根据美国法律规定，当商务部将中国家具产业认定为非市场导向产业时，其在对该产业进行倾销幅度和倾销税率的认定时就会选择一个合理的国家作为替代国。这一国家的选定以其提供信息的容易程度和可信程度作为标准。

在替代国问题上，申辩双方的矛盾焦点具体表现为，申诉方认为：印度作为中国木制卧室家具产业的替代国更为适合，因为无论是从两国的经济实力还是两国家具产业的相似程度上看，印度都有着其他国家所不可比拟的相似程度；应诉方则认为：印度尼西亚作为替代国更为合适，因为根据其调查的印度和印度尼西亚两国在家具产业上的生产成本和生产数量，印度尼西亚较印度更为适合，并且申诉方不能提供有力证据证明其提出的“我方提供的数据是经过成本扭曲的”这一说法。

本案中，美国商务部最终做出了以印度作为替代国的裁决，它给出的选择依据是：①印度与中国的经济发展水平相当。②印度家具市场的规模与中国家具市场的规模具有极高的相似性。③印度能够便捷地提供本案所需的信息，并且能够保证信息的可靠性。

第二节　案例评析

一、案件的特点

（一）涉案金额较大，涉案企业众多

此案涉及金额超过 10 亿美元，涉案企业达 135 家，堪称中国加入世贸组织以来轻工行业涉案金额和涉案企业最多的案件之一。美国征收高额反倾销税，使国内轻工企业蒙受了重大的经济损失。

（二）案件持续时间长，影响范围广泛

从2003年美国开始对中国木制卧室家具开展产业损害调查到全面日落复审，已达13年之久。在此期间，虽然行业协会和涉案企业做出多方努力，但是由于美国不承认中国企业的市场经济地位，在核定生产成本时，不是考量中国家具企业的成本，而是选择替代国印度的家具生产成本作为中国家具是否倾销的依据。印度的家具成本远高于中国家具的正常成本，以此判定中国家具企业倾销，使涉案企业受到极不公正的待遇。为此，中国商务部与美方进行交涉，在国内产生了广泛的影响。日落复审中，美方继续执行反倾销措施，涉案企业受到的不公正待遇仍将持续。

（三）企业集体应诉，成为典型案例

国内家具行业涉案企业在中国家具协会的组织下，不惧外来压力，集体应诉，维护行业的合法权益，成为轻工行业应对国外反倾销中的典型案例，具有一定的代表性。称其是一次成功的实践，主要表现在应诉过程中，行业协会牵头，组织筹集应诉资金，涉案企业广泛参与，成立应诉委员会，专业律师担当顾问等配套的组织形式，成为被广泛借鉴的典型。

二、引发案件的内在原因

中国家具遭受美国反倾销，并表现出常态化的特点，原因是多方面的。除了国际金融危机影响下，传统出口市场中多数国家经济陷入低谷，从而导致国际贸易保护主义抬头、贸易环境恶化的外部因素外，还存在行业出口市场结构不合理、出口市场管理不规范等内在原因。这些情况在轻工行业中普遍存在，主要表现如下。

（一）过于依赖欧美市场

欧美市场是中国家具出口的主要市场，其中输美家具约占一半的出口份额。由于国内产品在价格上占有明显的优势，受到当地消费者青睐，导致出口额快速增长，引起美国生产企业的不满。同时，出口地过于集中也加剧了出口企业之间的竞争。

（二）出口市场不规范

由于出口市场管理不规范，缺乏出口秩序，无序竞争导致价格竞争过度，不仅压缩了出口企业的利润空间，使企业蒙受了收益损失，而且给国外企业反倾销提供了口实。

（三）产品结构不合理

中国出口家具多集中在低档次产品上，以贴牌生产为主，以价格取胜。由于产品的档次过于集中，在同类产品市场上占有较大份额。美国一些企业断章取义，回避中美产品之间档次的差异，掩饰各自不同市场定位。

三、各方态度

（一）中方态度

这次美国对华木制卧室家具反倾销案是美国对华反倾销案中涉案金额最高的案件，涉案金额超过 10 亿美元。目前国内从事木制卧室家具生产和配套的工人有近百万人，案件的结果不仅直接影响目前对美出口的家具企业，而且还会给整个家具行业以及国内市场带来一系列连锁反应，同时也会引发诸如大量人员失业等社会问题。因此，此案件从一开始就受到整个中国家具行业的积极响应，也引起了中国政府的高度关注。

中国政府反对外国以反倾销为名进行贸易保护，支持中国企业维护自己的权益，积极应诉。中国家具协会专门成立了“中国家具协会‘反倾销’办公室”，国内企业及有关机构也联合成立了“中国家具业反倾销应对委员会”。各地家具协会也联合起来积极开展应诉工作。在案件发起之初，深圳的一些家具企业联合起来组成反倾销委员会，这个委员会中的企业自愿捐款，募集了 150 多万美元的资金应对此案。广州聚集了我国家具企业的大部分，它们也积极响应，成立了协会组织，应对美国反倾销。

中国政府和企业的积极态度使我国家具企业在终裁时获得比初裁较低的反倾销税，为以后我们应对反倾销积累了宝贵的经验。

（二）美国制造商态度

对于美国对华木制卧室家具反倾销案，美国方面主要存在两大阵营。一方是反倾销案的主要申请者——美国家具制造商。它们与中国家具具有直接竞争关系。另一方是向中国出售原材料的木材供应商以及销售中国家具的美国零售商。它们从中国进口半成品或成品，在美国通过贴牌形式由美国商店转售，获得了丰厚的利润。一旦裁定中国倾销成立，那么它们不仅无法获得物美价廉的中国产品从而导致利润萎缩，还有可能把进口来源地转移至其他国家，这要冒很大的风险。因此，它们反对对中国木制卧室家具采取反倾销措施。有的美国厂商还表示，中国产品的进口客观刺激了美国产业的竞争力，促进了产品的设计、开发和销售；而有的制造商感到很矛盾，因为它们不仅自己生产家具，还从中国进口一部分家具，它们徘徊在是否支持对华木制卧室家具反倾销中。

美国不承认中国家具行业的市场经济地位实际上对我们是极不公平的。前面也提到过，从企业自主权、经营权等方面来看，中国家具行业通过改革开放40多年的发展可说是已经完全市场化了，90%都是股份制企业、私营企业、外商独资企业、合资企业等，它们完全是根据市场需要来从事自己的生产经营活动。因此，认定中国家具行业为市场经济导向产业是合情合理的，但美方却不承认这一点。

四、美国反倾销与贸易保护主义

反倾销可以保护进口国受损的产业，同时也保护市场公平竞争的环境。反倾销法律的根本目的是通过征收反倾销关税来抵消由于国外倾销行为给国内产业带来的损害，如果超过这个目的，反倾销措施很可能被滥用，成为贸易保护的工具。在此次反倾销案件中，美国无视我家具行业的市场经济地位，未允许中国企业通过“市场导向型产业”测试，实际上是对中国涉案产品采取一种不公平的待遇，以反倾销为名，行贸易保护主义之实，以合法的方式达到对其国内经济实行保护的目的。

从资源禀赋和比较优势来看，中国劳动力资源非常丰富，具有劳动力成本上的绝对优势，因此家具业具有劳动力成本和价格上的优势，产品在美国市场上拥有强有力的竞争力。美国消费者可通过国际贸易购买到中国物美价廉的产品。对于美国零售商和部分家具制造商来说，它们购买中国的家具成品或半成品，在美国通过贴牌形式由美国商店转售，获得了丰厚的利润。但是，美国却不满足于这样的利益分配，认为中国具有比较优势的家具行业对其国内市场和本国产品造成了危害，产生了恐慌，硬说中国家具行业存在倾销。

从贸易保护理论来看，由 15 世纪开始的重商主义，到近代李斯特的幼稚工业保护学说，再到第一、第二次世界大战间的超贸易保护政策和 1974 年世界性经济危机爆发后出现的新贸易保护主义，这些贸易保护理论从本质上讲都是国家为了保护本国市场免受国外商品和服务的竞争，采取各种政策和措施对贸易进行干预。美国为了限制中国家具及其他具有竞争优势的产品的出口，频频对中国出口产品实行反倾销，新贸易保护主义抬头。它们用自认为合理的理由，对中国产品的进口进行限制。美其名曰实施合理保护措施，维持公平贸易竞争，但实际上却是在实行极不公平的贸易保护主义。

欧美各国一向鼓吹自由贸易，但在中国问题上却不能摆正自己的位置，不能正视中国不断崛起的事实。特别是加入 WTO 以后，中国能更多地利用 WTO 框架下的内容参与国际竞争，使欧美等国的一些人产生了“中国威胁论”的恐慌。在这一谬论的指引下，它们采取各种贸易措施对中国设限。特别是美国，向来以“超级大国”自居，将中国作为潜在的竞争对手，在各个领域对中国进行挤压、打击。

随着全球经济一体化进程的加快以及中国经济的不断发展，反倾销这种程序简便、能有效限制进口且不易招致报复的措施会被更多的国家用于中国具有国际竞争力优势的产品上。

第三节　案例启示

一、基于企业层面的启示

（一）提高创新能力，加大产品创新能力，重视人力资源

为了提高中国木制家具行业的产品竞争力，首先是要从产品的创新上着手，加强产品的研发与投入，不能止步于产品的模仿、加工或者为国外企业代工。只有产品的不断创新，才能使中国的产品由低附加值向高附加值转换，提高中国产品在国际上的知名度，以期打入国际市场的高端品牌，增加企业利润。

中国的木制家具企业处于多而小的格局，并且缺乏高技术的管理人才，存在管理知识匮乏、行业从业人员专业知识缺乏、学习知识能力较弱等缺点，在应对复杂的国际环境时，往往不能及时调整企业的战略方案，不足以在瞬息万变的国际市场上抓住机遇，或者及时规避风险。因此，有必要提高企业从业人员的综合管理素质，在使从业人员具有精湛的专业知识与优秀的管理能力的同时，也要培养能够处理国际贸易争端的专业人才队伍。

（二）注重出口市场的分析与加强国际市场的开拓

对于中国企业而言，想要减弱美国的反倾销调查对中国的影响与冲击，就要努力实现中国木制家具行业出口市场的多元化发展。通过数据研究所得，中国的木制家具出口集中度较大，主要集中在美国、英国等国家。其次，新加坡、越南、乌克兰也存在出口集中的现象，对日本、中国香港、荷兰、澳大利亚、加拿大等国（地区）的出口相对比较平衡，面对印度、韩国、西班牙、中国澳门、爱尔兰等国（地区）的出口相对较少，

可开发潜力较大。

针对不同开发程度的市场，首先是开发集中地市场，企业相对比较熟悉，但是存在过度开发的情况，竞争激烈，更容易面临贸易壁垒，引发他国的反倾销措施等贸易保护手段。其次，对于出口趋于稳定的市场应该要保持出口，同时应该加强对市场的识别，注意市场细分，为中国产品提供更多的机会、更大的市场。最后，对于市场潜力较大的待开发市场，主要从市场的规模和开发的难易程度来分析，如果是潜力较小且贸易壁垒较大的市场，就不能作为市场开拓的目标。

（三）积极参加复审

1. 参加新出口商复审

在美国商务部和国际贸易委员会反倾销调查时，即使企业在调查期间没有出口涉案产品到美国，企业出口的产品也会受到反倾销调查全国统一税率的影响。此时，企业可以向商务部提出新出口商复审来改变自己的不利地位。企业需证明：①在调查期间没有出口涉案产品到进口国；②与其他在调查期间出口的企业之间没有关联；③有资格获得单独税率。申请新出口商复审的企业可以根据应诉企业的调查结果估算本企业的可能税率，然后进行适当的调整，如提高出口价格、出口高附加值产品等。如果企业好好准备，就可以获得令人满意的结果。

2. 积极参加年度复审

企业在反倾销调查中，如果裁决的结果不理想，可以通过参加即将到来的反倾销税令的年度复审来改变倾销幅度。企业经过认真准备是完全有可能降低倾销幅度甚至被排除在反倾销调查命令之外的。在本案中，有的企业对待调查态度消极干脆不应诉，被美国商务部裁定适用全国统一税率198.08%。如此高额的税率使未应诉企业将美国出口市场拱手相让，满足了原告起诉的目的。未应诉企业如果想重新占领出口市场，唯一的途径就是积极参加即将到来的年度复审。获得单独税率的企业也应该好好准备，积极参加即将到来的年度复审，否则可能会被裁定高额税率，使以前的努力功亏一篑。年度复审结果的好坏还会直接影响反倾销税令的日落复审结果。因为在日落复审过程中，美国商务部在决定撤销反倾销税令是否会导致倾销的继续或复发时，会考虑年度复审中确定的加权平均倾销幅度。

二、出于政府层面的建议

（一）制定行业标准，规范出口秩序，促进行业整合

在 WTO 框架之下，国际贸易正在迅猛的发展，国际贸易中的关税壁垒正在逐渐消失，其他非贸易壁垒如技术性贸易壁垒的影响日益明显，尤其是以美国为首的发达国家更倾向于使用“不断提高技术标准”作为主要手段对中国发起调查。同时，将检验检疫项目增加、对技术法规进行调整、将审查手续复杂化以及将检验检疫时间进行拖延等人为因素都是国外对中国实施贸易壁垒的不同手段。现阶段美国、欧盟等地区对中国家具产品的贸易措施主要是针对产品的技术标准，如产品含有的有毒物质含量标准、对消费者安全保护性能、产品的原材料环保标准等方面。

中国在面临主要家具贸易伙伴发起的贸易措施这一背景之下，除中国企业要加强自身的生产标准外，还需要中国政府与家具企业共同合作，积极推动形成以中国为主的技术标准。政府应该积极地支持技术标准的研究，促使产品的研发、设计与生产能够与标准相结合。政府还应该支持企业积极地参与国际标准的制定，推动我国的国内标准成为国际标准。从短期来看，建立统一的行业标准会给中国企业带来一定的压力；但是从长远来看，这是有利于提高整个行业的生产水平，能够提升中国木制家具产品的出口竞争力，减小中国技术标准与国际上的差距，促使中国企业在应对国际上的技术性贸易壁垒时游刃有余。政府还应该对国际市场及国际贸易中的各种标准问题进行宏观的监管，及时了解市场需求与变化，积极制定标准化的法律法规，对行业争端的解决标准进行监管。同时加强标准的宣传与普及，以便提高企业负责人的标准意识，通过深入研究国际标准，推动中国企业的标准化发展，完善质量体系。

（二）增强政府的谈判能力，促使中国企业在国际贸易中的公平地位

中国已经是发展中的市场经济国家，在国际贸易中已经不能用“非市

场经济国家”的标准来进行判定。但是，美国等发达国家还是将中国视为非市场经济国家。鉴于此，中国政府有必要将中国作为市场经济国家的发展成果向世界进行展示，应该以事实为依据，通过积极的谈判对对话，争取到更多国家对中国市场经济地位的认可。同时，也要更进一步地完善我国市场经济的体制，最大限度地优化资源配置，发挥市场经济体制的作用。最后，在世界贸易组织中，中国政府有必要争取到对反倾销调查中一些不合理协议的修改，促使国际贸易环境的公平与公正。中国政府应当引导企业主动开发市场潜力相对较大的国际贸易市场，这种市场的主要特征在于国内生产值较高、人口众多、消费能力与需求旺盛，比如韩国、西班牙、智利等国家。

由于中国已经是世界贸易组织的成员国，这为中国的家具企业更便利地发展国际业务提供了机会。随着经济贸易一体化的发展，中国政府应该更多地关注自由贸易区的建立，比如亚太经合组织等。通过建立共同的自由贸易区，能够减少各国之间的贸易壁垒，有利于促进国与国之间的贸易往来。所以中国政府应该在共同自由贸易区的背景之下，为中国的家具企业提供更多的谈判机会，促进中国木制家具企业的多元化发展。

另外，中国的政府应积极帮助企业参加国际家具展览会。这是一个踏上国际舞台的机会，这种国际型的展览会不仅提供直接面对采购商和消费者的机会，更是向世界宣传其自身品牌价值的机会。由于大多数企业在信息收集方面的能力较弱，没有机会参与国际性的展览会，这时就需要政府为这些企业提供机会。

（三）提高木制家具的出口匹配度，促进木制家具市场的开发

中国木制家具近几年的出口在总体上跟世界木制家具进口增加的变动方向基本一致。也就是说，中国木制家具出口较多的市场同时也是木制家具进口份额较多的国家，但是在世界上木制家具的出口大国中，中国的出口匹配度比德国、意大利等国都低。美国、英国、日本、加拿大、瑞士、俄罗斯、比利时等都是木制家具的进口大国，中国对美国、日本等市场的开发度较好，其他市场还存在一定的开发潜力。政府可以主动通过一些方

式来引导木制家具的出口方向向世界需求较大的市场流动。过去中国采取的是出口导向型的贸易政策，主要是通过政府补贴对出口产品进行补贴，以实现企业的出口创汇，这种方式在短期内可以促进产品的大量出口，但是往往容易使企业陷入“比较优势陷阱”，不利于企业的长期良性发展，致使中国家具企业的出口呈现不重视设计与质量的情况，使企业难以维持可持续发展。为了促进中国家具企业的可持续发展，中国的贸易政策已经从“奖出限入”向“奖入限出”转变，这一中性的贸易政策主要是为了限制某些资源型产品的出口，鼓励企业进行自主研发，创立自主品牌。这一措施并不是盲目地为了限制产品的出口，而是为了营造更为公平的贸易秩序，提高出口产品的整体水平。

第四章　欧盟对中国皮鞋反倾销案例分析

第一节　案例简介

一、案例背景

中国是世界上最大的鞋制品出口国，但其出口之路可谓艰难坎坷，困难重重。尤其是欧盟作为中国第二大鞋制品市场，从1995年开始，欧盟对中国产鞋类实施了长达10年的配额限制，2005年配额到期后欧盟采取反倾销措施，反复对中国劳保鞋、皮鞋征收大幅度的反倾销税，抵制了中国鞋业对其出口。鞋成为欧盟与中国双边贸易中最热门的一个词语，而鞋类产品成为继纺织品之后中国面临众多贸易救济措施的第二大种产品。一份欧委会的调查数据显示，2006年有24.6亿双鞋子在欧盟销售，有21亿双即超过85%的鞋子是进口的，其中产自中国的是14.9亿双，越南是2.56亿双。采取反倾销措施之后，从中国进口的鞋子下降了15%，即从20.8亿双降到17.8亿双。据统计，欧盟对华鞋采取反倾销措施之后，华鞋输欧总金额下降了15%，从20.8亿双降到17.8亿双；中国皮革工业协会的统计显示，反倾销税导致中国输欧皮鞋产量降低20%，减少约4000万双。欧盟反倾销税征收以来对整个中国制鞋产业乃至中欧关系产生了严重影响。由于向欧盟出口减少约4000万双鞋，仅此一项就造成中国约2万名工人失去工作。

二、案情进程

（一）立案调查

2005年7月7日，欧盟对原产于中国的皮鞋开始反倾销立案调查，涉案金额达6.7亿美元，企业达1200多家。

（二）正式征收反倾销税

2006年3月23日，欧盟成员决定从当年4月7日起对所有中国出口到欧盟的皮鞋征收4.8%的关税，并分阶段增加，到10月增加至19.4%。

2006年10月4日，25个欧盟成员国常驻欧盟代表对上述方案进行了投票，结果仅以13票比12票的微弱优势勉强过关。10月7日，欧盟裁决给予其中一家企业市场经济待遇，税率为9.7%，其他企业征收16.5%的反倾销税，为期2年。

（三）日落复审

2008年10月3日，欧盟正式宣布对原产于中国的皮鞋进行反倾销日落复审立案调查。从2008年10月起到2011年3月为期终复审及延长征收反倾销税阶段。

2009年12月22日，欧盟宣布，决定延长对中国和越南所产鞋类征收惩罚性关税。12月30日，欧盟委员进行日落复审终裁，以14票支持、13票反对的表决结果，决定继续对中国鞋企征收16.5%的反倾销税，有效期为15个月。

2010年2月4日，中国政府将欧盟对华皮鞋反倾销案诉诸世贸组织，双方随后就此案展开为期60天的双边磋商。鉴于双方3月31日举行的最近一轮磋商无法找到双方满意的解决办法，中方于4月20日正式要求世贸组织争端解决机构设立专家组，以确保中方合法权益得到保护。在当天的会议上，欧盟对中方要求表示“遗憾”，并按照相关程序阻止专家组设立。只要中国在下月召开的争端解决机构会议上再次提出设立专家组的要求，专家组将自动成立。

2010 年 5 月 18 日，中国组成专家组。

2011 年，欧委会发布公告，宣布针对自中国、越南进口以及中国澳门地区转运皮鞋的反倾销措施于 2011 年 3 月 31 日正式终止，但仍将持续监控。

（四）正式取消征收反倾销税

2011 年 4 月 1 日起，欧盟正式取消对中国皮鞋征收 16.5% 的高额反倾销税。

2012 年 2 月，针对欧盟对华皮鞋反倾销案（DS405），WTO 争端解决机构（DSB）于 2012 年 2 月 22 日会议上采纳了专家组报告，认为欧盟采用的部分法律条款使用不当。中国鞋业反倾销获得了司法途径的胜利。

2012 年 5 月 23 日，根据《谅解协定》第 21 条第 3 款 b 项，中方同意欧盟自 2012 年 2 月 22 日起享有 6 个月零 19 天实施 DSB 建议的时间。

第二节 案例评析

一、欧盟对华皮鞋反倾销措施的程序及实体不当性分析

此案在立案、调查和裁决过程中存在诸多与 WTO 规则和欧盟反倾销法不符的法律缺陷，欧方对中国皮鞋采取反倾销措施缺乏法律与事实依据，所以导致双方在很多问题上产生争执。其争论焦点主要集中在是否违反 WTO 相关程序规则、是否违反 WTO 相关实体规则、调查统计的公允性等方面。

（一）是否违反 WTO 相关程序规则

欧盟法院在解读反倾销法律条款的过程中，完全依据欧盟 2009 年 12 月公布的对中国皮鞋日落复审的裁决结果，最主要的依据也是欧盟实地核查的情况，不符合 WTO 相关程序规则。在案件审查过程中，中方企业受

到欧盟贸易委员会的不公正待遇，没有获得足够的权利来为反倾销指控作辩护，欧盟裁决当然也与公平原则严重背离。欧盟之所以延长对华皮鞋反倾销措施，贸易保护主义是其中重要原因之一，欧盟市场经济地位标准认定和适用程序的混乱也是关键原因。

事实上，在复审调查过程中，出口商、进口商、出口国代表以及共同体生产商对复审中提出的问题进行阐述、反驳或者发表意见的权利受到不当限制，中方企业、欧盟相关企业及消费者的利益诉求并没有得到应有的关注。

欧洲联盟裁决的另一项程序问题在于其决定未经成员国讨论，仅仅通过“橡皮图章”的方式通过，不仅遭到近半数成员国的反对，也遭到欧洲本土在华相关企业的抗议。其根本原因就在于其裁决过程既不公正也不透明，严重违背世界贸易组织公正公开透明原则。这一问题接下来也得到印证；2011 年 10 月 28 日，世界贸易组织向全体成员发出中国诉欧盟皮革反倾销措施世贸组织争端专家组报告，裁定欧盟及倾销主管机关在原审以及复审调查中国违反了世界贸易组织《反倾销协定》有关透明度等方面的要求。

市场经济待遇问题是各方争论的核心，也是决定是否属于反倾销、确认反倾销程度的最关键依据。反倾销案发起国如果认定被调查国为市场经济国家，那么反倾销调查时就必须根据该产品在生产国的实际成本和价格来计算其正常价格；如果认定被调查国为非市场经济国家，那么就要选择引用与出口国经济发展水平大致相当的市场经济国家作为替代国，按照替代国的成本数据来计算所谓正常价值，并进而确定倾销幅度，而不使用出口国的原始数据。按照欧盟反倾销的有关标准，相关企业要取得市场经济地位必须具备 5 项基本条件：①决策没有明显受国家干预；②有一套按国际通用准则建立的会计账簿；③生产成本、财务状况未受非市场经济体系的显著影响；④企业不受政府干预成立或关闭；⑤货币汇率变化由市场决定。

欧盟在本案中的适用法律与其他案件相差甚大，具有明显的歧视性，违反公平贸易的原则。尤其本案系中国市场化程度最高的行业之一，98%的制鞋企业是民营和外资企业，此案中 13 家抽样企业完全符合欧方关于市场经济待遇的 5 条标准，欧委会无视这一事实，几乎无一例外地否决中国企业的市场经济地位申请，显然是不公平的。

（二）欧盟反倾销法中的“共同体利益”条款

欧盟坚持认为中国皮鞋的倾销行为侵犯了欧盟的共同利益，这一说法并不存在充分的依据。欧盟反倾销法中明确规定，反倾销税的征收必须符合欧盟整体的利益。欧盟应当在权衡各方各类利益后，做出是否实施一定的反倾销措施来保护共同体利益的最终决定。然而，就此次对中国皮鞋企业征收反倾销税来说欧盟内部存在不同的声音，西班牙、意大利、南欧部分国家及部分刚刚加入欧盟的国家努力支持欧盟对中国采取征收反倾销税措施。这是由于意大利以及西班牙历来就是欧洲最大的皮鞋制造国家、地区，中国的皮鞋出口对这些国家的皮鞋制造必然造成压力，这些国家努力支持欧盟对中国征收反倾销税的目的无疑是保护其自身的权益。可是英国以及北欧部分国家对中国征收反倾销税持异议态度，这些国家努力主张贸易自由化。所以欧盟仅是从一小部分国家的利益出发做出了对中国皮鞋征收反倾销惩罚性关税，并不存在从欧盟的整体利益出发之说。因而，我们认为，欧盟对中国皮鞋企业征收反倾销税是基于中国企业侵犯了欧盟的整体利益一说是不存在充分依据的。事实上，大量欧洲本土制鞋企业、零售商以及消费者曾就欧盟对中国皮鞋企业采取征收反倾销税这一措施予以反对。因为该措施毫无疑问地增加了整个欧洲皮鞋市场的销售及消费成本。据欧洲鞋业联盟的不完全统计，如果欧盟继续坚持延长对中越两国皮鞋的反倾销措施，那么欧洲消费者与相关企业将面临数亿欧元的损失。

（三）确定巴西为替代国

众所周知，倾销商品的出口国被判定为非市场经济国家是替代国体制适用的前提条件。替代国体制具体是指在非市场经济国家由于政府对制造及市场的控制及垄断，致使其产品的价格并非是在正常自由贸易的情形下确定的，由此对那些来自非市场经济国家的进口产品正常价格的最终确定将依据某一市场经济替代国的价格而定。但是，世界各国的替代国体制是不尽相同的，欧盟有关的贸易规则也只是采用列举的形式对自己以为的部分非市场经济国家一一进行列举。

依替代国体制来确定从非市场经济国家进口的受诉倾销商品的正常价值，按照欧洲共同体《反倾销条例》第2条第5款的规定，应当包含以下几个基本步骤：首先，挑选一个市场经济国家作为替代国。实践中欧盟委员会在挑选替代国的过程中，主要需要考虑以下因素：替代国同类产品的制造工序、技术标准、价格水平的可靠性、制造规模及产品质量的相似性等。其次，计算得出替代国价格。具体计算方法包括替代国的国内市场价格、替代国向再次国出口的价格、替代国同类产品的构成价值等。如果存在例外情形，是允许将欧共体视为替代国的。最后，根据产品物理特征或销售条件的差别对类比国价格做出必要调整。替代国价格原则上能够综合各方面的因素，进行对比考核。这一制度表面上看似乎具有必要的公正性与灵活性，但由于自由裁量权过大，导致欧盟在选择替代国时具有很大的任意性，从而使这项条款易变成欧盟进行经济制裁甚至是政治打击的一项“合法”手段。这对于所有被调查的非市场经济国家都是极其不利的。因而，我们有理由怀疑此条款本身已具有歧视性与不合理性。

由于中国鞋的制造成本远远低于巴西等国家，加之中国人力市场相对廉价，所以在人力及资源方面的优势导致巴西同中国的人力市场明显不对称，中国制造成本相对更低，这是欧盟并未充分考虑的重要判定因素。欧盟单方面确认巴西与中国的皮鞋制造业在制造、出口等能力上相似也缺少理论以及现实参照，欧盟在申诉书中以巴西为替代国推定出中国皮鞋的倾销幅度竟然高达400%。因此，这种做法不具备充分的事实依据，也同欧盟的规定以及全球贸易组织的有关规则相冲突。

（四）单独税率问题

1996年，欧盟出台相关法规，决定对中国企业恢复分别待遇裁决。法规规定只要相关中国企业证明是“独立运营的”，欧盟就可以为其确定单独税率。在此案中，欧盟在此前对中国企业的抽样缺乏代表性，且在未对中方企业认真审核的情况下，用统一反倾销税率来取代分别税率。涉案产品多达33个税则号，在档次、价格等方面存在重大差异，欧盟却不进行市场细分，不论品质优劣，款式如何，报价高低，所有男鞋、女鞋、童鞋都属于受调查的范畴，即对中国皮鞋全行业实施统一税率。这种做法不符合事实，也不符合上述法规。这更体现出欧盟对鞋类产品发起反倾销调查实质上是一种贸易保护行为，而不是根据实际情况采取合法的贸易救济措施。

根据WTO《反倾销协定》第6.10.2条规定，除非出口商数目太大，以致给调查当局带来过分的负担并妨碍调查的及时完成，否则调查当局应当为未被抽样调查企业及时提供必要信息且确定单独的倾销幅度。作为WTO缔约方，中国应诉企业和中国政府认为欧盟违反了世贸组织的上述规定。因为即使已经确定为倾销行为，即使违反WTO《反倾销协定》附录所谓的“非市场经济国家条款”和《中国加入WTO议定书》，欧盟也应当采用中国应诉企业的出口价格来分别确定单个企业的倾销幅度，即为它们确定单独税率，而不是实行统一税率、“一刀切”的做法。另外，根据欧盟反倾销《基本规则》第9.5条，欧委会应当向申请人及时披露其在单独税率方面的裁决。但欧盟委员会在调查中却违反了这一规定，因而剥夺了应诉企业的信息知情权和抗辩权利。

（五）调查统计有失公允

1. 统计数据存在误差

据中国海关统计，欧盟对原产于中国的鞋类产品实施的进口监控系统（SIGL系统）的统计数据严重失实。后经中方分析，欧盟的进口监测系统不准确主要表现在：①统计数据以许可证量代替实际进口量，造成统计数据背离实际情况；②统计与对比口径不一致。2005年的统计涵盖欧盟25国，而其对比分析的是扩盟前15国的数据。由于统计范围不一致，致使统计数据上表现出中国鞋类进口激增，这严重误导欧盟进口商以及中国生产和出口企业。所以，此次反倾销调查建立在错误核算出的经济数据之上。

另外，其价值计算过程也忽视了自由市场的基本因素，如汇率的影响等。

2. 抽样企业代表性不足

2005年5月欧盟委员会发起反倾销调查后，共有154家中国鞋企应诉，由于被调查企业众多，欧盟委员会依法采用抽样调查的方法来确定倾销幅度。根据事后法院的判决书，欧盟委员会最后选择了其中13家企业的抽样调查。本案中的160多家企业参加应诉，其中90%为未抽样企业，它们被剥夺了市场经济待遇、单独税率，并未得到任何具体翔实的解释。欧盟委员会没有审查这150余家中国应诉企业的市场经济待遇和单独税率申请而对它们统一适用全国最高反倾销税率，这违反了欧盟《反倾销基本规则》第17条有关采用抽样的方法确定未被抽样调查企业的市场经济待遇和单独税率申请的有关规定。

二、欧盟对中国皮鞋实施反倾销措施的原因

（一）欧盟的贸易保护主义的影响

如今，全球贸易竞争十分激烈，在此背景之下，许多国家开始频繁采用反倾销措施以保护自己国家的利益，甚至可以说反倾销已被全球许多国家当作本国贸易保护的主要工具以及对付非公平竞争的十分重要的形式。中国近几年对外贸易的出口增长十分迅速，自然不可避免地成为众矢之的，成为反倾销措施的受害者。欧盟长期以来在对中国的出口商品进行反倾销调查的过程中，通常采用替代国标准来计算倾销幅度，并且在选择替代国的过程中随意性很大，故意将部分与中国实际情况差距很大的国家作为替代国，更别说将中国正常的国内价格作为标准。由此导致中国大量鞋类产品因被征收高额反倾销税，成本极大增加，竞争力丧失殆尽，无奈从当地市场黯然退出的情况。不仅如此，上述举动更是客观上诱导了当地同类产业不断通过反倾销手段限制中国商品的进口，致使中国出口鞋类的现实竞争力受到极大损害。正常情况下，中国鞋类产品在国际竞争中往往处于明显的有利地位，具有极大的优势，因为中国人口众多，享有其他国家不可比拟的人力优势，而且同发达国家相比中国的部分原材料数量多且价格相对低廉。欧盟从保护自身权益考虑通过对中国企业征收高额的反倾销以达到限制中国鞋类商品进口的目的，我们不得不指出，这是贸易保护主义在全球升温的一个缩影。

（二）欧盟自身行业结构调整的影响

欧洲部分发达国家的皮鞋产业同中国企业相比缺少竞争力，这与其内部工业结构调整及法律调整有密切的联系。中国有不少化工产品、矿类产

品、医药产品就存在上述情形。因为这些产品制造工业由于本国或本地区各种新的法规迫使它们满足较高的环保要求，从而导致它们在欧盟属于制造成本很高的行业，使它们难以面对发展中国家同类产品的竞争。于是，欧盟选择另辟蹊径通过采用实施反倾销措施，加重进口企业的成本，使这些企业的原有竞争力丧失，以达到将这些企业排除出欧洲市场的目的。

（三）中国鞋类行业出口自身存在的问题

由于我国的有关政策存在问题，政府对国内企业制造的引导以及调控不到位，引发了中国企业重复制造问题严重，恶性竞争十分频繁，不重质量只是单独拼价格的情况层出不穷。因为上述问题使我国企业的正常贸易出口秩序长期以来处于不规范状态中，从而成为外国反倾销措施针对的对象风险加剧。出口企业规模小，数量过多，产品制造长期处于行业链的低端，缺少核心竞争力也是重要原因之一。目前中国鞋业出口规模虽然比较大，但仍旧存在出口企业数量过多、制造能力过剩的问题。最为严重的是部分小型的企业因为企业规模过小，无力承担科研及开发、设计费用，长期选择进行来样加工或模仿抄袭同类企业的部分产品，由此造成其产品落后的设计式样、单调的花色、产品质量低劣、企业缺少进一步发展的潜力等一系列问题。在现实交易过程中，中国企业为了拿到一批订单，内部恶性竞争。对外商故意不断压低价格的做法却始终未有较为有效的克服办法。中国鞋在全球市场上占有很大比例，可是中国企业自身缺少在全球有竞争力以及影响力的品牌，企业长期通过进行来样加工或者模仿抄袭同类企业的部分产品来寻求利益增长。大多数企业只看眼前权益，主动选择模仿抄袭同类企业的部分产品，缺少对自己品牌的坚持以及有关的产品设计及创新，导致中国皮鞋自主品牌的严重不足，与中国鞋业大国的地位极不相称。目前在中低档市场，中国鞋企也正面临着来自越南等新兴鞋类制造国的低价位竞争，其低价优势已经受到威胁。

（四）中国鞋企自我保护意识与应诉主动性不强

尽管当今大量的中国制鞋企业积极参与了国际竞争，对外贸易数量逐年增加，可是大多数企业的观念仍旧落后，缺少主动应诉的经验，更缺少积极应诉的勇气，当遭遇国外反倾销调查时往往缺少应诉的动力。正是由于中国企业长期以来不主动应诉，极大地助长了部分国家对中国鞋企频繁实施反倾销措施的气焰。在相当长的时间里，中国鞋企应诉的主动性不高，有的甚至不予应诉。据不完全统计，欧盟诉中国反倾销案中，有60%的企业未参与应诉，这也是致使80%的官司败诉的重要原因。上述这种情形无疑会导致欧盟认为中国企业自动放弃法律上对反倾销案件的知情权、申诉权等一系列权利；这种消极应诉的举动还会导致越来越多的国家对中国企业实施越来越频繁的反倾销措施，同时导致恶性循环的反倾销连锁反应的后果。

第三节　案例启示

一、中国政府的应对措施

（一）完善相关法律法规和机制建设

国际贸易保护主义与自由贸易的此消彼长，某种程度上也是国际政治经济法律力量相互博弈的过程。因此，我国应进一步完善我国反倾销、反补贴和保障措施法律体系，进行相关法律的修改和制定工作；实施好反倾销和反补贴条例，加大办案工作力度，提高办案质量，更好地保护国内相关产业。

为充分发挥反倾销、反补贴法律手段的作用，对于国内产业已提出申请、涉嫌倾销，国内产业已有明显损害迹象的产品，应确保在法律规定的时限内及时立案。进一步加快案件调查与裁决工作进度，使因倾销进口产品而遭受损害的国内产业及时得到法律保护。完善调查与裁决工作规则，规范办案程序，坚持公正公平的办案原则，提高产业损害调查与裁决工作的质量和水平。完善产业损害预警机制，研究分析国际产业竞争及进出口形势对国民经济的影响，提出判断产业安全及遭受损害的科学指标体系；

及时进行预警预报，保证相关产业持续稳定发展。

（二）利用世贸组织争端解决机制来保护自身权益

有关数据显示，世贸组织在保护发展中国家对外贸易权益方面发挥着极为关键的作用，而且在全球范围内各国利用世贸组织争端解决机制来保护自身权益的现象是极为普遍的。中国既然已经加入世界贸易组织，就有权利主动、积极地运用世贸组织争端解决机制来保护自身权益。中国在主动利用世界贸易组织争端解决机制来保护自身合法权益的过程中，应当注意欧盟反倾销立法及执法措施并未严格遵守世贸组织规则，其中存在许多实体与程序问题及缺陷，中国要在上述两方面予以积极准备，有的放矢。

（三）加强与欧盟间相关领域的谈判

倘若欧盟继续对中国的市场经济改革视而不见，拒绝认可中国的市场经济地位，无疑会导致中国的出口企业在未来很长一段时间内依旧处于十分被动的困难境地。取得市场经济地位仍然需要中国政府做出不懈的努力。首先，中国政府要努力宣传本国市场经济改革的成就，为与欧盟之间的政治经济领域谈判打下良好的基础，并在谈判中督促欧方对中国制鞋企业的调查要客观、真实，不能实施歧视态度，应当尽量考虑以中国国内价格来确定商品的正常价格。其次，通过中欧之间的有效谈判能够使欧盟更加重视中方的诉求并谨慎对待。中欧之间的政经谈判有利于推动欧盟尊重客观现实，保护大多数欧盟国家的以及关联企业的合法权益，从而促使欧盟尽快停止对中国皮鞋出口企业不合理的反倾销措施。

（四）加强对欧盟产品采取“两反一保”措施

中国应进一步健全中国反倾销、反补贴以及保障措施法律体系，进行相关法律的修改以及出台工作，实施好反倾销以及反补贴条例，加强办案工作强度，提升办案水平，进一步地维护国内相关行业。为完全利用反倾销、反补贴法律措施的效用，对于国内行业已提出申请、涉嫌倾销，国内行业已有明显损害情形的产品，应保证在法律规定的时限内尽快立案；进一步加速案件调查与裁决工作进程，使因倾销进口产品而遭受损害的国内行业尽快获得法律维护；健全调查与裁决工作规则，完善办案程序，维护公正公平的办案准则，提升行业损害调查与裁决工作的效率以及水平；健全行业损害预警机制，研究分析国际行业竞争及进出口具体情况对国民经济的影响，举出规定行业安全及遭受损害的科学指标体系；尽快实施预警预报，保证相关行业持续稳定发展。

二、中国企业的应对措施

（一）注重制鞋成本的准确计算

中国的商品在欧美国家屡屡遭遇反倾销审查，最大原因不外乎是中国产品的销售价格远远低于这些国家本土企业生产的同类产品的价格。具体到制鞋产业而言，这主要应归因于中国皮鞋制造的成本较低。所以中国应诉企业应该对本国皮鞋制造成本低的现实情形给予充分的论证，特别要注意证明本国皮鞋在人力成本、土地成本、原材料成本等多方面所拥有的低价优势。尤其是中国人力成本相对偏低是本国鞋类出口企业的一个明显特征。中国大陆人力成本仅为美国、欧盟以及日本的1/20，仅为新加坡、韩国的1/10，占墨西哥、匈牙利的1/3。中国皮鞋由于在部分原材料成本以及人力成本上存在天然的优势，致使中国的出口皮鞋价格低廉，而非故意降低价格达到占有市场的目的。中国的应诉企业要注意使用真实以及准确的会计数据，进行有关的说明以及举证。

（二）充分准备，积极应诉

通常情形下，以往的反倾销诉讼中那些关于倾销行为是否存在的证明优势一般在应诉的企业一方。所以，中国企业在倾销是否造成损害这一关键的问题上，必须在中国的销售行为与造成的损害之间不存在因果关系这一环节上做充足的准备，积极应诉。具体对策如下。

第一，对于案件所涉皮鞋的数量的问题，中国皮鞋企业应该收集的证据是：中国皮鞋在输入欧盟的数量并不存在明显的上升情形，且中国的制鞋企业同欧盟相比竞争力不强，不会对欧盟的制鞋企业造成严重危害。

第二，案件所涉皮鞋在欧盟的销售量与市场规模不算很大，所涉皮鞋在欧盟的销售量总的来说不存在极其明显的上升。

第三，案件所涉皮鞋的销售价格。所涉皮鞋在欧盟的销售价格并不存在大限度故意的下调或压低，中国企业所产皮鞋同欧盟企业的皮鞋在整体质量、品质上均还存有一定差距，因而更为便宜。

第四，案件所涉皮鞋对欧盟地区同类产业的损害。我们通过对欧盟皮鞋的制造量、使用的情形、销售的状况、盈利的状况及会计情形一系列的因素综合考察欧盟皮鞋产业所出现的危机及其原因，不难发现其现状与中国皮鞋的进入不存在直接的关系，倾销以及损害间也不存在因果关系。实际上，欧盟的皮鞋行业受到的一系列消极影响与欧盟整体的经济状况、欧洲大众对鞋类喜好的变化等多种因素有关。

（三）充分利用欧盟的法律救济渠道，注意维护合法权益

《欧盟条约》第 173 条规定，与征收反倾销税直接有关的当事人可以向欧洲法院提起诉讼，要求审查反倾销命令的效力。中国皮鞋企业应积极发起诉讼，启动司法审查机制，要求欧洲法院重新审查整个案件。当从裁决在程序与实体方面存在一系列缺陷时进行相应的积极抗辩。欧盟反倾销法中明确规定，在实施任何反倾销措施之前其成员围的调查机关均应进行公共利益的考察，这也是征收反倾销税的一个前提条件。一般来讲，一国在实施反倾销措施时，最直接的公共利益损失就是进口商和最终用户的损失。事实上，欧盟在对华实施反倾销措施的过程中，并未对此予以充分考虑。因此，中国企业应加强和进口商及最终用户的多方合作，利用其本土化优势，加强应诉中整体抗辩能力。总之，中国皮鞋企业应积极利用欧盟的法律救济渠道保护自己的合法权益，主动参与诉讼，要求欧洲法院重新审查欧盟对华皮鞋反倾销案，利用欧盟的自身渠道寻求救济是中国企业应首要采取也是十分关键的措施。

综上，世界经济发展的方向应是自由贸易和贸易开放，尤其在金融危机背景下，任何贸易保护主义措施都将是对世界经济走向复苏的阻碍，应予以破除。中国政府相关部门、产业和公司企业，要认清形势，积极应对，加强协调，掌握世界贸易组织规则，精通国内相关外贸法律，敢于拿起法律武器，依法维护国家整体利益，保护国内产业安全，维护企业合法权益。

第五章　中国出口欧盟塑料袋反倾销案分析

第一节　案例简介

一、案例背景

塑料袋因为成本低廉、性能良好，被广泛应用于包装的各个领域。中国塑料袋产品质优价廉，具有较强的国际竞争力，在国际市场占据一席之地。但在中国塑料袋出口取得快速增长的同时，也引起进口国的关注，接连受到主要进口市场的反倾销调查和裁决。

中国是塑料制品生产大国，据统计，2005 年塑料袋出口达 5122 万美元，其中欧盟市场占 1/3，出口 1711 万美元，有 24 家出口企业。随着中国塑料袋出口量的不断增大，中国已成为欧盟最大的塑料袋进口来源地。

大量低于欧洲当地均价的中国塑料袋进入欧洲市场，对欧洲原有的塑料袋生产商产生了很大的冲击，因而引起欧盟方面的极大关注。同时，在 2003 年美国对中国塑料袋反倾销调查中，中国企业大多采取不应诉的做法，也是使欧盟生产商提起诉讼的一个重要原因。进口产品对欧盟市场产生了较大的冲击，欧盟在终裁公告中指出，泰国和中国出口量占欧盟总进口量的57%，2001年1月~2005年3月，泰国和中国出口到欧盟市场的塑料袋增长了40%，吸纳了欧盟消费总量的96%。市场占有率从13.8%增长到183%，其中，中国的市场占有率为14.4%，出口价格也呈逐年下降的趋势，由此带动了欧盟市场上塑料袋产品整体价格的下降。欧盟塑料袋产业的生产能力增加了17%，而产量仅仅增加了9%，因此生产力利用率降低了6%，20家样本生产商提供的数据显示，它们的存货增加了20%，其销售量在2004年达到顶峰后便逐年下降。从2002年开始欧盟塑料袋生产商的市场占有率几乎没有变化。

二、案件进程

（一）起诉与受理

2005年5月17日，欧盟30家塑料袋生产商向欧盟委员会提起申诉：指控来自中国、马来西亚、泰国的塑料袋在欧盟市场倾销，并给欧盟的塑料袋产业造成实质性的损害。同时，它们也提供证据表明，从2001年1月1日至2005年3月31日，中国、马来西亚、泰国出口欧盟的塑料袋数量年年递增，市场占有率节节攀升。这对欧盟内部塑料袋生产商的市场占有率、影响价格的能力、销售量以及经营状况产生了极大的负面作用。

2005年6月30日，欧盟委员会在其《官方公报》上发布公告，经过对申诉材料的仔细研究，应欧盟30个塑料袋生产商的申请，对原产于中国、马来西亚和泰国的塑料袋（乙烯聚合物制品和其他塑料制品）进行反倾销立案调查，调查期为2004年1月至12月。本案中申诉方30家企业的产量占欧盟塑料袋产业总产量的25%以上，涉案产品为原产于中国、马来西亚和泰国在欧盟市场上销售的所有“厚度在100微米以内，聚乙烯含量在20%以上”的塑料袋产品。涉及此案的中国塑料袋生产企业有上千家，涉案金额共计超过3亿美元。

根据欧盟程序，企业必须在规定的时间内决定是否应诉并索要有关市场经济地位的调查问卷，提供有关反倾销调查的一切信息。在规定的时间内提供信息的企业将被欧盟认为是合作的，否则就是非合作企业，即放弃应诉。如果放弃应诉，按照世界贸易组织的有关条款，等待的将是缺席裁决，这对企业是十分不利的。在欧盟把反倾销调查通知有关方面后，中国轻工工艺品进出口商会立即组织行业开会，并邀请律师到各省市演讲，中国塑料加工工业协会积极组织涉案企业应诉大大提高了企业的应诉积极性，最终共有 108 家企业申请市场经济地位同时申请单独税率，有 3 家企业只申请单独税率，这是历年来欧盟对我国反倾销案中应诉企业最多的一次。

（二）抽样企业的选择

欧盟在发布官方公告的同时，向涉案企业发放了有关申请成为抽样企业的调查问卷，企业需在 15 天内递交抽样问卷，提供诸如企业名称、地址、联系方式、负责人等企业相关信息，并回答以下问题：①2004 年在欧盟市场的销售额以及数量；②2004 年国内销售额以及数量；③企业是否申请单独税率；④与涉案产品（塑料袋）有关的一切商业活动；⑤与涉案产品有关的关联企业的名称以及商业活动；⑥与抽样有关的其他信息。

随后，关于抽样企业的选择，欧盟方面接触了商务部有关部门以及中国轻工工艺品进出口商会和中国塑料加工工业协会。它们多次与欧盟进行磋商与交涉，促使欧盟选取尽可能多地抽样企业。欧盟方面规定，被选取的抽样企业无论在出口还是国内销售方面都应具备代表性，最终欧盟选取了出口量前10 位的10 家企业作为抽样企业，这10 家企业都是中国塑料袋行业的龙头企业。

此案中，相对于108 家应诉企业，最终只有10 家抽样企业，数量并不多，这对最终整体反倾销税率的降低十分不利。因此，除商务部、行业协会的积极斡旋外，有许多国内企业基于自身的特殊情况，也进行了积极的抗辩。比如，几家企业以产品类型、商业模式、财务结构以及资本来源等特殊情况为理由提出抗辩，认为理应被选择为抽样企业。但欧盟方面认为，在既定的调查期内抽样调查反映所有因素是不切实际的，而且 WTO 基本规则也没有要求对所有涉案企业一一调查，只要做到最大的代表性即可，并以此为理由拒绝了这部分企业的要求。另外一家国内企业提出抗辩认为，根据WTO《反倾销协定》，对于抽样企业的选取应该选取出口量最大的企业，而不应对国内销量的大小作要求。欧盟方面认为，WTO《反倾销协定》并没有排除国内销量大的企业，之所以选择出口量以及国内销量都有代表性的企业，这有利于正常价值的界定以及反倾销幅度的计算。

（三）初裁决定

2006年7月6日，欧盟向中国应诉企业公布终裁披露文件，宣布共有107家中国塑料袋企业应诉此案，其中欧盟方面抽取出口数量靠前的10家应诉企业为实地核查对象，并给予其中9家以“市场经济地位”。10家企业分别获得0～15.2%的反倾销税，其余97家应诉企业在没有经调查核实的情况下，采用替代国马来西亚的相关数据，进行反倾销的税率估算，最终裁定的平均税率是15.2%。此外，欧盟还指责中国对塑料袋生产企业的出口额度有要求，甚至有企业被要求将100%的产品出口到国外，因此有故意倾销的嫌疑。其中，上海的2家企业家居用品公司——赛德和声科家居用品（上海）有限公司（以下简称声科公司）则分别拿到了13.6%和13.7%的关税，在同类企业中较高。对于一家未获得市场经济地位，欧盟方面给出的解释是，该公司提供了错误的信息——伪造出口发票。9月27日，欧盟委员会发布公告，对自中国、泰国进口的塑料袋发起反倾销日落复审调查。

以声科公司为例，在披露的欧盟终裁草案中，其反倾销税率是13.7%，按照这个税率，声科公司将基本失去欧盟市场。对于获得市场经济地位待遇的企业产品正常价值的计算，欧盟方面采用的是推定正常价值，即生产成本加上合理的管理、销售和一般费用。这是目前国际上反倾销当局最常用也是最易引起争议的计算正常价值的方法。倾销幅度就是根据正常价值和出口价格比较得来的。经过细致的研究，声科公司有充分的理由认为欧盟的税率草案计算不合理，它过高地计算了一些费用以及应有利润。比如，欧盟方面以声科公司国内销售的毛利率作为出口的合理利润，但实际上扣除给商场的返利，利润率远没有那么高，因此声科公司申请举行听证会并说服欧盟方面，并在最终的终裁中获得了4.8%的较低税率。声科公司税率的降低对整体应诉企业的税率降低都有好处。因为对于没有被选为抽样企业的应诉企业，欧盟采用7家获得市场经济地位待遇企业的平均税率，也就是说，它们获得了相当于市场经济待遇的待遇。

此案调查范围非常广泛，包括彩印袋、穿绳垃圾袋、平口食品袋、冷冻袋、手提袋、手挽袋、边封袋等，几乎涵盖中国出口欧盟的所有塑料袋制品，部分企业和政府有关部门认为欧盟此次调查的范围过大，而这些品种在物理特性、价格、销售渠道、最终用途以及消费者感觉方面都不一样，尤其是一个出口商和几个进口商都认为边封袋应该排除在调查范围之外。因为其原料、生产过程、外观、用途、销售以及价格与其他产品不同。但欧盟方面认为，尽管塑料袋产品类型、用途不同，但调查显示，包括已经申请专利的产品，它们具有相同的化学和物理特性。它们属于柔韧性很高的聚乙烯容器，用来包装和运输物品。它们的用途基本相同，而且WTO反倾销协定也没有规定被调查产品在各方面都相同。因此，所有类型的塑料袋产品都将被当作一种产品接受调查。

欧盟委员会在接到中国应诉企业于7月18日递交的书面诉讼书后，与欧盟咨询委员会商议，商议结果经由理事会投票表决后下达最后的通知，最后的终裁结果在9月底前公布。

（四）终裁决定

在终裁草案披露后，由于商务部相关部门的强力介入以及企业和商会的积极抗辩，在一定程度上改变了裁定结果，经过欧盟理事会的投票，欧盟委员会在2006年9月29日发布终裁公告，于9月30日起对中国产品征收4.8%~28.8%的反倾销税，对泰国产品征收5.1%~14.3%的反倾销税，反倾销税为期5年。最终共有108家中国企业应诉此次塑料袋反倾销案，欧盟抽取出口量前10位的10家企业作为抽样企业，在10家抽样企业中总共有7家获得市场经济地位，享受4.8%~12.8%的单独税率。其中上海的2家企业赛德和声科分别获得7.4%和4.8%的税率，远低于终裁披露阶段的13.6%和13.7%。应诉而未被抽样的98家应诉企业征税额度则统一执行 8.4% 的加权平均税率，而未应诉的企业则被征收高达 28.8% 的反倾销税。对于此次应诉企业获得的税率，大多数企业表示是可以承受的，不会对出口造成太大影响，但对于没有应诉的企业来说，高达 28.8% 的反倾销税很难承受，宣告它们基本退出欧盟市场。这对塑料制品出口格局产生了很大的影响，对欧出口的塑料制品企业大幅减少。

原本在终裁披露阶段获得市场经济地位的 2 家企业在终裁决定中被取消了市场经济地位，欧盟认为这 2 家企业没有说明它们之间存在的关联关系。

在替代国的选择上，最初欧盟方面选择美国作为中国正常价值的参照国，但美国的各项成本费用都高出中国许多，如果选取美国作为替代国将对中国企业非常不利。因此，包括国内企业、政府部门以及进口商建议从马来西亚、泰国、印度尼西亚和印度 4 个国家中选取一个作为替代国，经过多方抗辩欧盟方面综合考虑最终选取马来西亚作为中国的参照国。这也是此次塑料袋反倾销案应诉企业整体反倾销税不高的一个关键原因。

欧盟委员会对境内塑料袋产业损害的确定：欧盟委员会对于损害的认定考虑了以下因素：倾销产品的数量、价格、市场份额的变化以及对欧盟境内同类产品价格、市场占有率、销售能力、盈利能力、企业融资能力、雇员、产能利用率和投资回报率变化情况。同时，欧盟对于最终倾销与损害的因果关系，也考虑了境内同业竞争、其他出口国产品于国内产品的竞争以及原材料价格变化对国内产业的影响等因素。

中方在调查阶段针对上述情况进行了抗辩：如对国内出口欧盟塑料袋价格的变化，欧盟方面调查数据显示从 2001 年至 2003 年，中国出口欧盟的塑料袋价格逐年下降，到 2005 年虽然略有上升，但远未达到 2001 年的价格，因此欧盟认定中国塑料袋产品低价倾销。中方对此提出了抗辩，认为中方产品价格的降低并不是一种以牺牲利润为代价的恶意竞争行为，而是基于原材料价格下降的一种合理市场行为。但欧盟方面却认为，2001 年至 2005 年 3 月，亚洲市场塑料袋原材料的价格有升有降，但中方产品价格并没有与原材料价格同步波动，并以此认定中方的倾销行为。

对于欧盟境内塑料袋企业盈利能力的下降，中方提出，这主要是由于欧盟境内塑料袋原材料价格的上升挤压了产品的利润空间，但欧盟方面认为正是由于中国、泰国产品的低价导致欧盟境内产品无法提高价格。对于其他国家出口到欧盟的塑料袋产品由于其平均价格高于欧盟国内产品价格，因此这并不是欧盟产业受到损害的原因。基于以上几点考虑，欧盟最终认定原产于中国、泰国的塑料袋产品在欧盟市场倾销，并对欧盟境内塑料袋产业造成了实质性的损害。

（五）期中复审

2010 年 9 月，欧盟对原产于中国的塑料袋进行反倾销期中复审立案调查。

（六）日落复审

2011 年 9 月，欧盟对原产于中国和泰国的塑料袋进行反倾销日落复审立案调查。

2012 年 7 月 13 日，欧盟发布公告称，由于成员国内企业合作有限以及缺乏代表性的样本，委员会不能评估如果取消反倾销措施，成员国内企业遭受的实质性损害是否继续或再度发生，因此，决定自公告发布之日起取消对原产于中国和泰国塑料袋的反倾销措施，并终止此前对华塑料袋的反倾销期中复审调查。涉案产品在欧盟合并关税编码 EX39232100、EX39232910、EX39232990 下。

第二节　案例评析

相对于 2003 年美国对中国产塑料袋反倾销案，此案的最终结果相对令人满意，应诉企业的整体税率不是很高，并没有给中国对欧出口塑料袋产生非常大的影响，但对于没有应诉的企业，高达 28.8% 的反倾销税率也基本上对它们关上了出口欧盟的大门，这里面有许多值得深思的地方。

一、积极应诉显成效

相对于以往欧盟对中国反倾销案，此次塑料袋反倾销案是应诉企业相对较多的一次。面对欧盟对中国塑料袋发起的反倾销调查，中国共有115家企业在规定时间内向欧委会提交了抽样问卷和市场经济待遇申请表，积极参与应诉。这已不是中国塑料袋企业第一次遭受反倾销调查。2003年，美国曾对中国塑料袋发起反倾销调查，由于企业应诉情况不理想，绝大部分企业被加征高额反倾销税，基本失去了进入美国市场的可能。美国和欧盟是中国塑料袋产品出口的两大主要市场，若再失去欧盟市场，中国千余家塑料袋企业的经营状况将陷入困局。这促使中国塑料袋企业在面对第二大出口市场欧盟的反倾销调查时提高了应诉意识，投入了大量的人力、物力和财力。

二、四体联动效果好

在应诉过程中，单个企业孤军奋战不利于取得较好的应诉结果，需要依靠“四体联动”应对机制的有效运作，将各种应诉力量整合起来形成合力。这次案件的与众不同之处在于，除作为应诉主体的塑料袋企业积极应对外，商务部有关部门就许多问题在中欧政府层面进行了交涉；主产区的商务主管部门也做了大量预警、协调和指导工作，为企业解决了许多实际困难；中国轻工工艺品进出口商会在立案初期曾多次与欧盟进行磋商与交涉，促使欧盟选取尽可能多的抽样企业。由于涉案企业众多，欧盟难以逐一调查，所以采取抽样调查方式进行实地核查。此案被选取的抽样企业多是塑料袋行业的龙头企业，代表性强且条件好。在被抽样的10家企业中，7家企业被赋予市场经济地位待遇，这一结果直接有利于整个行业税率的降低，参加应诉而未被抽样调查的企业得到了8.4%的税率。中国企业从维护企业自身的权益出发，合理利用反倾销规则，进行了积极有力的交涉与抗辩，这是应诉反倾销成功的先决条件。此外，此案应诉比较成功与选择得当的具体应诉策略也是分不开的。面对反倾销调查，有关各方在策略研究方面颇下一番功夫，紧紧围绕无倾销、无损害两大方面进行了积极的抗辩。

三、选好律师是关键

此次代理案件的都是国内相关领域专业水平非常高的律师以及经验非常丰富的国外律师。企业充分认识到律师在应诉中的关键作用，比如声科公司光律师费就达到了 150 万元。选个好律师就像生病选个好医生一样，至关重要。

第三节　案例启示

一、对企业应诉方面

（一）积极的应诉是获得反倾销诉讼胜利的先决条件

（1）做到积极、理智应诉。据统计，截至 2014 年，中国已连续 18 年成为全球贸易摩擦最多的国家，全球共采取反倾销措施 4757 起，其中针对中国出口产品的有 1208 起。对待反倾销等贸易摩擦，企业应以平常心和责任心来对待这个问题，遇到反倾销时不能选择回避的态度，而应该积极应诉，抛弃任何幻想，清醒认识欧盟反倾销政策的消极性，脚踏实地地做好应诉工作，不要以国内大官司的思维去理解国外的做事方式，要有平常心态，以法律手段理智地应对。

（2）充分利用律师的专业性，不放过法律上任何一点对被诉企业有利的规定，寻找法律和事实上的突破口。

（3）加工贸易型企业在遭遇欧盟反倾销时，一定要与海外的关联企业捆绑应诉。在应诉过程中，企业应第一时间如实向欧委会解释整个关系和业务流程，并及时和主动地报告各种必要信息，例如生产成本及关联交易情况，这有助于与核查官员建立合作和信任的关系。

（4）积极联合欧盟境内零售商向欧盟委员会施压。在此案中，有13家欧盟零售商自发向欧盟委员会提出抗议，要求停止对原产于中国、马来西亚、泰国的塑料袋产品的反倾销调查，但由于力量弱小，欧盟委员会没有采纳其意见。因此，应诉企业应积极联合零售商向欧盟委员会施压，争取对应诉有利的裁决。企业在实际的经营过程中要规范财务制度、规范经营、规范竞争。

（二）进行产品创新，努力提高产品附加值

国内塑料袋制造业的无序竞争以及出口产品档次、附加值低是遭遇此次反倾销的重要原因。

二、国家积极获得市场经济地位

1998年前，欧盟在反倾销中认定中国为非市场经济国家，对中国反倾销调查采用的都是替代国正常价值作为认定倾销和计算倾销幅度的依据。1998年4月27日，欧盟通过发布理事会条例第905/98号，修改了欧共体反倾销法（理事会条例第384/96号）第2条第7款，决定在法律上承认中国和俄罗斯的市场经济地位。但同时欧盟又附加了一个限制条件，即中国和俄罗斯企业必须通过申请并在审查认可后，才能得到市场经济地位和分别裁决，并为中国和俄罗斯企业申请市场经济地位制定了五条标准。

申请市场经济地位的五条标准如下。

（1）企业按照市场供求关系决定价格，成本和投入（包括原料、技术与劳动力成本、产品销售和投资等事项），其决策没有明显地受到国家干预，主要生产要素的成本基本反映市场价值。

（2）企业有一套明晰的基础会计账簿，该账簿需按国际通用会计准则进行独立审计并有通用性。

（3）企业的生产成本和财务状况没有受过去非市场经济体系的显著影

响，特别是在资产折旧、购销账目，易货贸易、偿债冲抵付款等方面。

（4）涉诉企业应受破产法和财产权法的约束和保护，以保证其在经营中法律资格的确定性和稳定性。

（5）货币兑换汇率的变化由市场决定。

企业获得市场经济地位的前提是符合上述的五条标准，对中国大部分企业来说，上述五条标准中的第（4）条、第（5）条在合法经营的情况下相对而言比较容易符合。

对于第（4）条，欧盟的假设是中国政府利用行政手段保护和扶持企业，从而扭曲市场竞争，使企业免受市场经济压力。目前中国绝大多数企业按照《中华人民共和国公司法》等设立，如果经营不善，达到破产的条件，则按照《中华人民共和国破产法》规定的程序进行清算，宣布破产，注销营业执照。

第（5）条涉及的是汇率问题。中国目前实行的是以市场供求为基础、参考“一揽子”货币进行调节、有管理的浮动汇率制度。因此，中国现行的汇率制度与欧盟要求的货币兑换汇率遵从市场汇率是一致的。

中国企业普遍觉得困难的是符合欧盟五条标准的前 3 条。

第（1）条标准是一条笼统的、政策性的规定。在实际操作中，由于许多涉案企业属于国有企业，因此欧盟非常可能在笼统的标准里刁难中国企业，认为它们无法提供足够的证据证明其经营没有受到政府干预，从而判定中方不符合第（1）条标准并否定市场经济地位。比如在本案的仲裁草案中，在 10 家抽样企业中有 1 家企业没有获得市场经济地位，欧盟方面给出的理由就是根据调查，这家企业的市场行为明显受地方政府的干预，而且这家企业无法提供足够的证据证明其可以根据市场信号自由地做出决策。因此，要直接从第（1）条突破论证企业的经营管理不受国家干预存在一定困难。

那么，与其直接对企业的控制权问题进行无休止的争论，不如用企业完备、明晰的数据资料来作为突破口，也即证明企业符合五条标准中的第（2）条、第（3）条，符合比较具体的、专业性的、技术性的标准。在解决好第（2）条、第（3）条标准的基础上，再结合中国现行的关于国有资产投资、管理方面的法律法规，进一步解释国有资产的所有权和管理权分开的现状，将更有利于使欧盟企业确信中国企业达到了第（1）条标准。因此，应诉反倾销的成功与否，最重要的是获得市场经济地位，其中最主要的因素之一是完备的财务、会计制度。

总体来看，欧盟对中国的反倾销政策是比较消极的。但是，五条标准毕竟给了中国企业一些据理力争的机会和应诉成功的希望，因此企业应在平时练好内功，建立健全完善的财务会计制度，严格遵照执行。只有这样，中国企业才能在对欧盟的反倾销应诉中维护自己的合法权益。

三、国内塑料袋制造业的无序竞争以及出口产品档次、附加值低是遭遇此次反倾销的重要原因

由于塑料袋产业制造工艺比较简单，数万元投资就可以上马投产一条生产线，因此在中国塑料袋生产企业众多，鱼龙混杂，整体水平不高。国家经济普查结果显示，2015 年，我国塑料加工业规模以上企业单位数增加到 14763 个。然而许多小企业技术装备落后、产品档次低，有些企业因贪小利而扰乱出口市场秩序。这种为争夺欧盟市场无序竞争、自相残杀的行为使本以微薄的利润空间更加雪上加霜，严重损害了行业的健康发展并直接导致了欧盟对中国塑料袋产业的反倾销。

另外，国内塑料制品企业生产多走低端路线，出口产品档次和附加值低，主要为日常生活用品和工艺品，特殊工程塑料制品比重过低，高技术含量和高附加值产品极少，企业出口量虽然不少，但利润却难以增加，也制约出口竞争力的提升。塑料袋大多是用不可再生降解材料生产的，处理这些白色垃圾只能挖土填埋或高温焚烧。这两种办法都不利于环保，塑料袋埋在地里需要 200 年以上才能腐烂，并且严重污染土壤。而焚烧所产生的有害烟尘和有毒气体，同样会造成对大气环境的污染。欧洲环保组织一直在对各国政府施加更大的压力，促使它们采取行动。目前爱尔兰和丹麦已对塑料袋征税，法国也正在采取相关立法措施以禁止塑料袋的使用，需

要看到，环保型塑料袋将是未来的发展趋势，目前欧洲有的地区已经开始使用可降解的塑料袋，尽管成本较高，推广还需要一个过程，但是随着环保意识的全球化以及技术的不断发展、成熟，可降解塑料袋的普及只是时间早晚的问题。

因此，扩大出口不能仅仅依靠物美价廉，我国塑料袋企业应充分利用此次反倾销裁决带来的行业“洗牌”效应，必须转变思路，以质取胜，加强技术研发，进行产品创新，努力提高产品附加值，逐步实现产品的差异化，创建品牌，提升产品的核心竞争力。加快产业升级和技术创新，依靠生产高科技含量的绿色环保和高附加值产品来抢占国际市场。

第六章　中国对欧盟马铃薯淀粉反倾销案分析

第一节　案例简介

一、案例背景

马铃薯是中国最重要的农作物之一。“入世”后，由于中国对农业的补贴较小，农业竞争力较低，水稻、玉米、小麦、大豆等农作物在激烈的竞争中处于劣势，而马铃薯却以其产量高、成本低等特点显示出强劲的发展潜力。中国“三北”地区是马铃薯的主要产区和加工地，当地的农民和企业靠种植和加工马铃薯为生。但是，2005 年以来，马铃薯加工企业销量降低、库存增加，产品价格急剧下降，农民种植的马铃薯也被削价收购，农民收入受到影响。

中国政府和行业协会关心广大农民的利益，帮助其找原因。经过市场调查发现，由于欧盟内部对马铃薯种植者和出口企业实施补贴，欧盟的马铃薯淀粉以低于正常价值的价格在中国市场销售，扰乱了国内马铃薯加工业正常的竞争秩序。为了保护中国农民的利益和农业的发展，中国农产品加工业首次拿起法律武器，申请对进口自欧盟的马铃薯淀粉进行反倾销调查。

二、公告立案

2005 年 12 月 29 日，内蒙古奈伦农业科技股份有限公司、黑龙江沃华马铃薯制品股份有限公司、大兴安岭丽雪精淀粉公司、青海威思顿生物工程有限公司、内蒙古科鑫源食品集团、甘肃兴达淀粉工业有限责任公司和云南昭阳威力淀粉有限公司代表国内产业向调查机关正式提交了对原产于欧盟的进口马铃薯淀粉进行反倾销调查的申请书。

调查机关对申请人的申请材料进行了审查，认为申请人提出的初步证据表明，申请人符合《反倾销条例》第 11 条、第 13 条和第 17 条有关国内产业提出反倾销调查申请的规定。同时，申请书中包含《反倾销条例》第 14、15 条规定的反倾销调查立案所要求的内容及有关的证据。调查机关于 2006 年 2 月 6 日发布立案公告，决定开始对原产于欧盟的进口马铃薯淀粉进行反倾销调查。调查机关确定的本案倾销调查期为 2005 年 1 月 1 日至 2005 年 12 月 31 日，产业损害调查期为 2002 年 1 月 1 日至 2005 年 12 月 31 日。

三、反倾销调查

根据《中华人民共和国反倾销条例》（以下简称《反倾销条例》）的规定，中华人民共和国商务部（以下简称调查机关）于 2006 年 2 月 6 日发布 2006 年第 4 号公告，决定对原产于欧盟的进口马铃薯淀粉（以下简称被调查产品）进行反倾销调查。

1. 倾销及倾销幅度的初步调查

（1）立案通知。在决定立案调查前，根据《反倾销条例》第 16 条的规定，调查机关于 2006 年 1 月 26 日就收到国内马铃薯淀粉产业反倾销调查申请书一事通知欧盟驻华代表团。

2006 年 2 月 6 日，调查机关发布立案公告，调查机关约见欧盟驻华代表团官员，向其正式递交立案公告和申请书的公开部分，请其通知欧盟的相关出口商和生产商。同日，调查机关将本案立案情况通知本案申请人及列明的国外生产商。

调查机关在立案公告中确定本案的被调查产品及调查范围描述如下：被调查产品为马铃薯淀粉，也称马铃薯原淀粉、马铃薯精制淀粉、马铃薯生粉、土豆淀粉或洋芋淀粉等；英文名称为 Potato Starch；列在《中华人民共和国海关进出口税则》11081300 税号项下。马铃薯淀粉是以马铃薯为原料加工而成的由多葡萄糖分子组成的一种白色粉状物，其理化指标为：白度（457nm 蓝光反射率）≥90%，水分≤20%，黏度（4%浓度，700cmg）≥1100BU，蛋白质（干物质中含量）≤0.15%。主要用于食品、医药、石油化工、造纸、纺织、饲料、发酵、铸造、建材等各工业领域。

（2）登记应诉。根据公告要求，自公告发布之日起 20 天的登记应诉期内，荷兰艾维贝公司、德国艾维贝马铃薯淀粉工厂（简称德国艾维贝工厂）、法国罗盖特公司、丹麦马铃薯淀粉生产中心有限公司（KMC Kartoffel Melcentralen）、欧洲淀粉产业联合会和欧盟欧洲委员会向调查机关登记应诉。

（3）发放问卷和收取答卷。2006 年 2 月 28 日，调查机关向已知的、报名应诉的生产商和出口商发出反倾销调查问卷，并要求其在 37 天内按规定提交准确、完整的答卷。在该期间内，部分应诉公司在问卷规定的期限内向调查机关申请延期递交答卷并陈述相关理由。经审查，调查机关同意给予适当的延期。截至答卷递交截止之日，调查机关收到荷兰艾维贝公司、德国艾维贝工厂、法国罗盖特公司共 3 家生产商的答卷。调查机关对应诉公司递交的答卷进行初步审查。2006 年 4 月 19 日，调查机关针对答卷中某些表述和含义不清及需要解释的部分向荷兰艾维贝公司等 3 家应诉公司发放补充问卷，并要求其在 7 天内按规定提交准确、完整的补充问卷的答卷。在该期间内，上述 3 家应诉公司向调查机关申请延期递交答卷并陈述相关理由。经审查，调查机关同意再次给予适当的延期。截至答卷递交截止之日，各公司提交了补充问卷的答卷。调查机关对上述答卷进行了审查并在初裁决定中予以考虑。

2. 产业损害及损害程度初步调查

（1）参加产业损害调查活动登记。2006 年 2 月 6 日，调查机关发出了《关于参加马铃薯淀粉反倾销案产业损害调查活动登记的通知》。在规定的时间内，向调查机关登记参加产业损害调查活动的利害关系方有法国罗盖特公司、荷兰艾维贝公司、德国艾维贝工厂、丹麦马铃薯淀粉生产中心有限公司和欧洲淀粉产业联合会。调查机关经审查后接受了上述利害关系方的登记。

（2）成立产业损害调查组。2006 年 3 月 21 日，调查机关成立马铃薯淀粉反倾销案产业损害调查组。

（3）发放和收回调查问卷。2006 年 2 月 28 日，调查机关向已知的利害关系方发放马铃薯淀粉反倾销案《国内生产者调查问卷》《国内进口商调查问卷》和《国外（地区）生产者/出口商调查问卷》。在规定的时间或经批准延期递交的时间内，共收回调查问卷答卷 20 份，包括国内生产者调查问卷答卷 17 份、国外（地区）生产者/出口商调查问卷答卷 3 份。

（4）听取利害关系方意见陈述，接收书面材料。2006 年 2 月 21 日和 3 月 21 日，调查机关两次听取本案申请和支持企业的意见陈述。本案申请和支持企业及其代理人向调查机关陈述本案的申请理由及意见，调查机关听取申请人的陈述意见并询问相关问题。2006 年 4 月 14 日，调查机关收到欧洲淀粉产业联合会《关于马铃薯淀粉反倾销调查案的评论意见》。2006 年 4 月 22 日，调查机关收到中国淀粉工业协会马铃薯淀粉专业委员会递交的《关于欧洲淀粉协会报告的评论》。2006 年 5 月 8 日，调查机关收到申请人代理律师事务所递交的《申请人对欧洲淀粉产业联合会关于马铃薯淀粉反倾销案相关意见的评论意见》。

（5）实地核查。2006 年 5 月下旬和 6 月上旬，调查机关对本案申请企业内蒙古奈伦农业科技股份有限公司、内蒙古科鑫源食品集团和支持企业——内蒙古飞马食品集团有限公司进行实地核查。调查机关对申请书及所附证据、收回的调查问卷答卷，以及利害关系方的相关评论意见进行认真核对和调查，并收集和补充相关证据材料。

四、初裁决定

2006年8月18日，中华人民共和国商务部发布马铃薯淀粉反倾销案的初裁决定：根据调查结果和《反倾销条例》第24条的规定，调查机关做出初裁决定，原产于欧盟的进口马铃薯淀粉存在倾销，并由此对中国的相关产业造成损害。

1. 初裁决定

调查机关初裁决定，原产于欧盟的进口马铃薯淀粉存在倾销，中国马铃薯淀粉产业遭受实质损害，同时倾销和实质损害之间存在因果关系。

2. 征收保证金

根据《反倾销条例》第28条和第29条的规定，调查机关决定采用现金保证金形式实施临时反倾销措施。自2006年8月18日起，进口经营者在进口原产于欧盟的马铃薯淀粉时，应根据本初裁决定所确定的各公司的倾销幅度向中华人民共和国海关提供相应的保证金。调查机关在立案公告中确定本案的被调查产品及调查范围描述如下：被调查产品为马铃薯淀粉，也称马铃薯原淀粉、马铃薯精制淀粉、马铃薯生粉、土豆淀粉或洋芋淀粉等；英文名称为 Potato Starch；列在《中华人民共和国海关进出口税则》11081300税号项下。马铃薯淀粉是以马铃薯为原料加工而成的由多葡萄糖分子组成的一种白色粉状物，其理化指标为：白度（457nm蓝光反射率）≥90%，水分≤20%，黏度（4%浓度，700cmg）≥1100BU，蛋白质（干物质中含量）≤0.15%。主要用于食品、医药、石油化工、造纸、纺织、饲料、发酵、铸造、建材等各工业领域。

对各公司征收的保证金比率如下：①荷兰艾维贝公司（AVEBE U.A.）44%；②德国艾维贝马铃薯淀粉工厂（Avebe Kartoffelstarkefabrik Prignitz/Wendland GmbH）44%；③法国罗盖特公司（ROQUETTE FRERES）35%；④其他欧盟公司（All Others）57.1%。

3. 征收保证金的方法

自2006年8月18日起，进口经营者在进口原产于欧盟的马铃薯淀粉时，应向中华人民共和国海关提供相应的保证金。保证金以海关审定的完税价格从价计征，计算公式为：保证金金额 =（关税完税价格 × 保证金征收比率）×（1 + 进口环节增值税税率）。

五、终裁决定

2007 年 2 月 5 日，中华人民共和国商务部根据本案调查结果，并依据《反倾销条例》第 25 条的规定，商务部发布马铃薯淀粉反倾销案的终裁决定：

（1）最终裁定经过调查，商务部最终裁定，原产于欧盟的进口马铃薯淀粉存在倾销，中国马铃薯淀粉产业遭受了实质性损害，而且倾销与实质性损害之间存在因果关系。

（2）征收反倾销税。根据《反倾销条例》的有关规定，国务院关税税则委员会决定，自 2007 年 2 月 6 日起，对原产于欧盟的进口马铃薯淀粉征收反倾销税。调查机关在立案公告中确定本案的被调查产品及调查范围描述如下：被调查产品为马铃薯淀粉，也称马铃薯原淀粉、马铃薯精制淀粉、马铃薯生粉、土豆淀粉或洋芋淀粉等；英文名称为 Potato Starch；列在《中华人民共和国海关进出口税则》11081300 税号项下。马铃薯淀粉是以马铃薯为原料加工而成的由多葡萄糖分子组成的一种白色粉状物，其理化指标为：白度（457nm 蓝光反射率）≥90%，水分≤20%，黏度（4% 浓度，700cmg）≥1100BU，蛋白质（干物质中含量）≤0.15%。主要用于食品、医药、石油化工、造纸、纺织、饲料、发酵、铸造、建材等各工业领域。

对各公司征收的反倾销税税率如下：①荷兰艾维贝公司（AVEBE U. A.）18%；②德国艾维贝马铃薯淀粉工厂（Avebe Kartoffelstarkefabrik Prignitz/Wendland GmbH）18%；③法国罗盖特公司（ROQUETTE FRERES）17%；④其他欧盟公司（All Others）35%。

（3）征收反倾销税的方法自 2007 年 2 月 6 日起，进口经营者在进口原产于欧盟的马铃薯淀粉时，应向中华人民共和国海关缴纳相应的反倾销税。

反倾销税以海关审定的完税价格作为计税价格从价计征，计算公式为：反倾销税额 = 海关审定的完税价格 × 反倾销税税率。进口环节增值税以海关审定的完税价格加上关税和反倾销税作为计税价格从价计征。

（4）反倾销税的追溯征收对自 2006 年 8 月 18 日起至本决定公告之日止，有关进口经营者依初裁决定向中华人民共和国海关所提供的保证金，按终裁所确定的征收反倾销税的商品范围和反倾销税税率计征并转为反倾销税，并按相应的增值税税率计征进口环节增值税。对在此期间有关进口经营者所提供的保证金超出反倾销税和与之相应的进口环节增值税的部分，海关予以退还，不足部分则不再补征。对实施临时反倾销措施决定公告之日前，原产于欧盟的进口马铃薯淀粉不再追溯征收反倾销税。

（5）征收反倾销税的期限。对原产于欧盟的进口马铃薯淀粉征收反倾销税，实施期限为自 2007 年 2 月 6 日起 5 年。

（6）新出口商复审。对于上述国家在调查期内未向中华人民共和国出口被调查产品的新出口经营者，符合条件的，可依据《反倾销条例》第 47 条的规定，向商务部书面申请新出口商复审。

（7）期中复审。在征收反倾销税期间，有关利害关系方可以根据《反倾销条例》第 49 条的规定，向商务部书面申请期中复审。

（8）行政复议和行政诉讼。对本案终裁决定及征收反倾销税的决定不服的，根据《反倾销条例》第 53 条的规定，可以依法申请行政复议，也可以依法向人民法院提起诉讼。

六、期中复审

2010 年 3 月 8 日，中国淀粉工业协会马铃薯淀粉专业委员会向商务部递交期中复审申请书，主张 2008 年下半年起欧盟生产商、出口商向中国出口的马铃薯淀粉倾销幅度加大，超过终裁确定的反倾销税税率，请求重新计算欧盟生产商、出口商的倾销幅度，并相应修改反倾销税税率。

2011 年 4 月 18 日，商务部发布年度第 16 号反倾销期中复审裁定公告，决定对原产于欧盟的进口马铃薯淀粉所适用的反倾销税税率进行调整，并自2011年4月19日起执行。

七、期终复审

2011年12月1日，中国淀粉工业协会马铃薯淀粉专业委员会代表中国马铃薯淀粉国内产业向商务部正式递交反倾销措施期终复审申请书。

2012年2月3日，商务部发布年度第2号公告，决定对原产于欧盟的进口马铃薯淀粉所适用的反倾销措施进行期终复审调查。

2013年2月5日，商务部发布2013年第4号公告，决定维持对原产于欧盟的进口马铃薯淀粉的反倾销措施，为期5年。

2016年9月14日，应中国马铃薯淀粉产业申请，调查机关发布公告，决定对原产于欧盟的进口马铃薯淀粉所适用的反补贴措施进行期终复审调查。

2018年2月6日，根据《反倾销条例》第48条规定，商务部决定对原产于欧盟的进口马铃薯淀粉所适用的反倾销措施进行期终复审调查。

第二节　案例评析

一、案发原因

欧盟东扩背景下共同农业政策对中国贸易经济产生负面影响。共同农业政策的最大特点就是对内实行价格支持，对外实行贸易保护。在农产品方面，欧盟成员国规定了三项必须遵守的原则。①欧盟市场统一原则，即逐步取消欧盟成员国之间的关税，实现欧盟内部成员国之间商品、劳动力和资本的自由流通，协调成员国之间防疫、兽医等条例。②制定共同的经营原则。③竞争法则等欧盟优先原则，即实行进口征税、出口补贴的双重机制。

虽然共同农业政策在不断改革，但是其基本目标并没有大的变化，即为了提高农业劳动生产率、增加农产品供给、稳定市场及价格。为了达到以上目标和遵守以上原则，欧盟成员国采取的措施主要有：统一农产品价格，即在价格方面，欧盟实行统一的目标价格、门槛价格和干预价格，以保证市场平衡和维护内部生产者和消费者的利益；进行市场干预，即通过采取价格支持和生产配额等措施来干预农产品的产销，以保证生产和流通的顺利进行；实行差别关税以及出口补贴，即在贸易措施方面，欧盟通过差别关税和出口补贴等措施来限制农产品的进口和支持农产品的出口。

欧盟共同农业政策改革后，将过去的农业补贴额与农产品产量脱钩，改成向农民提供一次性补贴，即设立单个农场补贴，单个农场可以选择现行补贴的某个部分作为与生产挂钩的补贴。但这种补贴必须在欧盟的统一规定之内，同时各个成员国还可以决定自己国家内部的补贴方式。改革后将农业补贴额度与环保、食品安全等标准挂钩，同时共同农业政策加强了对农村发展政策的支持力度，增加了对有利于环保、食品安全和动物福利的农业项目的补贴金额。欧盟将最后剩下来的补贴用来增加农村基金，增进农村的发展。虽然新成员国在东扩后不能在现期内享受到全部的农业补贴，但是新成员国在加入欧盟的开始阶段可享受相当于欧盟老成员国的农业补贴，并逐步增加到老成员国的水平。巨额补贴必将极大地增强这些国家农产品的出口竞争力，从而削弱中国农产品的竞争力。

自 2002 年，欧盟即开始向中国倾销马铃薯淀粉。2005 年，欧盟向中国出口马铃薯淀粉 9.5 万吨，占当年中国市场份额的 98.95%，但完税后价格合人民币仅 3650 元/吨，市场零售价 3800 元，有的甚至更低，而其成本为 5600～6300 元。这一价格给成本为 3850～4000 元的中国马铃薯淀粉生产企业带来了极大的打击，导致中国马铃薯淀粉产品积压、价格暴跌，资金无法周转、企业经营困难，全行业遭受严重的实质性损害。同时，也导致甘肃兴达淀粉工业有限公司马铃薯淀粉销售 2003 年比同期减少26.44%，2004年比同期减少25.21%，2005年比同期减少38.17%，2002年以来一直亏损经营，4年亏损高达1700余万元。总之，欧盟为确保自己世界第一大马铃薯淀粉加工基地的地位，挤占仅次于其后的中国企业市场地位，采取从种植、加工到出口一条龙式的补贴政策，让自己的企业可以低价向中国倾销。

二、立案、裁决效果

立案不久，反倾销措施的效果就初步显现。中国自欧盟进口马铃薯淀粉的增速明显放缓。据海关统计，2006年2月至8月，中国自欧盟进口马铃薯淀粉4.4万吨，价值1660万美元，分别比2005年同期增长32.6%和21.2%，较2005年同期2.2倍和1.8倍的增速出现大幅回落。此外，自欧盟进口马铃薯淀粉的价格逐月攀升，2006年2月为357.4美元/吨，8月为399.7美元/吨。据青海省商务厅统计，2006年产季，省内的马铃薯淀粉厂收购马铃薯的价格比2005年上涨5~6分/千克。青海农民平均每户增收400~1600元，该省农民共计增收6400万元。商务部的裁决和配套措施在新产季及时发布，拯救了处于生死关头的国内马铃薯加工产业，欧盟进口的马铃薯淀粉到港价回升到了600美元/吨。仅初裁发布4个月，中国马铃薯产业就焕发出蓬勃生机。以黑龙江省为例，2005年，在马铃薯淀粉行业生产加工及销售旺季的9~12月，全省各大淀粉企业仅销售生产量的10%左右，大量淀粉积压在仓库；而在2006年的9月至12月，在全省各大淀粉厂加大生产量的前提下，销售90%左右，有的厂家的淀粉销售一空。此外，马铃薯淀粉已经回升到2004年的价格水平，每吨为4800~5000元。这场马铃薯淀粉反倾销官司的胜利保护了国内马铃薯产业的发展，加快了农产品产业化的进程，保护了马铃薯种植户和加工企业的收入，也增强了广大农民和农产品加工企业种植和加工农产品的信心。

第三节　案例启示

一、增强农业生产者和经营者的反倾销意识，积极提起反倾销申诉

中国农业生产者和经营者缺乏反倾销意识，依赖思想和逃避思想比较严重，一旦遭遇倾销，都不愿意打官司。究其原因，主要有以下几点；一是缺乏相应的法律知识。对倾销和反倾销知之甚少，更谈不上反倾销意识。二是提起反倾销申诉，必定要花费大量的人力、物力、财力才能取得相关外国产品在中国倾销的证据，而且还要支付巨额律师费，这对于中国收入偏低的农业生产者来说，无疑是存在现实困难的。三是受“搭便车”利益思想驱使，对于中国农业生产者和经营者来说都有一种普遍心态，就是面对进口农产品倾销时，都想让别人反倾销，自己坐享其成。因为，如果反倾销胜诉，受益的并非只是提起诉讼的企业，其他同类企业也可得到同样的好处。也就是说，反倾销收益不具有排他性，但是，参与反倾销企业为反倾销所支付的成本，却只能由自己来承担，其他受益企业分文不摊。这种利益博弈的结果使大家都想以最少的付出换得最大的收益。在马铃薯淀粉案申诉初期，国内很多企业因为各自所处情况不同，并且不愿承担高额的律师费用．因此都不愿意参加反倾销申诉。内蒙古奈伦农业科技股份有限公司总裁周庆峰经过一个多月的时间在相关企业间奔走游说，才使越来越多的企业有响应。在中国农产品市场与国际农产品市场日益接轨的今天，我们应加大对农业生产者和经营者反倾销知识的宣传和培训，使它们树立主体意识，认识到进口农产品倾销对农户和企业的威胁、认识到倾销对中国农产品市场危害的最终受害者还是农户和企业自身，放下依赖

思想和逃避思想，面对倾销，积极提起反倾销申诉。

二、农产品龙头企业在反倾销中应发挥带动作用

在中国，由于长期以来形成的农户大多以户为单位进行种植，生产规模小种植又比较分散，收集和获取市场信息困难农民本身又难有反倾销的途径。因此。有必要加强对农产品龙头企业的培育，遇到国外向中国倾销农产品时，充分发挥龙头企业的带动作用。在马铃薯淀粉反倾销案中，面对欧盟的倾销行为，作为龙头企业的内蒙古奈伦农业科技股份有限公司毅然挑起了对欧盟马铃薯淀粉反倾销调查的大旗，带领马铃薯淀粉主要生产企业共同抵制欧盟的倾销行为，为该案的最终获胜打下了基础。

三、农产品行业协会的组织建设有待进一步加强

行业协会作为一种自律性社会组织，具有保证本行业内部企业在出口贸易中利益的职责。因此，在进行反倾销中行业协会的作用非常重要。在日常运营中，行业协会要定期监测目标国的进出口状况，收集市场信息，并对数据进行整理分析，及时保护中国农业企业的安全。在马铃薯淀粉案中，中国淀粉工业协会发挥了重要作用，功不可没，协会是胜诉的关键。尽管如此，中国目前行业协会仍不够发达，中国淀粉工业协会马铃薯专业委员会也是在反倾销调查开始前一个多月才成立的。目前中国农业组织结构中，以政府和农户的两极结构为主，在这两者之间缺少非垄断性的非政府组织，如行业协会，但是在中国虽然一些行业存在这类组织，但它们也几乎没有起到像西方行会的作用，在国外向中国倾销日益严重的今天。我们更要加强农产品行业协会的组织建设，完善其功能。在遇到进口倾销时，发挥其“领头羊”的作用，积极收集、整理市场数据，打有准备之仗。

四、在农产品反倾销案中应聘请有经验的律师

在申诉过程中，律师的工作经验、工作责任心，以及对商品和所属行

业的熟悉程度都会对案件的发展起到举足轻重的作用。因此，在律师的选择上，应聘请有经验、有能力的专业律师。马铃薯淀粉案之所以在较短的时间取得胜诉，使农民避免遭受“雪上加霜”的新一轮倾销危害，是与中方律师积极收集证据、争取在马铃薯产季之前完成初步调查、打时间战是分不开的。在欧盟提出中国申请人资格和气候导致马铃薯减产的两点“评估意见”后，中国申请人代理律师及时向调查机关递交了《申请人对欧洲淀粉产业联合会关于马钟薯淀粉反倾销案相关意见的评论意见》，有力地反驳了欧盟企业一方，为中方的胜诉赢得了保证。

五、尽快制定并完善农产品反倾销立法

目前，中国尚未制定专门的《反倾销法》对倾销和反倾销案件只是适用国务院颁布的《中华人民共和国反倾销条例》（2004 年 3 月 31 日修订）。该条例属行政法规范畴，法律层面较低，而且条例是依据 WTO《反倾销协议》的规则所制定的。该协议主要是针对工业品倾销制定的，对农产品的倾销没有做出特殊的规定。因此，在农产品反倾销的适用上存在实际操作的困难。例如，中国《反倾销条例》中对申请主体的规定是，提出申请的国内产业的产量必须达到国内同类产品总产量的一定比例，才可以启动反倾销调查，否则，不得启动调查。现实中，中国农业生产规模小、分散经营的特点往往使有效主体缺失，给中国的农产品反倾销工作带来了实际困难。因此，中国应借鉴国外的先进做法，根据农产品生产经营的特点，尽快制定和完善《反倾销法》中关于农产品反倾销的规定，合理确立反倾销申请人资格。

六、充分发挥政府的功能和作用

政府要不断完善中国的反倾销法律、法规以及制定相应的政策来应对国外的倾销行为，同时，在进口农产品反倾销的过程中，要平衡不同利益集团的利益，在此基础上，保护中国农民和农业产业。加入 WTO 后，中国必须遵照 WTO《反倾销协议》的相关规则行事，但是，中国并不是该

规则的制定者，规则中的规定难免会出现对中国不合理的部分。鉴于此，中国政府要积极争取参与 WTO 有关反倾销法律体系的修订，努力改变其中对于中国不合理的部分，使中国农产品面临国际上的倾销时可以享受公正的待遇。

第七章　巴基斯坦对中国瓷砖反倾销案例分析

在国际进出口反倾销实践中，价格承诺作为应对反倾销的一种变通做法，有利于进出口双方减少损失，因而在一定条件下被进出口双方所接受。本章以中国瓷砖出口巴基斯坦遭遇反倾销为例，分析价格承诺在巴基斯坦对中国瓷砖反倾销案中的运用，并为中国相关出口企业应对反倾销提供一些建议。

第一节　案例简介

一、背景

巴基斯坦国内瓷砖产能不足，中国瓷砖成为其国内市场的重要补充，如 2014 年巴方从中国进口瓷砖量达 1500 万平方米，占其国内产量的 1/4。另外，中国出口至巴方的瓷砖从 2011 年每平方米 4. 57 美元下降到了 2013 年的每平方米 2. 51 美元，由于更多国外产品大量涌入，且进口瓷砖价格过低，对巴方陶瓷业造成了巨大冲击，甚至导致巴方国内许多陶瓷生产商在 2014 年不得不停产倒闭，转行做瓷砖进口生意，巴方国内主营中国瓷砖业务的进口商为数不少，有些进口商签约了中国有实力的瓷砖生产企业，成了区域品牌的独家代理。巴基斯坦此次针对来自中国的进口瓷砖产品发起了反倾销调查，产品主要用作墙砖和地砖，包含鹰牌陶瓷、宏宇陶瓷、骏景实业、业旭商贸在内的超过百家出口企业被涉案调查。

二、案件进程

（一）原始调查（2006～2007 年）

2006 年 3 月 28 日，巴基斯坦政府国家税务委员会（NTC）立案调查。涉案产品为非釉面和釉面瓷砖产品。

2006 年 11 月 28 日，原审初裁。

2007 年 3 月 24 日，原审终裁。终裁结果为多家中国企业获得 14.85%～23.65% 的单独税率。

（二）第一次重新调查（2009～2012 年）

2009 年 10 月 29 日，巴基斯坦最高法院以调查程序问题要求 NTC 重新调查。

2009 年 11 月 13 日，NTC 立案重新调查。

2010 年 2 月 23 日，重新调查初裁。

2011 年 5 月 3 日，伊斯兰堡高等法院要求 NTC 对本次调查的立案及初裁进行重新审查。

2012 年 5 月，终裁，维持税率不变。

（三）第二次重新调查（2012～2015 年）

2012 年 10 月，反倾销法庭以调查程序问题要求 NTC 依据新调查期重新调查。

2014 年 4 月，初裁。结果为多家中国企业获得 0～40.49% 的单独税率。

2015 年 7 月，巴基斯坦最高法院审查听证，在听证会上申请人撤回反倾销申请。

2015 年 8 月，NTC 做出终止调查的决定。

（四）第三次重新调查（2016～2017 年）

2016 年 2 月 19 日，NTC 立案再次对进口中国瓷砖发起反倾销调查。倾销的调查期是 2014 年 10 月～2015 年 9 月。损害调查期为 2012 年 10 月～2015 年 9 月。被调查产品：瓷砖产品，无论上釉或非上釉、抛光或非抛光；主要用作墙砖和地砖；涉及的海关编码包括 69071000、69079000、69081000、69089010 和 69089090。答卷期限为发出问卷后 37 天。此调查期内中国对巴基斯坦瓷砖产品出口金额达到 1.16 亿美元，涉及出口企业超过百家。

2017 年 2 月 18 日，NTC 做出了初裁裁决，认定中国进口倾销产品对巴基斯坦国内产业造成实质性损害，并决定对自中国进口瓷砖征收 5.21%～59.18%不等的临时反倾销税（CFR 价格），为期 4 个月。

2017 年 9 月 29 日，经过中方代表团与巴方代表进行一系列艰难的谈判，终于与巴方调查机关签署了价格承诺协议，并于终裁发布日起生效。

2017 年 10 月 11 日，NTC 对自中国进口的瓷砖作出反倾销调查终裁，决定征收 5 年反倾销关税，被选中抽样的企业税率为 9.35%～36.35%，配合调查而未被选中抽样的企业税率为 17.38%，其他企业税率为 36.35%。自 2017 年 7 月 1 日起，该项调查涉及产品由巴方海关税则号调整为：6907.2111、6907.2119、6907.2190、6907.2211、6907.2219、6907.2290、6907.2311、6907.2319 和 6907.2390。同日，中方与巴方调查机关签署的价格承诺协议生效。NTC 发布最终裁决，以企业价格承诺方式结案，中国 257 家瓷砖生产和出口企业与调查机关达成价格承诺。只要这 257 家瓷砖生产和出口企业对巴方出口的价格高于承诺的价格，就不会被征收反倾销税。

第二节　案例评析

一、价格承诺有利于进出口双方减少损失

本案中，巴方做出反倾销调查终裁，决定征收5年反倾销关税，对中国出品商征收9.35%～36.35%的高额反倾销税。巴方进口商要承担高额的关税，进口瓷砖的销售成本会增加，从而导致其整个产品市场占有率的锐减，甚至被迫退出进口国市场。而实行价格承诺之后，接受价格承诺的出口商，在出口货物时，可持经五矿商会审核备案的出口商业发票，向检验检疫机构申请签发输巴方瓷砖价格承诺原产地证书，货物在巴方清关时，可凭该证书免予被征收9.35%～36.36%不等的高额反倾销税。

巴方的进口商无须承担高额的反倾销税，中国出口商保住了巴方市场，以下数据最有力地证明了价格承诺有利于进出口双方减少损失：2017年10月24日，浙江温州检验检疫局签发浙江首份中国—巴基斯坦价格承诺原产地证书，帮助企业免于缴纳3万多美元的反倾销税：10月31日，福州检验检疫局签发福建首份中国—巴基斯坦价格承诺原产地证书，帮助企业免于缴纳1.3万多美元的反倾销税：11月7日厦门检验检疫局签发两份输巴基斯坦瓷砖价格承诺原产地证书，货值达3.95万美元，可免于征收反倾销税1.5万美元。

二、价格承诺具有一定的灵活性，可以适应市场的变化

价格承诺是出口商和进口方当局在双方自愿的基础上签订的协议，具体内容由双方协商确定，价格承诺还会随着市场变化而变化。一方面，出口商可以主动要求撤回承诺。例如，在欧盟对华光伏反倾销案中，121家

中国光伏企业与欧委会达成了价格承诺，该价格承诺从 2013 年执行至 2015 年，随着时间的推移，这些光伏企业以价格承诺方式将光伏产品销往欧洲，产品在欧洲市场的竞争力逐渐丧失。当价格承诺不能使出口商的利润最大化，出口商可以撤回价格承诺申请。目前，有 8 家中国光伏企业自愿撤回价格承诺申请。

另一方面，根据价格承诺的执行情况，进口方当局有权决定是否撤回或撤销价格承诺申请。在欧盟对华铸铁井盖反倾销案中，20 家中方企业与欧委会达成价格承诺。2010 年 7 月 14 日，欧委会决定撤销原达成的价格承诺协议，恢复征收反倾销税，该价格承诺宣告终止，理由是欧委会认为有一家中国企业违反了价格承诺。这种违反有可能是欧委会认为双方之间的信任关系被破坏了，也有可能是因为出现了某种情况导致了监管成本的提高，而不是实质性的违反。

三、价格承诺有利于抑制出口商的低价竞争，促进其新产品开发

近年来，随着瓷砖产品各种生产成本的不断提高，再加上产品在国内市场上供过于求，中国陶瓷出口商为了开拓海外市场，争夺海外客户，不惜在国际市场上低价竞销，产品低价又引起了反倾销调查。价格承诺有利于抑制出口商的低价竞争。

虽然价格承诺使出口商品价格有一定幅度的提高，但随着时间的推移，若出口瓷砖产品生产成本缩减，导致其他竞争对手的瓷砖产品售价降低，不得不遵守价格承诺规定的中国瓷砖产品将逐渐丧失在巴方市场的竞争力。企业要占有一定的市场份额，必定是一个优胜劣汰的过程。瓷砖出口企业只能通过不断创新，提高生产技术，这将迫使中国瓷砖行业不得不加快产业升级步伐，促进其新产品开发，寻找下一个利润产品，价格承诺将促进中国陶瓷持续出口巴方的中高端陶瓷新产品脱颖而出，推动中国陶瓷出口向优质优价、优进优出转变。

第三节 案例启示

一、充分发挥行业组织的协调作用

发挥行业组织的协调作用，把同行业企业组织在一起，并与这些企业保持着顺畅的沟通，能及时发现问题，共同应对国际竞争。同时，行业组织可以通过各种渠道，了解、收集进口国的有关信息情报，及时将这些信息情报反馈给国内企业，当国外反倾销出现苗头时，及时发布预警信息，组织企业应诉。

在本案中，2016 年 2 月 19 日是反倾销调查立案时间，调查机关要求在立案之日起 15 日内，利益相关方要向调查机关登记应诉，并在 45 日内将有关信息向调查机关提交。在这么短的时间完成应诉登记和提交有关的信息，对应诉方来说是极为不利的，中国五矿商会做出快速反应，及时有效地组织多家瓷砖生产企业和出口企业报名参加行业应诉，并积极配合律师取证，组成代表团与巴方进行谈判，进行行业无损害抗辩，同时寻求进口商的支持，说明采取反倾销措施不符合巴方相关产业利益。在反倾销调查做出不利于中国出口企业的初裁决定时，五矿商会又及时与应诉企业沟通，提出以价格承诺这种“双赢”的方式来应对反倾销调查，而且，五矿商会还通过各种方式打通渠道，说明利害关系，最终促成双方达成价格承诺。

二、谨慎提出价格承诺，提出合理、及时的价格承诺方案

面对进口国的反倾销调查不能随意提出价格承诺措施，只有当价格承诺既能符合中方利益，又能符合客观实际情况时，才能提出价格承诺。一

般而言，在反倾销调查初裁结果并非十分有利的情况下，对于产品性价比较高，具有竞争优势的企业和产品来说，才能提出价格承诺。

本案中，反倾销调查初裁决定对自中国进口瓷砖征收5.21%～59.18%不等的临时反倾销税（CFR价格），为期4个月。在这种情况下，提出价格承诺是争取有利结果的一种选择。一般来说，只有承诺的提价幅度与反倾销调查机关初裁确定的倾销幅度相当的价格承诺方案才能让进口方当局认可，因此，提价幅度是关键，若提价幅度过高，对出口商来说等于自动放弃市场：若提价幅度较小，进口方当局不会接受。在巴方对华瓷砖反倾销调查立案后，五矿商会一方面不断与律师团队沟通，律师团队熟知进口国的相关法律法规，进而掌握其对倾销幅度的计算方法；另一方面不断召集相关瓷砖出口企业进行讨论和研究，经过综合分析，做出了让巴方满意的价格承诺，最终达成价格承诺方案。

三、高度重视违反价格承诺的法律后果，严格执行价格承诺

以欧盟为例，2000～2015年，欧盟与中国达成价格承诺的案件只有5起，分别是彩电案、铸铁铸件井盖案、镁铝砖案、柠檬酸案和光伏案，这些案件由于国内一些企业在执行过程中违反价格承诺，不仅丧失了价格承诺的资格还会让欧盟对中方出口企业的诚信产生怀疑，进而想要再达成价格承诺变得更加艰难。另外，因为价格承诺采取“连坐制”，参加企业“一荣俱荣，一损俱损”，所以要高度重视违反价格承诺的法律后果，在实践中严格执行价格承诺。

在本案中，严格执行价格承诺的具体做法是：巴方调查机关要求以五矿商会行业自律与出入境检验检疫机构原产地签证管理相结合的方式，实施价格承诺综合监管。价格承诺以五矿商会行业自律监管与出入境检验检疫机构原产地签证管理相结合的方式实施。承诺企业需向五矿商会授权，并承诺遵守五矿商会和质检总局通关司关于价格承诺执行的相关办法和惩罚措施。

四、出口商要寻求不包括新开发产品在内的价格承诺方案

一般情况下，价格承诺方案中的产品包括反倾销调查的所有涉案产品，但有些情况下，价格承诺方案仅仅包括反倾销调查的涉蒸产品中的部分产品。只有出口企业反倾销调查涉案的自产产品才能适用价格承诺，而出口企业新开发的产品不适用。

在巴方对中国瓷砖反倾销案中，中国出口企业在提出价格承诺方案时，包括的产品仅仅是反倾销调查涉案的自产的产品：尺寸小于或等于60 厘米 ×60 厘米（或面积小于或等于 3600 平方厘米）的瓷质地砖和尺寸大于60 厘米 ×60 厘米（或面积大于 3600 平方厘米）的瓷质地砖（海关税则号为 6907. 21）：尺寸小于或等于 45 厘米 ×45 厘米（或面积小于或等于 2025 平方厘米）的非瓷质墙砖和尺寸大于 45 厘米 ×45 厘米（或面积大于 2025 平方厘米）的非瓷质墙砖（海关税则号为 6907. 22 或 6907. 23），不包括中方出口企业新开发的产品。因此，出口企业在提出价格承诺时，应该寻求不包括新开发产品在内的价格承诺方案。

第八章 美国对中国钢铁产业反倾销案例分析

第一节 案例简介

一、背景

中国钢铁工业起步较晚，在中国钢铁产业起步时，西方已经开始去产能，但这并不妨碍中国钢铁发展很快的事实。中国钢铁行业的发展经历了从无到有、从有到强的崛起过程。当前，钢铁行业是一个全球过剩的行业，随着钢铁产业的蓬勃发展，随之而来的就是大量的反倾销案件。中国的钢铁产量占全球产量的50%，由于成本和价格低廉保持着对其他国家的竞争优势。许多国家为了保护本国钢铁企业，对中国挥舞起了反倾销、反补贴的大棒，中国钢铁出口受到严重影响。

据有关部门统计，1991～2016年，国外对中国钢铁发起的反倾销措施涉及24个国家和地区，涉案金额超过百亿元。从目前数据来看，美国是对中国进行反倾销调查最多的国家，从热卷、中厚板、螺纹钢、线材到各类钢管，再到冷轧和镀锌板卷，几乎所有钢铁制品的品种均已受限。

2017 年 9 月，美国对华不锈钢板材反倾销和反补贴调查做出裁决，裁定中国企业 63.86% ~76.64% 的反倾销税率和 75.6% ~190.71% 的反补贴税率。

二、案件追踪

2016 年 5 月 13 日，美国商务部对华钢制螺杆第六次反倾销行政复审做出肯定性初裁，裁定浙江新东方紧固件有限公司反倾销税率为 12.10%，摩根紧固件有限公司反倾销税率为 0，中国普遍税率为 206%。5 月 17 日，美国商务部宣布，对中国和日本的冷轧钢板做出反倾销肯定性终裁，同时对进口自中国的冷轧钢板做出肯定性反补贴终裁。美国商务部基于可得不利事实裁定中国普遍倾销幅度为 265.79%、补贴幅度为 256.44%，日本普遍倾销幅度为 71.35%。5 月 24 日，美国商务部在美国联邦公报上公布对原产于或进口自中国的冷轧钢板反补贴肯定性终裁和紧急情况部分肯定性终裁：鞍钢集团香港有限公司、本溪钢铁（集团）特殊钢有限责任公司、迁安市金宝商贸有限公司和中国普遍补贴幅度为 256.44%；维持本案初裁中关于上述 3 家企业对涉案产品的大量出口构成贸易救济紧急情况的裁定。

2016 年 6 月 22 日，美国国际贸易委员会（USITC）对中国和日本的冷轧钢板做出反倾销产业损害肯定性终裁，对华冷轧钢板做出反补贴产业损害肯定性终裁，认定中国和日本的涉案产品对美国国内产业构成实质性损害。6 月 27 日，美国商务部对华不锈钢板材和带材“双反”案中的反补贴案作出紧急情况初裁：宁波宝新不锈钢有限公司、山西太钢不锈钢股份有限公司、大明国际进出口有限公司及其他不锈钢板材和带材出口商或生产商存在短期内大量出口涉案产品（一般指自立案申请之日起最少 3 个月内出口量增加 15% 以上）以规避可能做出的肯定性裁定结果的紧急情况。

2016 年 7 月 12 日，美国商务部宣布对华不锈钢板材和带材反补贴肯定性初裁，初步裁定山西太钢不锈钢股份有限公司反补贴税率为 57.3%；

由于宁波宝新不锈钢有限公司和大明国际进出口有限公司及其分别交叉控股的企业未参与本案调查，美国商务部裁定上述两家公司的反补贴税率为193.12%，中国其他企业的普遍反补贴税率为57.3%。7月25日，美国商务部发布公告，美国商务部和美国国际贸易委员会对原产于或进口自印度、意大利、中国、韩国和中国台湾地区耐腐蚀钢板的反倾销肯定性终裁做出修改并发布反倾销征税令。

2016年9月12日，美国商务部宣布对进口自中国的不锈钢板材和带材做出反倾销肯定性初裁：初步裁定具有单独税率地位的涉案企业太原日德泰兴精密不锈钢股份有限公司和张家港浦项不锈钢有限公司适用63.86%的临时反倾销税（保证金为63.12%）。基于不利可得事实，裁定不具有单独税率地位的中国强制应诉企业山西太钢不锈钢股份有限公司及其他中国涉案出口商/生产商适用76.64%的中国普遍临时反倾销税（保证金为75.9%）。

2016年12月19日，美国商务部发布公告，对进口自中国的定尺碳钢板做出反倾销行政复审终裁：维持本案初裁结果，裁定涉案企业湖南华菱湘潭钢铁有限公司因未提交适用单独税率的调查问卷答卷，仅适用于128.59%的中国普遍税率。12月22日，美国商务部发布该反补贴案肯定性初裁及紧急情况的部分肯定性初裁，初步裁定上述3家公司和中国普遍临时反补贴税率为227.29%。

2017年1月18日，美国商务部宣布对进口自中国的碳合金钢定尺板做出反倾销、反补贴肯定性终裁：裁定中国唯一强制应诉企业江阴兴澄特种钢铁有限公司的倾销幅度为68.27%，基于不利可得事实，裁定中国普遍倾销幅度为68.27%。2月2日，美国商务部就对华不锈钢板材反倾销和反补贴调查做出终裁，裁定中国企业63.86%～76.64%的反倾销税率和75.6%～190.71%的反补贴税率。

第二节　案例评析

一、中国屡遭美国钢铁反倾销调查原因

（一）美国保护已步入衰退期的钢铁产业

西方发达国家钢铁产业的颓势显著表现在2008年金融危机后各国对钢铁的需求一直在下降，而且再也恢复不到原来的规模。据统计，美国人均粗钢表观消费总量从2006年的448.5千克到2014年的380.7千克，降幅达到了15.1%；而与此同时，欧盟则是由人均419.8千克降到了321.2千克，降幅为23.5%。对这些西方发达国家来说，贸易保护措施通常是他们为保护成熟的钢铁产业而采取的一项政策。单从就业上看，美国钢铁产业雇用了约14.2万名美国职工，承担了约100万美元的就业。因此，当本国的钢铁产业遇到困难时，政府一定会想办法助它摆脱困境。

（二）中国钢铁产业结构不合理

中国钢铁屡次遭到美国钢铁反倾销的调查，其主要原因也是钢铁产业的结构不合理。中国钢铁贸易的增长方式是低质量，低附加值粗放式增长。2013年全球粗钢的总产量16.7亿吨，中国就生产了7.79亿吨，占了全球产量的近1/2。虽然粗钢的出口数量大，但是产品还是处于低层次上，每吨利润不到0.5元，而高技术钢种，吨利润为300～500元。中国在全球的钢铁产量中有绝对优势，但是低端产品居多，不仅不能给中国钢铁产业带来持久增长的利润，反而会因为技术含量低，附加价值低而频频遭受反倾销。

（三）中国钢铁产业缺乏规模效应，易受冲击，国际竞争力不强

近年来，钢铁行业的“高”利润引来了许多社会资源包含一些外国资

本的注意，纷纷投资钢铁业，这样的形势增强了中国钢铁制品出口结构不合理带来的冲突。况且中国钢铁出口企业的结构特点多为“小、散、多、杂”。各企业之间用低价来竞争的情况严重。然而，即使在这样严峻的情势下，中国钢铁出口企业却一直消极面对反倾销调查的应诉，从而导致连锁贸易摩擦的产生。

（四）钢材基本上都具有相同的性质，不同国家间的钢铁制品几乎可以相互替代

因此，本国在驱逐了外国的钢铁制品后，本国自身的钢铁产业就能占据较大市场份额。而对于钢铁行业下游产业而言，其成本不会受他国钢铁制品进口的严重影响，因此这些下游产业也缺乏对钢铁产业对抗的动力。

二、美国钢铁反倾销对中国钢铁企业的影响

1. 增大了钢铁企业的出口成本

反倾销调查一展开，不仅耗费时间，各类调查问卷和高额的律师费用增加了钢铁企业的出口成本，而终裁的双反税收导致钢铁产品在向国外输出中费用大幅上涨，交易成本和出口成本都会大幅上涨，降低钢铁企业收益率的同时也影响中国钢铁产品在国际市场上的竞争力。

2. 限制钢铁企业对外贸易

金融危机之前，美国是中国钢铁的最大出口国，但是由于金融危机和贸易摩擦等原因，出口到美国的钢材量逐渐降低，抑制了中国钢铁的出口。美国对华钢铁反倾销对其他国家起了示范效应，使很多国家对华掀起反倾销浪潮，自此包括鞍钢、宝钢在内的多家钢铁企业都受到限制。

3. 打乱了国内钢铁市场平衡

虽然中国的钢铁产量世界第一，占全世界总产量的50%以上，但是，整个行业的实际产能利用率仅为72%。钢铁产业是中国五大严重过剩产能之首，虽然国家的产能淘汰标准不断地提高，但是新的产能却又过剩，想解决产能过剩，却变得越来越难。金融危机以来，国外的钢铁市场低迷，而国内政府为了促进经济复苏，增强当地GDP，当地政府鼓励政策，不断

地扩大钢铁产能。产能一天天增加，带来的是白菜价的钢铁和更多的贸易限制，中国的钢铁市场也进入了一个怪圈。中美两国钢铁贸易摩擦不断增加不仅影响钢铁企业的发展，降低企业经济效益，同时也打乱了中国国内钢铁市场平衡，与此同时，美国的钢铁反倾销还会产生蝴蝶效应，受到打击的常常包括与钢铁行业相关的其他行业，从而影响上下游产业的发展。

第三节　案例启示

一、企业层面应对措施

（一）积极应诉

企业是反倾销最直接的受害者，其应诉动机也应该是最高的。但是在现实中很多反倾销的调查都是因为企业没有应诉或应诉不积极，造成不得不缴纳大量的反倾销税，给自身和整个钢铁行业都带来了负面影响。国内企业对美国的反倾销调查程序不熟悉，等准备好资料已经过了应诉时间，还有个别企业出口额小，应诉成本过高，不得已放弃应诉。反倾销措施启动前期，企业应掌握好进口国钢铁行业动态，收集替代国数据，有条件的企业应当成立专业的反倾销应诉小组，在应诉过程中，材料准备充分，积极配合机构调查，企业在接到反倾销调查时，应当端正心态，目前国内也有很多胜诉案例，应诉的企业也取得了单独税率甚至零税率的待遇，给企业带来了良好的声誉和无形的利益，对企业的长远发展起着积极作用。故企业应不断加深对反倾销法律程序的了解，积极运用法律武器来捍卫企业的合法权益。

（二）调整企业内部结构

想要减少美国的反倾销调查，首当其冲的就是加强钢铁企业之间内部结构。首先控制总量，有计划、有步骤、循序渐进地缩减产能。不能追求速度而把产能大幅度地抛售到国外，这样不仅不能较少产能，反而会带来更多反倾销。我国钢铁企业的分布散，多数规模小，如果想做强我国的钢铁行业，就要淘汰一些没有发展潜力的小型企业，鼓励企业联合重组，加快形成几家有较强国际竞争力的大型钢铁企业。企业间的联合可以稳定市场价格，不会因为过于激烈的贸易竞争而大幅度降价，反而会在有序减产的同时缓解钢铁污染对环境造成的危害。这是在钢铁市场的不断变化中实现持续发展的有效途径。

（三）技术升级，提高产品附加值

美国反倾销等贸易保护措施绝大多数是针对钢铁产业的中低端产品。如果中国出口的钢铁是美国没有的高品质钢，那么也就不存在反倾销一说。所以钢铁行业的未来发展中，必须加快技术进步，通过产品研发，产品升级和加工程序的改进等提高产品升级。高技术钢种的利润大，而超高性能的特种钢如精密钢，吨利润都在千美元以上。钢铁行业的重心应该从增加产品出口数量转到提高产品品质上来，尤其是对当前国内市场缺乏、不得已从国外进口的钢种，我们更要加大科研投入。只有加大科研投入，不断地提升我国钢铁产品质量，加大对附加值高的特种钢材的研发力度，才能不断提升钢铁产品的国际竞争力，减少反倾销。

发展中国家之间初级产品的竞争日趋激烈。企业要改变落后的竞争观念，树立品牌意识和创新意识，优化国际经营方针，不断提升产业层次，努力提高出口商品的科技含量，改变惯用的低价策略，在商标、包装、广告、技术等多种非价格竞争上做文章。在生产出口产品时应使用国际标准，有效地提高产品质量，大力增强后期服务，从而改善产品形象，建立企业自己的品牌，与发展中国家企业展开错位竞争的同时又可以提高产品附加值。

（四）实现市场多元化

过度依赖美国市场的单一市场战略不仅贸易风险大而且出口量也有限。因此中国钢铁企业应适当调整出口市场，适当减少对美国出口量，开拓新市场，寻求一些经济发展快、市场潜力大、贸易环境相对稳定的国家作为出口国。多元化不仅仅是只开拓国外市场，国内市场也同样重要。为了缓解反倾销等贸易摩擦，同时促进国内经济发展，钢铁企业应开拓国内市场。铁路、汽车、房地产等行业都和钢铁行业紧密结合，建筑用钢量达中国钢铁产量的50%。国内外市场齐头并进，实现市场多元化也是应对美国反倾销的有力措施。

（五）实施“走出去”战略

钢铁工业对矿石资源依赖程度比较高，我们可以利用国际直接投资（FDI）、兼并、收购当地企业的形式，如在发展中国家合资或独资建立钢铁厂，或与国外主要矿业企业建立战略联盟关系，在全球范围内建立生产、研发、销售体系，把资源配置延伸到发展中国家，将出口转化为企业内部的贸易。这样在充分利用他国资源、建立起稳定的海外原料供应基地的同时，又可以躲过各国设立的重重关税壁垒，有效地规避反倾销。例如，目前宝钢在海外已经成立11个全资及合资公司，在欧洲还建立了钢材集散中心，近20个境外和国内贸易公司组成全球的营销网络。宝钢与全球知名的钢铁企业合作，有阿赛洛、新日铁等世界钢铁巨头，提高了宝钢在国际上的知名度。宝钢还在国外投资办矿，集团也正在研究海外投资建设钢厂。“走出去”形成最合理的跨区域布局，不只是宝钢企业的重要战略目标，也是中国其他钢铁企业共同的目标。

二、政府和钢铁行业协会层面应对措施

企业调整只是内部原因，国家层面也存在问题。中美贸易的不平衡已经持续很长一段时间，贸易摩擦的增多也是必然。中国政府和钢协应当采取措施来阻止美国反倾销的脚步。

（一）健全反倾销预警体系

首先，积极发挥钢协信息、外援、协调优势，关注各类贸易壁垒的发展趋势，收集各国对中国的贸易壁垒信息。同时，行业协会也应当高度关注国内钢铁产业遭受国外产品冲击所受的损害，国内产品出口对国外产业

的影响以及遭到进口国政府反倾销等保障措施的可能，准确及时地为企业提供商务信息，同时信息不能只停留在产业数据和产品数据层面上，也要注意美国相关贸易法律的修改，不断更新美国各种贸易壁垒的最新动态。通过市场变化，及时整理分析数据，建立科学的预警模型定期发布预警信息，实现对国内产业和出口市场保护的前置化。其次，积极发挥驻外机构的作用，一方面，了解进口国国内钢铁企业的反应并密切与国内钢铁企业或钢铁协会等组织联系；另一方面，大力宣传中国是社会主义市场经济国家，特别应指出中国目前90%以上的商品已经市场化，进口国政府不应采取替代国的做法等。最后，在我国遭到反倾销调查时，要及时有效地组织相关企业应诉，严格执行“谁应诉，谁受益”原则，形成有效的奖惩机制；充分调动企业应诉的积极性并协调各方立场，研究应诉计划和对策，向政府有关部门反映情况以取得支持；必要时行业协会可作为国外反倾销调查的利害关系方直接参加应诉，为国内应诉企业争取公正待遇。

另外，钢铁行业组织应做好上下游企业的协调和利益平衡工作。当国内某产业申请启动对某种产品进行反倾销调查涉及上下游企业的利益时，行业协会就应积极开展工作，阐明利害关系，并可做出适当的价格安排，团结各方力量共同维护国内产业的正当利益。

（二）整顿出口秩序

面对出口秩序混乱的局面，在价格管理上，政府和钢协要实行指导价格，依法对出口商品的质量、价格、商标等进行严格的管理，划定出口最低限价，实行严格的配额制、许可证制、从量税等，改变压价销售的混乱局面；在出口数量限制上，扩大会员范围，并让会员享有分配出口数量、指定出口渠道、国际市场分析的权利，同时要实行外贸登记制，一旦发现过度集中销售现象，就马上给予纠正意见。

政府和钢协要注重对出口产品在国外市场的调研工作，及时了解并掌握同行对手的生产能力、市场销量和价格水平，注意其采取救济措施的倾向，及时将这些信息传递给相关企业，并采取转换出口市场、协调减少出口数量等救济措施。

（三）设立反倾销专项基金，培养诉讼人才

反倾销案件不仅时间长，而且应诉过程中耗费巨大，一场反倾销官司打下来就要几百万元，无形间给钢铁企业带来不小的压力。因此可以由政府建立专门的反倾销专项基金，基金部分来源应有政府出资，其他可以由各个钢铁企业按照一定的出口额来缴纳应诉基金。我国在面临反倾销应诉时，能够代理反倾销调查的机构稀缺，在以往的成功应诉案例中，绝大多都是聘请国外的律师事务所代理，原因在于国内缺乏大量反倾销诉讼人才，由于反倾销案件涉及国际法律知识较多，同时要求较专业的英语水平和财务知识，所以国内能应诉的律师微乎其微；可以利用反倾销基金来培养一批具有高水准的律师、会计师、经济分析师，建立一组专业反倾销应诉团队，提高我国应对反倾销问题的人才储备。

第九章　中国紧固件在 WTO 胜诉欧盟的反倾销案例分析

第一节　案例简介

一、背景

紧固件又被称作工业粮食，是工业零部件的重要组成部分，在中国制造业中占据举足轻重的地位。中国是世界上紧固件制造大国，欧盟是中国紧固件主要出口市场，约占中国出口总量的 1/3。然而，由于中国紧固件行业在低端市场的同质化恶性竞争，出口市场相对集中，导致欧盟对中国紧固件产品频繁发起反倾销调查。从 2007 年 11 月 9 日开始，为在世界性的经济萧条中保护自身的利益，欧盟向中国举起了反倾销的旗帜，陆续对中国出口到欧盟的紧固件征收 64% ~87% 的高额反倾销进口关税。从欧委会对中国紧固件产品发起反倾销调查到 2016 年 2 月世贸组织最终裁定中国胜诉，时间跨度长达 10 年，此案成为中国 WTO 胜诉欧盟第一案。

二、案例介绍

（一）发起反倾销调查

2007年11月9日，欧盟委员会发布官方公告，决定对从中国进口的钢铁紧固件发起反倾销调查。同年，欧盟总共展开6起反倾销调查，所有调查都针对中国。

2008年11月4日，欧盟委员会提议对从中国进口的金属螺丝和螺钉征收最高87%的关税。

（二）正式征收反倾销税

2009年1月31日，欧盟对中国紧固件产品做出肯定性终裁，征收高达85%的正式反倾销税。本案共涉及1700多家紧固件生产和贸易企业，欧盟反倾销措施给中国紧固件行业造成巨大损失。对于欧盟的不公正待遇，中国紧固件企业提出强烈抗议，并要求政府部门维护紧固件产业的合法权益。同年2月23日，美国商务部发布公告，对进口自中国的钢制螺杆做出反倾销终裁。涉案产品海关编码为73181550.60，涉及企业20多家。

（三）磋商与上诉

2009年7月31日，中国政府在WTO争端解决机制下，向欧盟提出磋商请求，正式启动争端解决程序。

2009年9月14日，中欧磋商失败。

2010年1月12日，根据WTO规则，中国请求WTO争端解决机构立案审理。

2010年12月3日，WTO专家组裁定欧盟对中国紧固件行业不公正的反倾销措施违反WTO规则。

2011年3月，中国和欧盟分别提出上诉。

2011年7月15日，世贸组织专家组再次裁定欧盟对中国紧固件反倾销措施违反WTO规则。经过中欧双方商定，欧盟于2012年10月12日前执行DS397裁决。

（四）复审调查

2012年3月6日，欧盟对中国紧固件产品反倾销措施启动复审调查程序。

2012年9月6日，欧盟新修订的《反倾销基本条例》第9.5条正式生效，适用于所有的反倾销调查。

2012年10月10日，欧盟公布对中国紧固件企业调整后的反倾销税，税率为22.9%~74.1%。对中国紧固件企业调整后的反倾销税只是稍微下降，依然严重影响中国企业对欧盟的产品出口。

（五）再次上诉

2013年10月30日，针对欧盟于2012年3月对中国紧固件行业提起的反倾销复审措施，中国政府上诉至WTO争端解决机构，要求启动争端解决执行程序。

2015年8月7日，世贸组织最终裁定欧盟对中国紧固件行业反倾销复审措施违反WTO规则。

2015年9月，中国和欧盟分别再次提出上诉。

2016年1月18日，世贸组织发布最终公告，第四次裁定欧盟对中国紧固件产品采取的反倾销措施违反WTO规则。

（六）正式取消征收反倾销税

2016年2月27日，根据世贸争端解决机构的最终裁决，欧盟发布公告正式取消对中国紧固件行业的反倾销措施。

第二节　案例评析

一、提前预警，企业积极应诉

2007年11月，欧盟对中国紧固件产品进行反倾销立案调查之前，中国机电商会已经得知该案可能申诉的信息，2006年7月迅速召集企业共同商议，进行反倾销预警。因为提前预警，企业有较充分的时间积极准备反倾销应诉材料。中国机电商会在得知欧盟即将正式提起反倾销调查立案的确切消息后，2007 年 10 月立即召开反倾销应诉会议，一方面向企业传达案件整体情况，另一方面帮助企业了解法律程序，鼓励紧固件企业团结一致，积极应诉。因为预警及时，欧盟对中国紧固件产品正式提起反倾销立案调查后，企业积极参与应诉，提交市场经济地位问卷的企业就有 120 家。2009 年 11 月，江苏、浙江、上海等地的 100 多家紧固件企业积极参加欧盟的反倾销调查诉讼。

二、商协会直接深度介入，企业充分举证和有力抗辩

在紧固件应诉企业填写市场经济地位问卷过程中，中国机电商会不仅指导应诉企业填写问卷，而且还向企业提供问卷调查所需的信息资料。对出口规模小、抽样低的部分企业提交的应诉材料进行专门指导。2007 年 11 月，欧盟对中国紧固件产品反倾销立案调查后，紧固件协会成立了“无损害抗辩工作小组”，代表行业进行无损害抗辩，抗辩工作组于 2008 年 4 次到欧盟开展游说抗辩工作。中国机电商会和紧固件协会还代表行业聘请比利时 VBB 律师事务所，组织企业进行行业无损害抗辩，参加对抗性听证会，充分表达企业抗辩意见，与行业企业积极商讨抗辩策略，和政府部门、律师及行业企业及时沟通，通报抗辩最新进展情况，对进一步的抗辩方向进行指导。在准备抗辩证据材料过程中，为了收集印度紧固件产品报价的证据材料，中国企业专门到印度进行实地调查，收集相关企业的审计报告、财务报告等资料，购买印度的紧固件产品，并且对产品进行钢材成分检测。调查结果表明，印度紧固件产品主要使用的是价格较高的进口钢铁材料，和中国企业的生产效率相比，印度企业的生产效率要低 10% ~ 20%，印度部分企业用电主要采用柴油发电。上述几种原因造成印度紧固件成本偏高。

三、发现法律漏洞，协助政府部门诉诸 WTO

由于 WTO《反倾销协议》对非市场经济地位问题规定的模糊性，造

成反倾销调查被许多国家滥用。《欧盟反倾销基本法》第 9.5 条关于单独税率的适用原则的规定，对被认为是非市场经济国家的出口企业，能否获得单独税率，还需要被调查企业必须符合该条中“单独待遇测试”要件，才能给予“单独税率”待遇。WTO《反倾销协议》中规定，调查机关有义务给每个被调查企业确定单独的倾销幅度。《欧盟反倾销基本法》中关于“单独税率”的规定违背了 WTO《反倾销协议》第 6.10 条和第 9.2 条等规定。本案中，欧盟在对中国紧固件企业进行反倾销调查中，以信息保密为由，拒绝提供替代国企业的任何数据，调查过程和裁决都严重缺乏透明性和公正性。为了维护中国紧固件企业的正当权益和改变欧盟反倾销调查不合理的做法，2009 年 10 月，中国政府在 WTO 争端解决机构立案，2013 年启动世贸组织争端解决执行程序。本案诉讼中，中国针对欧盟在选择替代国方面“暗箱操作”的歧视性行为，研究发现，欧盟反倾销调查程序中存在的法律漏洞，为中国政府在世界贸易组织的诉讼中提供了重要的基础。

四、利用反倾销措施反击

2007 年 11 月，欧盟对中国紧固件发起反倾销调查，中国商务部于 2008 年 12 月对欧盟进口的紧固件进行反倾销调查反击。2009 年 1 月，欧盟对产自中国紧固件产品征收 85% 的反倾销税，高额的反倾销附加税迫使很多中国中小企业退出欧盟市场，出口依赖较大的企业纷纷倒闭。面对欧盟对中国紧固件行业的不公正裁决，紧固件企业强烈要求政府部门利用反倾销措施进行反击，以保护紧固件行业的正当权益。

2009 年 12 月，中国商务部发布初裁决定，对被调查欧盟产品采取临时反倾销措施。2010 年 6 月 28 日，商务部公告对原产于欧盟的进口紧固件实施最终反倾销措施，征收 6.1% ~26.0% 的反倾销税，自 2010 年 6 月 29 日起实施，期限为 5 年。2015 年 4 月，国内碳钢紧固件产业向商务部提出反倾销措施期终复审申请，请求商务部对欧盟进口紧固件继续实施反倾销措施。2016 年 6 月，商务部公告自 2016 年 6 月 29 日起，对从欧盟进口的紧固件产品继续征收 6.1% ~26.0% 的反倾销税，为期 5 年。本案中，虽然对欧盟产品采取的反倾销措施未能阻止欧盟反倾销调查的滥用，但也起到了一定的威慑效果。在中国对欧盟紧固件发起反倾销调查后，部分欧盟紧固件企业纷纷选择到中国投资，嘉兴和海盐都吸引到了欧盟高端紧固件企业。

五、舆论宣传

中国机电商会在代表行业准备法律抗辩过程中，通过欧盟的法律事务所走访相关成员国，开展游说工作；同时在参加听证会期间，积极同欧盟紧固件协会进行沟通，并对联合应诉深入讨论；充分发动出口商调动欧盟进口商的力量，争取欧盟进口商的协助。中国机械通用零部件工业协会紧固件分会会长冯金尧，曾多次前往欧盟走访相关成员国，代表中国行业组织与当地企业和行业组织深入接触，阐明观点。中国机电商会和紧固件协会都通过多种方式争取欧盟的支持者，积极发动欧盟支持者向政府部门做工作。与此同时，中国机电商会联合紧固件协会多次召开新闻发布会，邀请中外知名媒体参会，发表行业意见，充分利用新闻媒体舆论力量影响案件发展。上述公关游说和媒体宣传工作都对案件进展起到了重要作用。

第三节　案例启示

一、提高产品技术含量和企业创新能力

紧固件行业企业规模普遍偏小，主要出口劳动和材料密集型的低端产品，技术含量低，产品的替代性较强。尤其是在中国企业离开欧盟市场7年后，印度、越南等国家和地区已成为中国企业在欧盟市场最强有力的竞争对手。中国劳动力和生产要素成本也不断攀升，靠低价与国外企业竞争已不可能。中国企业如果不提高产品的技术含量，必然被生产成本更低的

国家取代。紧固件行业企业普遍规模偏小，不重视研发投入，企业员工学历层次偏低，多数员工为初高中毕业，研发人员占从业人员比重不到5%。企业规模偏小和高层次人才缺乏导致紧固件行业自主创新能力弱，严重限制了行业结构调整和升级。紧固件企业间应加强联合，走集团化道路，重点解决紧固件行业小、散的劣势问题；加大高层次人才引进和政府财政扶持力度，增加研发投入，鼓励企业自主创新，引导和推动紧固件企业快速转型升级。

二、加强行业自律，建立紧固件行业国际贸易摩擦预警机制

2009 年，欧盟对中国紧固件产品终裁征收 85% 的反倾销税，导致中国紧固件产品在欧盟市场的市场份额从 26% 下降到 0.5%，给中国的紧固件企业造成了巨大损失。只顾眼前利益的低价竞争很容易招致国外的反倾销，最终换来的是企业的亏损、倒闭，严重扰乱了整个行业的健康发展。国际市场中低价竞争策略是阻碍中国紧固件产业发展的一颗毒瘤。紧固件企业间应普遍达成共识，加强企业自律，反对无序低价恶性竞争。紧固件行业需要出台行业产品基准价，企业产品定价必须参考基准价，相同产品均不能低于基准价，一旦发现企业违规，必遭严惩。紧固件协会可以通过海关、中国机电商会等机构收集数据，要求企业定期向协会汇报国际贸易的情况，协会把握紧固件出口整体走势，密切关注行业动态发展，认真做好分析预测，为行业发展提供对策建议。同时对出口市场秩序加强监管，一旦发现企业严重违规行为，采取措施严厉打击。

三、做好国际市场调查，制定有效的国际营销战略

中欧紧固件案件表明，中国紧固件行业企业出口依赖较高，以前出口市场过度集中于欧盟、美国等，出口过程中低价竞争策略很容易招致国外的反倾销调查。紧固件行业企业不仅需要苦练内功，提高产品的技术含量，增加产品附加值，同时更应做好国际市场调查，确定、评估和比较潜在的国际商业机会及新的目标市场选择。紧固件行业企业出口依赖大，但

紧固件产品出口和进口的价格差异非常大。根据标准件进出口价格，中国紧固件产品进口价格约是出口价格的9倍，这说明中国紧固件行业生产的技术含量偏低，在国际市场上不具备竞争优势。中国每年都会从日本、德国、韩国等进口大量的紧固件高端产品，国内对高端产品具有较大需求，所以面对发达国家的频繁反倾销，中国具有一定实力的大中型紧固件企业可以加大研发投入，致力于高端紧固件的研发和生产，做好品牌建设。紧固件企业可以采取国内市场和国外市场相结合的营销策略，逐渐降低出口比重，增加国内市场；紧固件行业企业需要错位发展，部分企业针对德国、丹麦、芬兰等高端市场；可以在具有劳动力比较优势的国家如印度、越南等进行直接投资，生产紧固件产品“曲线输欧”；在巩固传统出口市场的同时，不断开拓澳大利亚、巴西、墨西哥、印度尼西亚、加拿大、挪威、埃及等新兴市场，做到国际市场多元化，从而规避市场过于集中容易招致反倾销的风险。

四、要敢于和善于运用世贸规则维护自身权益

在紧固件案这场历经10年马拉松式的诉讼过程中，中国坚持在WTO框架下解决争端问题，这是中国“入世”以来首次对欧盟未执行世贸组织裁决向WTO提起的执行之诉，没有可借鉴的经验，对中国政府部门、商协会和企业来说，都非常具有挑战性，但为了维护公平贸易，整个团队必须持续出击。从2009年中国向WTO提起争端解决诉讼，历经7年，4次裁决，中国走完了WTO争端案件的诉讼和执行的全部程序，这充分表现出了中国政府利用世贸规则和争端解决机制坚定维护产业利益的坚定决心。紧固件案件表明，面对国外不合理的反倾销调查，中国应充分利用国外司法诉讼维护企业自身合法权益。中国出口企业想要更好参与全球贸易，必须深入掌握和运用国际法和世贸规则，对国际贸易摩擦的长期性、复杂性和反复性应有全面的认识。同时，政府部门、商协会和企业的三体联动，发挥强大聚合效应，是本案获胜的坚实保障。国际贸易争端诉讼需要政府部门的支持和指导，细致全面的举证更需要企业、协会、商会、律师事务所等部门的密切配合，离不开畅通的信息沟通和有效的协作机制，

只有积极配合应对，才能争取最终的胜诉。

五、发起多边反倾销调查，提高反倾销抑制效果

截至2016年，中国连续21年成为全球遭受反倾销调查数量最多的国家，中国对别国发起的反倾销调查远远低于其遭受的反倾销调查。本案例中国对欧盟紧固件产品发起反倾销调查也未能阻止欧盟对中国产品的反倾销滥用，究其原因，其中一点是中国对国外发起的反倾销反击没有起到明显效果，震慑力不够。如果中国不能很好地使用反倾销手段反击和抑制国外对华的反倾销，很可能导致国外对华反倾销进一步扩大，非常不利于国内行业的保护。在某些国家滥用反倾销措施条件下，中国应当加深研究反倾销的游戏规则，提高使用效果，遏制反倾销措施滥用。中国应该借鉴发达国家反倾销的经验，在进行反倾销调查的时候，不只针对某个国家的涉案产品进行立案调查，而是对多个国家相同或相似的涉案产品都同时进行反倾销调查，这种做法可以一定程度上削减反倾销带来的贸易转移效应，从而达到较好的效果。因此，中国在进行反倾销调查的时候，不应只限于对某个国家发起双边的反倾销报复，还应采取对多国同时发起多边反倾销调查，提高我国反倾销报复的实际效果。

六、建立中国与主要贸易伙伴国的民间游说机构

中欧紧固件贸易争端应诉过程中，中国机械通用零部件工业协会紧固件分会会长冯金尧到英国、德国等多个国家与欧盟紧固件的同行交流中发现，欧盟紧固件行业企业对中国缺乏了解。他认为，应该建立中欧间的交流机制，解决彼此信息不对称的问题。成立民间游说机构的主要职责在于熟悉伙伴国的相关法律法规，开展行业磋商和游说，减少贸易摩擦冲突，为贸易合作营造透明、公平的良好环境。在主要贸易伙伴国设立民间游说机构，能够更好地化解中国与主要贸易伙伴国的贸易摩擦，推动行业交流和合作；成立专业游说机构，对行业协会、议员、驻华使馆等积极沟通，加强民间有效的经贸游说。

第十章　中国轮胎业对美反倾销胜诉案例分析

第一节　案例简介

一、背景

随着改革开放政策的深入和经济全球化形势的迫切需要，近年来我国企业顺应时代潮流，积极“走出去”，以期在国外目标市场上寻求利润，目前也已取得不俗的成就。与此同时，贸易纠纷和贸易摩擦也纷至沓来。

2016 年年初，美国对中国的卡车、客车轮胎发起反倾销、反补贴调查。各行业协会、政府组织、相关企业商户等历经一年正面应诉，积极抗辩，终于在 2017 年 2 月 22 日，美国国际贸易委员会上以 3∶2 获得胜诉，这是中国轮胎业首次在双反案上获得胜诉。此次双反胜诉保住了我国重要出口市场，为同类案件的应诉积累了经验的同时，也增强了我国出口企业应对双反调查的信心，意义重大。本书通过对此次双反案过程的梳理和案件胜诉原因的具体分析，得出几点针对我国轮胎业出口的启示。

二、案情介绍

事实上，美国对华轮胎业双反调查由来已久。2009 年，奥巴马执政期间，美国对中国乘用车和轻型卡车轮胎展开“特保”调查，终裁判决将初始税率从 4% 提高至 35%。2015 年，美国再次对中国轮胎业启动双反调查，裁决税率高达 30.46% ~169.28%。近年来，美国频繁的贸易保护措施使中国轮胎业受到巨大冲击。

2016 年年初，美国宣布对中国的卡车、客车轮胎启动双反调查。3 月，美国国际贸易委员会裁定涉案的中国轮胎企业对美造成实质性损害。同年 6 月，美国商务部认定中国卡车、客车轮胎存在补贴行为，并裁定行业反补贴平均税率为 20.22%，其中强制应诉的两家企业获得单独税率。

2017 年 1 月 24 日，美国商务部公布此次双反调查的终裁结果，认定中国出口美国的卡车、客车轮胎存在倾销和补贴行为，裁定反倾销税率为 22.57%，反补贴税率为 57.04%。其中两家强制应诉企业，贵州轮胎和金钱轮胎获得反补贴，分别税率终裁为 65.46% 和 38.61%。高昂的税率对于将美国市场作为主要出口目标市场的中国轮胎企业而言近乎灭顶之灾。

2017 年 2 月 22 日，美国国际贸易委员会以 3∶2 的投票结果认定实质损害或实质损害威胁不存在，中方胜诉。此次胜诉对中国轮胎业的影响非常大，保住出口市场的同时也振奋了出口企业在面对贸易摩擦时积极应诉的信心。同时胜诉也反映了中国企业维权意识和抗辩能力的提高，以及在国际经贸中话语权的提升。

中国轮胎业遭遇美国反倾销诉讼数量较多，反倾销税率较大，如表 10 -1 所示。

表 10 -1　近年来美国对我国实行的反倾销措施

时间	内容
2008 年 9 月 4 日	美国商务部对华新充气工程机械轮胎（OTR）“双反”调查作出终裁，对中国应诉企业输美产品征收 0% ~29.93% 反倾销税，其他企业征收 210.48% 的惩罚性反倾销税

续表

时间	内容
2014 年 6 月	美国国际贸易委员会开始展开对中国出口到美国的轿车与轻卡轮胎的反倾销、反补贴调查
2014 年 7 月 15 日	美国商务部宣布正式对进口中国乘用车轮胎和轻卡轮胎发起“双反”调查
2015 年 7 月 14 日	美国国际贸易委员会公布对原产于中国的乘用车与轻卡轮胎反倾销反补贴调查损害终裁投票结果，裁定中国输美产品对美国内产业造成实质性损害
2015 年 8 月 5 日	美国商务部发布了反倾销和反补贴税令，反倾销税率为 14.35% ~87.99%
2016 年 2 月 19 日	美国商务部立案对来自中国的卡客车轮胎发起反倾销反补贴调查
2017 年 1 月 24 日	美商务部作出终裁，最高税率超过 80%
2017 年 2 月 22 日	美国国际贸易委员会最终认定中国输美卡客车轮胎并未对美国内产业构成实质性损害或损害威胁

资料来源：根据公开信息整理。

第二节　案例评析

一、美国对华产品反倾销原因分析

近年来，中国产品不断地遭遇到一些发达国家的反倾销调查，致使很多企业受损，中国产品在美国市场占比不断下降。原因可以从多方面分析：美国自金融危机以来经济形势一直不容乐观；中国企业之间存在低价竞争及政府政策问题；等等。

（一）美国贸易保护主义

随着美国对中国的贸易逆差逐年提升，出于维护自身的经济利益和政治利益的需要，美国的贸易保护主义逐步抬头和加剧。在反倾销方面，不但征收的反倾销税率越来越高，而且调查范围不断扩大，立案标准越来越宽泛，以此加强对美国本土企业的保护。

（二）美国金融危机以来经济不景气

2008 年金融危机以后，美国的 GDP 增长率一直比较低迷，2010 ~ 2016 年平均增长率也仅为 2.1%。而失业率 2008 ~ 2010 年则一路攀升，在 2009 年达 10%。2012 年开始有所下降，2014 年 6.2%，失业率水平较高。经济的持续低迷和较高的失业率使美国开始国内的制造业复苏。

（三）美国在中美贸易中的长期逆差

长期以来，美国在中美双边贸易中一直存在逆差，且逆差额也在不断增长。在遭遇反倾销的 2011 年，美国逆差额就达 2023 亿美元。2016 年中美双边贸易额为 5785.9 亿美元。其中，中国从美进口 1157.8 亿美元，中国出口 4628.1 亿美元，美国当期货物贸易逆差为 3470.4 亿美元。巨大的逆差以及其对美国贸易账户平衡的冲击使美国的贸易保护不断加强，开始对中国产品进行反倾销，以此提高产品价格，从而降低竞争力。

（四）以中国非市场经济地位为由，对中国产品进行反倾销

据《中国入世议定书》中的相关规定，自“入世”起 15 年后也就是在 2016 年 12 月 11 日，中国将无条件地拥有市场经济地位，可是在期满之际，欧美某些国家却将中国拒于市场经济门外，在进行反倾销调查时对于正常价格的确定不是使用中国国内的价格，而是可以任意选取替代国的价格，这样就会无形中加大倾销幅度，使中国处于不利的地位。

（五）中国对美国出口轮胎数量大、价格低

美国作为全球汽车保有量最大的国家，约 50% 的轮胎需要进口。中国是全球最大的轮胎生产国和出口国，美国是中国轮胎最大的海外市场。轮胎工业既是资本和技术密集型产业，也是劳动密集型产业，产品档次主要分为高技术、高附加值轮胎和低档替换胎。因为要素禀赋的差异，中国出口到美国的轮胎主要是中低档的替换轮胎，再加上中国轮胎产能超速增长，产品过剩比较严重，一些轮胎企业为抢占美国市场竞相采取低价竞争策略，导致中国对美出口轮胎价格一降再降，很容易引发美国的反倾销。

二、中国胜诉原因

（一）熟悉规则，逐个击破

根据中国加入WTO签订的《中国入世议定书》的相关条款来看，到2016年12月10日，中国将获得完全市场经济地位，在发生贸易纠纷时其他国家应当停止使用替代国做法。美国在对本案件进行调查时，依然选取泰国作为替代国，提高了成本价格，对中方应诉十分不利。在熟悉国际贸易规则的前提下，中方不断举证抗辩，最终使美方将税率由初裁的24%降到终裁的9%。虽然中国商务部的结果并不尽如人意，但是根据美国的相关规定，只有中国商务部与国际贸易委员会同时认定倾销和补贴存在，终裁结果方能实施。因此，中方并没有一蹶不振，而是积蓄力量准备接下来国际贸易委员会的听证会。听证会上美方控诉，美国本土企业在美国卡车、客车轮胎市场占有率下降了8%，相关企业的库存占比也增加了4.6%。对此，中方出具了一系列详细准确的调查数据。根据数据表明，案件调查期内，美国卡车、客车轮胎平均利润率从16%增长至18%，这样的增长率已经优于同期的其他行业。浦林成山轮胎公司等应诉企业也拿出了充分证据，证明美国存在采用复合橡胶海关代码错误等问题。中方凭借对国际贸易规则的熟练把握和翔实有说服力的数据资料，在抗辩过程中鞭辟入里、一针见血，由此影响了听证会的终裁结果。

（二）多方配合，内外施压

美国双反调查消息一出，中方政府相关负责人便立刻发言表示不愿意看到中美打贸易战，但如若中方正当权益受到侵犯，中方也会积极采取必要行动来应对不公正对待。

在中方政府表态的同时，行业和企业代表也紧跟着两次飞到美国，对当地的媒体和进口商进行大量反复的动员工作，说明利害关系，努力争取到多方支持，以至于到听证会当日中方代表团不仅包括政府、行业协会、骨干企业，甚至还包括美国轮胎经销商代表。相反，美方代表仅有7人出席听证会，其中4人是起诉方，即美国钢铁工人联合会的代表。势单力薄的美方代表在听证会之初便失去了声势，同时也可以看到国际贸易规则是尊重合法权益的，不合理的贸易保护在各行各业的紧密配合下不会令其得逞。

第三节　案例启示

一、建立反倾销预警机制

一是行业协会要与企业、政府和驻外机构保持密切联系，熟悉美国反倾销规则和轮胎产品贸易政策以及 WTO 或美国作出的反倾销最新裁决；二是要随时监控美国轮胎市场状况，及时收集、分析并发布美国对中国轮胎反倾销的最新动态，为企业提供相关信息和应对建议；三是跟踪国内的轮胎产品价格，协助国内企业及时做出调整，建立一套完备的应对反倾销的预警机制。

二、利用国际贸易规则，积极抗辩，维护正当权益

中国轮胎业双反案胜诉的重要原因来自政府地方机构、商会和骨干企业的密切配合和永不放弃的精神，同时对国际贸易规则的熟悉和对相关抗辩材料的收集与整理也为案件胜诉打下了坚实的基础。近年来，欧盟和美国频繁向中国发起双反调查，同时一些新兴市场的贸易摩擦也逐年增加，应对双反调查工作已然成为常态。所以，应当建立专业的应对双反调查小组，以便于在国外发起双反调查时能够冷静应对，迅速协调好相关人员，针对国际贸易规则制定出合理有效的对策，并应当建立起强大的轮胎价格和利润率等国内国外数据库，时刻关注轮胎市场走向，以便在贸易预警方面起到积极作用，以及在贸易摩擦抗辩时能够拿出切实有效的数据来反驳

对方的观点。

三、加强建立与当地企业的共生关系，合作共赢

中国企业在进入国外市场时，不应该固执地只与当地企业保持竞争关系，这样很容易陷入贸易摩擦的泥沼，从而失去当地市场；而应当从共生角度处理问题，就像“一带一路”倡议提出的命运共同体概念，应该把自己融入当地的价值链当中，一荣俱荣，一损俱损。具体来说，可以与当地进口商建立深厚的合作关系，或者把当地的供应商纳入自己的供应链体系当中，再或者可以用资本参股的方式、技术合作协议等将双方的利益捆绑在一起。当这种利益共生的关系建立起来时，美方对中方进行贸易摩擦调查时也会波及自己的利益，如果损失过大，贸易纠纷也会相应地寻求其他更为合理的方式，从而化解双反压力。在此次双反调查中，美国本土市场有相当一部分与本土企业有利益关系的进口商与供应商站在中方立场，这无形给案件的胜利增加了一定筹码。

四、加快去产能步伐的同时积极抢占高端市场

中国轮胎业对国外市场非常依赖，大概四成产品需要出口来消化。2016 年 1 ~7 月，从国内轮胎产量上来看同比增加了 3. 86%，但是轮胎出口交货量同比减少了 1. 43%。为了增加出口量，许多薄利多销的企业不断降低价格，扰乱市场的同时也为贸易纠纷埋下了隐患。因此，轮胎相关企业应当压缩产业产能，适当控制出口节奏，不然贸易纠纷只会越来越多，发起国范围也会越来越广泛。另外，产生贸易摩擦的原因有很多方面，其中之一就是国内轮胎档次很低，替代性强。随着东南亚轮胎业的蓬勃发展，中方轮胎在中低档市场也很快就优势不再。为此，中国轮胎企业应当积极开发新技术，将目标市场锁定在高端市场，竞争者少，替代性弱，产生贸易纠纷的概率小。

五、加速海外建厂，分散海外轮胎市场

在特朗普税改政策实施和公开表示不承认中国市场经济地位的背景

下，中国向美国出口商品的未来更添一丝担忧。对中国轮胎业在美遭遇，在此有两种有效方式可以消化国内过剩产能的同时减少一定的贸易摩擦。其一，将国内工厂转移至泰国、马来西亚等资源充足、劳动力廉价的东南亚市场，由此再出口至美国。此次双反调查中，玲珑轮胎就因为将订单转移至泰国工厂而受影响较小。其二，中国轮胎业可以减少对美国市场的依赖，将目标市场转移至其他发达或发展中国家。事实上，中国轮胎企业也确实在有节奏地转移目标市场，以此来减少频繁的“双反”调查带来的损失。案件中提到的卡车、客车轮胎出口市场主要是发展中市场，且其在美国市场的出口数据也是逐年下降。2015 年，中国出口美国的卡车、客车胎数量下降 9%，2016 年出口美国的卡车、客车胎数量继续下降 8.4%，2017 年前 7 个月，出口美国的卡车、客车胎继续下降 23.2%。相反，其在发展中国家市场的占有量逐步上升。这样的数据背后不仅与美国频繁的“双反”调查有一定的关系，同时这也是中国轮胎业努力寻求自救方法、主动加快出口市场转移的结果。虽然前期这种市场转移势必会带来行业“阵痛”，但是分散海外轮胎的目标市场，是缓解双反调查案件频发的必然选择。

第十一章　欧盟对中国光伏反倾销案例分析

第一节　案例简介

一、案例背景

在环境污染和资源紧缺亟待解决的情况下，光能作为清洁可靠的再生能源被高度重视，光伏产业在全球迅速发展。中国抓住这一机遇，大力发展光伏产业，仅用几年光景就形成完整的产业链，成为光伏产业的制造大国，出口额从2006年的2.25亿美元飞速上涨到2011年的358.2亿美元。2012年欧盟对华发起光伏反倾销调查，由于过分依赖欧美市场，此次调查使中国光伏产业的发展深受影响。

二、案例进程

2012年7月，一些欧盟企业向欧盟委员会正式提交了对中国光伏产品反倾销立案调查的申请。9月6日，欧盟正式宣布对中国光伏组件、关键零部件如硅片等发起反倾销调查，涉案金额超过200亿美元，是迄今为止欧盟对中国发起的最大规模贸易诉讼。

2012年7月24日，欧洲光伏制造商向欧盟提起对中国反倾销调查申请。

2012年7月26日，英利公司、尚德电力、天合光能及阿特斯四大中国光伏企业，代表光伏发电促进联盟和中国光伏行业正式发表联合声明，强烈呼吁欧盟慎重考虑对中国光伏发起反倾销调查，呼吁中国政府积极维护国内企业合法权益，力求阻止欧盟立案。

2012年8月17日，商务部受理对欧盟多晶硅企业的“双反”申请，将在一个月后宣布是否立案。

2012年8月30日，德国总理默克尔四年之内第六次访华，当天传出利好消息：中国与德国同意通过协商解决光伏产业的有关问题，避免反倾销，进而加强合作。

2012年8月31日，欧盟却向中国驻欧盟使团发出照会，确认将对中国企业出口欧洲的太阳能电池及其组件发起反倾销调查。

2012年9月6日，欧盟委员会对中国光伏产业反倾销调查正式立案。

2013年7月27日，欧盟委员会贸易委员宣布，中国与欧盟就光伏贸易争端已达成友好解决方案，该方案将提交欧委会批准。

三、欧盟的依据

欧盟在第384/96号法令《反倾销条例》第21条规定：“关于是否应欧共体利益要求进行干预的裁定，应当建立在对所有的不同利益，包括国内产业的、用户的和消费者的利益作为一个整体评价的基础上。只有当所有当事人根据第21条都有机会发表意见，才能根据本条作出裁决。”根据欧盟的反倾销法律规定，征收反倾销税的一个必要条件是符合欧盟公共利益的需要，如果不符合欧盟公共利益，就不得实施反倾销措施。

但从欧盟调查机关的公共利益审查实践以及发展变化中可以看出，欧盟调查机关在公共利益审查时仍然明显侧重申诉产业的利益或者给申诉产业带来的有利影响，并在消除倾销带来的贸易扭曲和恢复有效竞争的需要上予以“特别的考虑”，不会因为其他利益的考量而轻易终止反倾销措施的实施。

第二节　案例评析

一、欧盟对华光伏反倾销调查原因

欧盟对华光伏反倾销案原因是多方面的。一是经济危机。在全球经济危机的背景下，为了缓解财政状况，欧盟各国都采取了货币紧缩的政策，大幅度减少补贴，压缩了光伏企业的利润空间，这就导致投资热度减退，下游光伏产品的需求减少，无法达到刺激国内产业拉动经济发展的效果。在此情境下，中国光伏产业却不断发展，用比其他国家都低的价格来占有欧盟市场，对欧盟本土的产业造成威胁，欧盟开始利用反倾销措施保护本土市场，扶植本土的产业发展。二是产能过剩。中国许多地方政府为应对危机并保持较高的经济发展速度，都选择光伏类产业进行重点培育，投入大量资金，但由于内需不能满足产能，不得不过度依赖国外市场。在国际市场竞争中，一些企业往往通过价格竞争来获取市场份额，导致恶性低价循环竞争，给欧盟本土企业带来危机感，为欧盟对华反倾销调查留下了口实。三是技术原因。由于多种因素的影响，中国光伏产业面临“两头在外”的尴尬局面，并且核心技术的缺失导致必须以高价从国外引进原材料及生产装置，获得收益少，花费代价巨大。落后的技术、打“价格牌”成为中国光伏产业的特点，导致中国光伏产业成为欧盟反倾销的对象。

二、反倾销调查的贸易效应

（一）贸易转移效应

由于反倾销措施指向的特定性，其制裁对象仅针对个别国家的个别企业，进口商受此影响会把目标转向其他国家。在反倾销时期，惩罚措施与相关影响都会致使被指控方产品价格上升，从而出口商对产品进行加价。对于第三国而言，本来不具备价格优势的产品会因为被指控国产品价格的升高而获得青睐，从而出口量增加，贸易转移效应发生。在欧盟对华光伏产品反倾销案中，带给中国的负面效应大大减少了中国产品的出口，降低了中国产品在欧盟的市场占有率。欧盟产品市场供给不足，就会向其他国家进口目标产品，以填补市场空缺。比如此次事件，在终裁结束以后，欧盟转向进口印度产品，印度的出口数额同年10月增长近50%。反倾销前，中国光伏产品在欧盟市场占据较大比重；反倾销后，中国产品大部分退出了欧盟市场，欧盟光伏产品进口总额出现较大程度的下降。但是，达成价格承诺之后总贸易额开始回升，足以说明欧盟对于光伏产品的需求并未下降，只是把部分进口转移到了印度、日本等第三方生产国。因此，贸易转移效应的存在使进口国预期扶持本土企业等效果部分减弱。

（二）贸易抑制效应

反倾销举措引起的负面效应会使相关产品对指控国的出口受到阻碍，导致被指控国贸易量减少，从而减少了该产品的原料及制造设备的需求量。在反倾销措施实施之后，贸易抑制效应明显，一般情况下贸易偏转效应无法弥补全部贸易量的减少，因此从总量上来说，反倾销调查给被指控国带来的负面影响始终是存在的。从整个生产环节来讲，出口数量降低会导致生产规模减小，规模变小后必然不需要和以前一样多的原料和制造设备，导致原料和制造设备的进口量减少，即贸易抑制效应发生。以光伏产品的生产环节为例，上游的多晶硅原料、中游的硅片光伏组件和下游的装机用户构成光伏产业链。在中国遭遇反倾销调查之前，2011年进口自美国和韩国的太阳能级多晶硅进口额分别高达10.6亿美元和12.2亿美元；2012年遭到反倾销调查后，该项产品的进口额比上年分别下降34.9%、60.7%，为6.9亿美元、4.8亿美元。可见，欧盟反倾销调查对中国光伏产业各生产环节产生了显著的贸易抑制效应。

欧盟对中国光伏产品进行反倾销调查，不仅对中国多晶硅进口产生抑制效应，而且对多晶硅的市场价格也有影响。由于多晶硅生产是高度资本、技术密集型产业，因此在下游需求减少的情况下，为避免产能过剩带来的负面影响，生产商只能降低价格。例如，2012 年年初，多晶硅价格为 230000 元/吨，1 月末及 2 月初小幅上扬，但上涨幅度并不是很大；5～8 月，受到欧盟反倾销调查的影响，多晶硅价格有较小幅度的变动，但总体趋势是持续走低；从 9 月开始，国际市场需求一再萎缩，多晶硅价格阴跌连连甚至跌破成本线；12 月初，多晶硅价格暴跌至 119000 元/吨，虽较月底有小幅度上涨，但并不能改变价格低迷状态。2012 年多晶硅年初至年末的价格下降幅度高达 48.26%，说明贸易抑制效应除了表现在数量上的减少，也会引起价格的变动。

第三节　案例启示

一、中国政府应采取的措施

一是健全贸易救济体系，重视专业人才培养。首先，建议设立贸易摩擦专项基金。国外对中国企业发起反倾销调查时，中国企业应诉费用通常较高，为了防止某些出口企业无力承担应诉费用而消极应诉的情况发生，建议政府指导行业协会建立贸易摩擦专项基金，为企业应诉提供一定的资金支持。其次，建构反倾销协调网络。发挥驻外商务机构应有职能，对各个国家在反倾销方面所颁布的法令以及做出的判决等进行收集与整理，及时向国内更新反馈，有效帮助国内被调查企业应诉。最后，政府要重视培养反倾销应诉专业人才。建议政府进行规划和引导，制定相应的人才培养方案，建立应对国际贸易摩擦的专业队伍。从效率以及经济角度考量，选用本国律师应对反倾销调查，以提高胜诉的概率，保护国家利益。与此同时，对人才之考核应当坚持业绩与贡献作为考核评判指标，注重对人才实施双重保障，让人才能留得住、用得好。

二是大力发展国内市场，扩大光伏产品需求。与现今广泛使用的化石能源、水电能源和风电能源相比，光伏能源拥有充分的清洁性、可再生性。用光伏能源取代其他能源是各国近年来一直积极倡导的能源发展方向，中国地方政府将发展光伏企业视作一项重要的经济增长机遇，以优惠的财政政策来吸引更多银行资金和社会资金进入光伏产业。但这些财政补贴偏重于对光伏企业生产投资增加与规模扩张的鼓励，却忽视对技术研发能力的投入。这使那些得到了资金支持的企业在短时间内迅速建立生产能力并不断扩张生产规模，由于缺乏产业经验和信息优势，出现了低水平的重复建设和产能过剩的局面。光伏企业盲目扩大规模而研发投入不足，普遍缺乏核心技术，处于产业链附加值较低的环节。因此，政府财政补贴政策未来应重视光伏发电技术的推广以及下游应用端的消费，学习欧美国家先进经验，如光伏上网电价动态补贴、消费补贴、私人安装补贴和优惠贷款等。在税收方面也可以参考各国的抵税法案，在美国，光伏项目可以享受30%的税收抵免；德国免除太阳能光伏商用系统19%的增值税，

二、中国企业应采取的措施

一是规范自身出口行为，提高出口产品档次。企业对外开拓市场时，应当注重采用合法合理的竞争策略，不断提高产品质量，提升出口产品档次。当前，企业之间为了抢占市场，导致诸多不正当竞争行为出现，尤其是恶意定价等行为。这会导致中国经济整体上受到一定的损害，也容易诱发其他国家对中国采取反倾销措施。因此，企业应强化法治观念，同时对国际市场进行实践性调查，了解市场动态，避免由于价格偏离正常幅度，从而遭到国外反倾销。与此同时，国内企业之间应形成整体力量，共同致力于开拓国际市场，避免“窝里斗”引发反倾销。在保证出口秩序稳定的基础上，中国企业应加大技术引进和研发力度，增强核心竞争力。

二是立足现有市场范围，积极开发海外市场。根据前文的研究，欧盟

对华反倾销调查带来了贸易偏转效应。由此可见，经过欧盟对中国光伏企业的反倾销调查，中国光伏产品的出口市场变得更加多元化。在目前国内、国外市场发展仍不均衡的情况下，中国光伏产业在扩大内需的同时也可以借力“一带一路”倡议实现海外市场多元化，稳定出口市场结构。东南亚、中东、印度、非洲等一些国家的光伏装机量近年来呈爆发性增长，这些国家的光伏行业起步晚，仍然有很大市场尚未开拓。我国“一带一路”倡议对光伏产品出口是极大的机遇，此次光伏企业借力加强与“一带一路”沿线国家的贸易往来，完善海外市场多元化的出口结构。另外，为了防止反倾销调查和其他贸易壁垒的阻碍，部分有实力的国家也可以选择矿产资源丰富和人力成本便宜的新兴市场国家，通过投资建厂来减少投资风险。

三、行业协会层面的建议

一是充分担当起反倾销应诉的组织者角色。根据 WTO 的相关规定，反倾销案件的受理条件之一是必须由指控国相关产业内超过 25% 的企业进行申诉，单个企业很难独自申请立案调查。在本案中，发起反倾销申诉的是欧洲光伏制造商联盟。正是由于这种自律的非营利社会组织的存在，这些光伏企业才能够团结起来一同发声，反映企业真实诉求。相反，我国国内市场产品的垄断程度较低，企业数量较多，力量分散，面对反倾销方如此有组织的行为，我国光伏企业缺乏一个可以联合协调各会员关系的行业协会。在应诉过程中，复杂的法律程序、需要提交的大量材料、所涉及专业的技术知识等无一不需要相关方面专业人才的参与，应诉是一场攻坚战，此时行业协会的出面组织和应诉指导非常关键。

二是建立完善相关产业数据库，增强预警意识。行业协会作为众多企业的“领头羊”、主心骨，能够比单一企业更加全面地了解行业内的情况，也能够收集到更加完备的资料，建立相关产业数据库，在关键的时候起到重要作用。根据中国反倾销法相关条例的规定，在反倾销诉讼中，申诉人在提起反倾销申诉时需要提交相关资料，来阐明最近 3 ~ 5 年涉案产品对国内产业的影响，包括进口产品对国内产业在生产数量、市场份额、销售金额、生产率、就业等方面的一系列影响；进口产品数量与国内产业损害程度的因果关系等。单一企业很难独立收集这些国内外的相关数据，而依靠行业协会的力量，可以高效快速地收集到相关资料，并且组织各涉案企业一同摊销成本。除了应对国外反倾销等贸易经济措施时，协会的建立在企业日常生产中也显得尤为重要。协会平时收集和加工的产业数据，可以用在研究指导企业的经营方向、优化生产流程、改进技术不足等方面。专业的行业协会利用收集的各种经济指标为企业设立预警机制，通过密切关注企业进出口情况包括出口价格、出口数量以及国内外市场的变动情况，对未来可能出现的反倾销行为提供监测和预察，让企业有所准备，尽量避免反倾销的被动局势。

第十二章　中国胜诉土耳其长丝纱线反倾销案例分析

近年来，化纤出口企业面临的国际贸易摩擦风险呈明显上升趋势，尤其是土耳其“聚简长丝纱线反倾销案件”在业内引发关注。中国企业历经一年半的艰苦应诉，最终反倾销税率由初裁的38.74%大幅降至10%。在此之前，由于土耳其不认可中国的市场经济地位，中国企业获得的年平均税率普遍较马来西亚、印度等被承认有市场经济地位的国家高出2～3倍。这一成果为中国纺织企业应对新兴经济体国家反倾销发起的国际贸易摩擦提供了丰富的经验。

第一节　案例简介

一、案件背景

土耳其是对中国发起贸易调查案件较多的国家，仅2013年和2014两年，就对中国发起了7起贸易调查，主要原因在于土耳其与中国同属纺织服装类产品制造大国，其国内产业对中国出口产品较为敏感。随着中国纺织化纤业在全球竞争力的持续提升，近年来遭受到的国际贸易摩擦风险呈明显上升趋势。据统计，2012 年中国涉案产品对土耳其出口金额约为 126 亿美元，同比上升 12.96%。2012 年中国对土耳其聚酯合成长丝纱线出口的企业有 64 家，其中对土耳其涉案产品出口在 100 万美元以上的有 13 家，1000 万美元以上的 3 家。

土耳其聚酯长丝纱线反倾销案于 2013 年 4 月立案，2014 年 10 月终裁，历时一年半的时间。

二、案例进程

（一）初裁

2013 年 4 月 26 日，土耳其经济部发布公告，应国内厂商申请，正式对中国、印度、马来西亚三国的长丝纱线产品进行反倾销调查。若不应诉，土耳其将实施关税制裁，出口企业须缴纳高额反倾销税。

2013 年 5 月 14 日，纺织品进出口商会召开涉案企业协调会，搭建律师平台，就本案发表了应对策略和建议。最终，13 家涉案企业应诉。

2013 年 7 月 3 日，土耳其经济部初裁中国企业反倾销税率 38.74%，印度、马来西亚企业反倾销税率 8.8% ~17.3%。若抗辩失败，中国长丝纱线纺织业在土耳其市场将面临严苛的关税制裁。

2013 年 7 月 23 日，土耳其调查当局开展对华抽样调查，确定的 4 家抽样企业为江苏恒力化纤有限公司、福建百宏聚合纤维实业有限公司、桐昆集团股份有限公司和桐乡市中驰化纤有限公司。抽样调查的结果直接决定反倾销税率，抽样企业获得单独税率，未抽样企业获得加权平均税率。

（二）终裁

2014 年 10 月 17 日，土耳其调查当局公布终裁结果，中国企业反倾销税率由原来的 38.74% 降低至 10%。13 家应诉企业获得了与马来西亚、印度公司相同的税率，在很大程度上有利于中国企业继续出口。

土耳其聚酯合成长丝纱线反倾销案的胜诉为中国纺织企业应对反倾销调查及应诉反倾销案提供了丰富的经验。中国企业胜诉也再一次证明，会计支持对反倾销调查至关重要，应对反倾销指控的关键在于有效的会计举证和抗辩。

第二节　案例评析

土耳其对华反倾销有自己的特点，相较于其他国家，最明显的特点是土耳其对华反倾销成功率极高。据中国贸易救济信息网数据库统计，截至2014年12月31日，土耳其对华发起反倾销调查66起，已完成调查并最终实施反倾销措施的共59起，剔除仍在调查还未结案的5起，土耳其对华反倾销成功率高达81.72%。从全球涉华反倾销案件来看，这一成功率远远超越平均水平72%，土耳其成为全球涉华反倾销成功率最高的国家。

土耳其反倾销调查程序存在不够规范和透明性低的问题，这无疑会导致更高的反倾销成功率。纵观以往土耳其对华反倾销案，存在以下几个鲜明的特点：一是中国企业在应诉中很难获得市场经济地位待遇。土耳其反倾销调查当局将拒绝给予中国应诉企业市场经济待遇当成“约定俗成的规则”，完全无视中国市场经济改革不断深化这一事实。二是反倾销调查和执行程序具有很大的随意性。土耳其反倾销相关法规借鉴了1995年欧盟颁布的《关于抵制非欧盟成员国倾销进口的第384/96号条例》，两者内容基本相同，但是在具体的调查和执行上，却带有很大的随意性。从以往的案件来看，土耳其往往未按照法规规定的环节执行，初裁并非土耳其反倾销调查必经程序，很多案件中，调查当局都省略初裁环节直接做出终裁决定，往往也不进行实地核查。三是反倾销的裁决也具有很大的随意性。土耳其调查机构往往要求中国应诉企业提供大量的证明材料，最后判决却很少是依据这些材料做出的，且裁决缺乏事实依据，具有很大的主观性和随意性。基于土耳其反倾销调查执行和裁决方面的随意性这一特点，相较于倾销发生后的积极应诉，做好提前预警工作显得尤为重要。

第三节　案例启示

纺织行业面对严峻的反倾销形势，单纯依靠临时应诉是不能从根源上有效解决问题的，当务之急是建立完善的反倾销预警系统，进行积极的事前预防，尽量避免反倾销指控，将损失降到最低。反倾销预警大体包括两种类型：一是对本国出口产品免遭国外反倾销指控进行预警；二是对本国进口产品进行倾销预警。该类反倾销预警重点在于监控相关产品的外销情况及进口国同类产品的市场变化，并依据上述信息判断中国出口产品对进口国相关产业的影响，以及同类产品生产企业遭受损害的程度。

一、建立合理的反倾销预警机制

我们认为，反倾销预警机制的建立需要政府、行业协会和企业发挥三体联动功效，三者缺一不可。在整个动态预警过程中，相关信息需要在政府、行业协会和企业三方面畅通且及时地传递和交流。反倾销预警机制主要由两部分构成：一是反倾销预警信息库。政府、行业协会、企业三方利用自身的优势收集各类信息并整理录入反倾销预警信息库，反倾销预警信息库为反倾销预警提供信息支持。二是反倾销预警指标体系。预警指标体系设置多重反倾销预警指标，并规定预警临界值。机制的具体运作原理如下：在实际运用中，将反倾销预警信息库中的特定信息代入预警指标，计算出实际的预警指标数值，并与预先设定的临界值进行比较，指标值若超过临界值，则发出反倾销预警，政府和行业协会利用自身的职权对出口企业的行为进行宏观调控，企业则积极配合，调整自身的外销策略，最终达到有效预防反倾销的目的。在整个动态预警过程中，相关信息需要在政府、行业协会和企业三方畅通且及时地传递和交流。反倾销预警信息库在反倾销预警中起着基础作用，为反倾销预警提供信息支持。信息的收集、传递和反馈在整个预警体系中极为重要，起着基石般的作用。政府、行业协会和企业利用自身优势各尽所能地收集相关信息，将信息录入预警信息库中，各方信息相互补充和完善。

三体联动反倾销预警机制如图 12－1 所示。

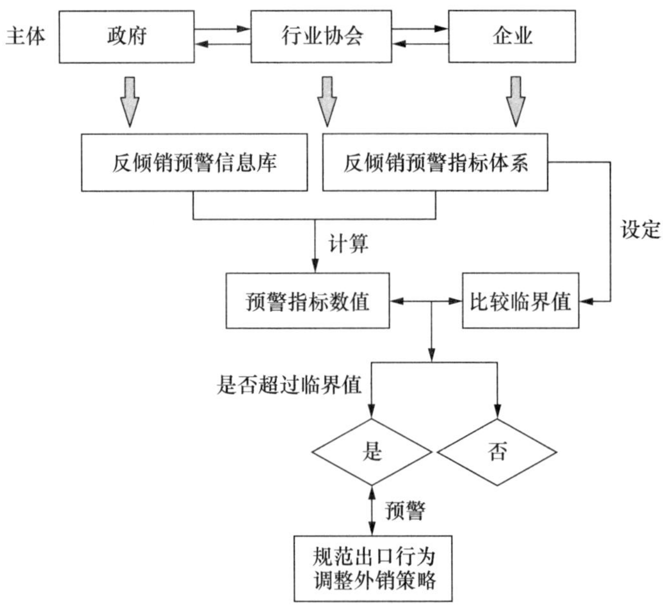

图 12－1　三体联动反倾销预警机制

政府在反倾销预警机制中应起总协调和总牵头人的作用。加强驻外使领馆、驻外经贸机构的情报收集工作，了解掌握所驻国的贸易政策、贸易环境的变动、行业内先进企业与相关行业协会的动态等。作为政府部门的海关在进出口商品的信息收集与统计方面具有不可替代的作用，海关部门应动态统计出各出口产品出口数量占各海外市场进口数量的比重，引导企业分散出口，必要时可建议政府有关部门设立临时调节关税，以避免出口过于大量且集中导致的贸易摩擦。国家应预估本国对外贸易的安全态势，预报可能影响国家贸易安全的重大问题。在出现此类重大问题时，借助科学的决策系统，快速做出有效的应对举措，并借助国家权力系统保证举措的贯彻实施，最大限度地维护国家的贸易利益。

行业协会与政府相比，能够在反倾销应对中发挥更加灵活的作用，它代表着整个行业的利益，与企业息息相关，在政府与企业之间起重要的沟通作用，也是企业同国际交流的媒介。行业协会在收集信息、开拓业务和调解贸易争端等方面发挥着十分重要的作用。行业协会可通过组织召开国际会议、人才交流、考察调研等交流学习方式，调查了解国际贸易信息和市场动态。企业作为反倾销应诉的主体、预警机制的直接受益者，更应重视贸易信息的收集、整理与传递。

中国企业可借鉴日本企业的做法，建立完备的信息搜集网络，在国内外设立信息收集据点，获取第一手国内外贸易资讯，收集诸如产品的市场动态、出口国行业市场行情及相关竞争对手情况等信息，并对收集的信息进行整理、分析，指导企业制定合理的外销策略。同时，将收集的资讯提供给行业协会，实现同行业间企业的信息共享及互通，增强企业之间的协作能力。

二、设计科学的反倾销预警指标体系

反倾销预警指标体系在预警机制中起关键作用。指标体系的科学合理及可操作性直接影响着预警的效果。预警指标体系的建立可由政府牵头，组织政府机构人员、专家学者、行业协会和企业代表等组成研究团队，制定出科学合理、行之有效的预警指标体系，应用于预警机制中。反倾销作为 WTO 框架下反不正当竞争的合理贸易救济措施，在具体实践中已被各国滥用为行贸易保护之实的常见工具。因此，反倾销预警指标可根据他国发起反倾销调查的动因着手制定。

除确实存在倾销行为这一因素外，政治经济因素已成为国外对中国提起反倾销指控的重要因素。鉴于此，反倾销预警指标可分为宏观指标和微观指标。宏观指标主要描述他国政治经济环境，如经济增长率、贸易收支、双边汇率、进口渗透率及失业率等；微观指标则与企业及产品息息相关，如中国出口产品数量变化率、中国出口产品价格变化率、中国出口产品价格成本比率、中国出口产品在进口国同类产品中的市场占有率、进口国同类产品销售增长率、进口国同类产品市场份额变化率、进口国同类产品毛利增长率及进口国企业开工率等。根据重要程度及实践经验对各指标附上权重，当综合指标超出预警线时，可通过完善的信息网络向政府、行业协会及企业发布反倾销预警。

预警信息发布后，政府可加强与当事国的磋商与斡旋，行业协会则利用自己的行业首领地位，协调企业之间对外关系，规范众企业出口行为。企业应针对敏感国家和地区，控制好出口价格和数量，增强自律及合作精神，站在国家整体利益的角度，紧密配合政府和行业协会等对出口价格、数量等方面的调控，适时调整企业的外销策略，避免或减少反倾销发生的概率。预警机制体系可将外贸摩擦消灭于萌芽之中，起到防患于未然的作用，最大限度地将反倾销风险降至最低，减少本国和企业的经济损失。

第三篇　中国反倾销操作实务

第十三章　中国反倾销应诉实务

改革开放以来，中国对外贸易不断增长，在国际贸易舞台上的地位日益上升。但同时一些国家也将中国的出口商品作为反倾销的主要目标。因此，了解和掌握有关国际贸易的反倾销理论和法规，研究分析国外对华反倾销的现状及原因，并提出相应的对策建议，对于消除对外贸易障碍、促进经济发展，具有十分重要的现实意义。

国际反倾销法具有贸易保护的性质和作用。无论是历史上的关贸总协定（GATT），还是现今的世界贸易组织（WTO）所倡导的自由贸易，都不排斥贸易保护，而是在消除多种关税及非关税壁垒、大力推进贸易自由化的同时，注重对进口国的适当保护。目前，反倾销已成为被国际社会特别是发达国家普遍认可的用以保护国内工业不受损害的工具。

越来越多的国家根据国际反倾销法的规定修改或制定自己的反倾销法律。因此，正确理解和把握国际反倾销的性质、作用和规则，是我们正确制定应对国外对中国反倾销策略、有效减少或避免遭受反倾销指控的重要前提。

第一节　中国对外反倾销概况

一、中国当前的反倾销现状

反倾销具有双重性，在合理范围内正当应用可以促进全球经济有条不紊地发展，但是一旦超过其合理使用范围，超过其应使用的程度，反倾销就成了一种贸易保护措施，这不利于国际贸易的发展和国家间的团结友好。这种不正当的行为既损害他国出口行业的发展，也使部分损失永远无法弥补。反倾销案件给中国出口企业造成了巨大的直接经济损失。反倾销使部分出口产品的国际市场不断萎缩，导致出口企业经济效益下滑，甚至停产，工人下岗失业。如果反倾销案件得不到有效遏制，反倾销的指控就有可能成为中国对外贸易发展的主要障碍。高额的反倾销关税使中国出口产品失去了竞争能力。截至 2018 年 1 月，中国已连续 23 年成为全球遭遇反倾销调查最多的国家，已连续 12 年成为全球遭遇反补贴调查最多的国家。统计显示，2017 年中国共遭遇 21 个国家（地区）发起的贸易救济调查 75 起，涉案金额达 110 亿美元。

（一）中国企业面临反倾销现状

1. 中国的诸多行业均遭到国外反倾销调查立案

涉及行业既包括低附加值的初级产品，如矿石、基本金属等，也包括技术、资本密集型产品，如机电设备、电视机等，以及包括具有明显优势的纺织、轻工等产品。其中以钢铁行业遭受反倾销立案调查涉及金额最大，范围最广，包括欧盟、美国等许多国家均曾向中国企业发出调查。技术性产品面临的贸易壁垒越来越大，包括农药在食品中的残留量、陶瓷产品含铅量、烟草有机氮含量、皮革 PCP 残留量、汽油含铅量、机电产品玩具的安全性、包装物的可回收、纺织品偶氮染料含苯量指标等。由于中国出口商品以劳动密集型为主，环保标准的提出必然会对中国的农副产品、食品、纺织品、建材等造成影响。

2. 对中国出口商品投诉反倾销的国家和地区日益增多

20 世纪 80 年代，对中国出口商品实施反倾销主要集中于欧盟、美国、澳大利亚、加拿大等西方发达国家。进入 90 年代以来，一些发展中国家如巴西、菲律宾、泰国、厄瓜多尔等也加入了对中国出口商品实施反倾销的行列。如印度，1994 年至 2017 年 8 月底，对中国产品发起 212 起反倾销调查，目前正在执行的仍有 93 起，仅 2017 年，印度对中国产品发起 13 起反倾销调查。目前，反倾销指控涉及欧洲、南美洲、北美洲、大洋洲、亚洲、非洲六大洲的 44 个国家和地区。

3. 反倾销案件涉及的规模和金额日益增大，反倾销税率高，危害性严重

据权威部门统计，2016 年上半年，中国出口产品遭遇来自 17 个国家（地区）发起的 65 起贸易救济调查案件，同比上升 66.67%；涉案金额达 85.44 亿美元，同比上升 156%；而 2015 年同期只有 37 起，涉案金额 35 亿美元。在 2016 上半年 65 起贸易救济调查案中，反倾销案件 46 起，占比 70.8%；在 2015 年、2014 年、2013 年分别为 73.5%、60%、69.4%。有数据显示，2015 年，中国钢铁产品共遭遇 46 起贸易救济调查立案，同比增加 19 起，占全年贸易救济调查总数的 46.9%，成为遭遇贸易救济调查最多的行业，而钢铁及其制品、化工、机电产品 3 个行业遭遇贸易救济调查占总数比重为 70.4%。2017 年 1 月 1 日至 2 月 6 日，共计 43 起涉华反倾销案件。其中，行政复审案件 24 起，新发案件 19 起。在 24 起复审案件中，有 12 起分布在化工行业，5 起分布在钢铁行业；在 19 起新发案件中，有 6 起分布在化工行业，8 起分布在钢铁行业。除此之外，中国的光伏、机电、轻工、五矿等多个产业均为遭遇反倾销调查的重灾区。

仅以 2011 ~ 2015 年国外对中国发起的案件为例，每年涉案金额平均约 110 亿美元，累计约 550 亿美元，虽然规定贸易经济措施 5 年内结束，

但实际经济措施达到10年甚至更长，每年对中国外贸的整体影响为1400亿~1500亿美元。各国在对华反倾销税的确定上存在较大的主观性和随意性，征收幅度从百分之十几到百分之几百。例如，2012年，欧盟公布对中国紧固件企业调整后的反倾销税，税率为22.9%~74.1%；2015年，美国再次对中国轮胎业启动“双反”调查，裁决税率高达169.28%。面对如此高的税率，无论哪家企业都无法承受，这也就意味着中国的相关企业将不得不退出已经占有的市场份额。

4. 国外反倾销具有“示范效应”

当中国某一出口产品在一个国家遭到反倾销诉讼后，会出现其他国家由于担心这种中国产品大量涌向其国家或者中国产品在其国内市场有相同的情况而采取反倾销投诉进行预防。中国出口的鬃刷、硅锰、碳化硅、高锰酸钾、硅铁、钢板、钨制品、鞋等都遭到过这样的境遇，都先后在不同国家或地区遭受反倾销立案调查，这样的“示范效应”现在越来越明显，越来越迅速，反倾销具有连锁效应，涉案金额日趋增大。

许多国家对于本国企业的对外反倾销活动常采取鼓励和支持态度，助长了国内贸易保护主义的气焰，一件出口商品的反倾销案，常引发进口国的其他生产商也纷纷对中国产品提出反倾销投诉，希望利用反倾销手段以达到限制进口中国产品的目的。例如，1994年，美国从一个小小的大蒜案开始，相继对中国出口美国的蜂蜜、自行车、蘑菇罐头、靛蓝等提起反倾销诉讼，直接影响中国对美出口额高达3亿美元。

（二）中国反倾销应诉情况

面对不断增加的反倾销指控，其中涉及美国和欧盟的案件应诉率达到100%，而20世纪80年代的应诉不过1/3。但我们需要注意的是，我国部分企业不但不积极应诉，甚至连听证会也不参加，这种情况会使我国相关企业处于极其被动地位，同时也给其他出口企业带来困惑。被起诉单位应该认识到不积极应诉的影响不只是本单位，整个行业都会受到影响。一旦某个行业失去竞争优势，其损失是无法估量的，与此同时也助长了起诉国的威风，下次遇到同样的情况时会有过之而无不及，不利于本国产品的出口和在国外长期具有竞争优势。

二、WTO 成立以来中国反倾销实践的特点分析

从 WTO 成立以来中国对国外进口产品的反倾销以及中国出口产品遭受的国外反倾销可以看出，中国的反倾销实践具有不同于其他国家或地区的显著特征，因此有必要进一步探讨这些特征的形成原因。

中国是全球遭受国外反倾销最多的目标国，且国外对华反倾销成功率较高。中国之所以成为 WTO 成立以来全球遭受反倾销的首要目标国，且国外对华反倾销成功率较高，其主要原因有四个：第一，中国出口贸易规模迅速扩大，贸易顺差持续增加。自 WTO 成立以来，中国的出口额由 1995 年的 1487.7 亿美元急剧扩大到 2017 年的 15.11 万亿美元，在世界各国或地区的排名由第 6 位一跃上升到第 3 位。相应地，中国的贸易顺差也由 1995 年的 166.9 亿美元快速上升到 2017 年的 2.87 万亿美元，12 年间增长了近 11 倍。中国出口贸易和贸易顺差的迅速扩大客观上对相关进口国的国内产业及市场造成一定的压力，从而引起这些进口国尤其是逆差国通过反倾销手段以实现贸易保护。第二，中国的非市场经济地位。长期以来，国外在针对中国的反倾销实践中，普遍维持着将中国视作非市场经济国家的做法。特别是 1995 年 WTO 成立后，中国为加入 WTO 而与 WTO 各成员方所签署的《中国入世议定书》第 15 条，明确地以多边协议形式规定了在中国“入世”后 15 年内其他成员方可以将中国视为非市场经济国家。正是这一条款，使中国在 1995 ~ 2016 年的反倾销实践中，依然遭受非市场经济地位的困扰。直至目前，在 WTO 153 个成员中，只有 88 个成员承认了中国的完全市场经济地位，而其他成员方则一直把中国看作非市场经济国家或转型经济国家。因此，在反倾销实践中，反倾销发起国往往采用歧视性的替代国或第三国价格来衡量中国出口产品的正常价格，从而容易导致中国对这些国家出口产品倾销的成立或倾销幅度的高估。第三，中国出口产品的低附加价值和低价格。WTO《反倾销协议》规定，倾销是指以低于国内正常价格的价格向国外出口产品的行为。因此，倾销最基本

也最直观的特征便是出口产品的低价。长期以来，中国凭借丰富且又廉价的劳动力资源，形成了以低附加价值和低价格为特征的劳动密集型产品为主的出口产品结构，同时中国出口厂商又过于注重价格竞争甚至恶性价格竞争，而低价格恰恰构成倾销成立并易于遭受反倾销的首要因素。第四，中国企业不能积极应诉国外的反倾销指控。根据 WTO《反倾销协议》和各国反倾销政策的规定，遭受反倾销调查只是遭受最终反倾销措施的前提和必要条件，但并不一定导致最终反倾销措施。然而，中国企业或者由于缺乏对反倾销发起国反倾销政策的了解，或者出于本企业应诉反倾销成本与收益的权衡，对于国外的反倾销指控，往往不能积极应诉甚至拒绝应诉，这无疑等于默认了中国出口产品倾销的成立以及反倾销指控国反倾销行为的合理性，从而使中国受控企业往往在遭受反倾销调查之后遭受最终反倾销措施，结果导致国外对华较高的反倾销成功率。

WTO 成立以来，中国对外国进口产品提起的反倾销案件较少的原因主要有以下四个方面。

第一，中国反倾销政策制定较晚，且尚不完善。一国完备的反倾销政策体系是该国对外实施反倾销的法律依据和有效保障。然而，直到 1997 年，中国才正式出台《中华人民共和国反倾销和反补贴条例》。中国反倾销政策的这一立法年代，在全球迄今已经出台反倾销政策的 91 个国家中名列第 73 位，不仅远远晚于加拿大（1904 年）、澳大利亚（1906 年）、美国（1916 年）和日本（1920 年）等发达国家，而且也晚于南非（1914 年）等其他许多发展中国家。[①] 不仅如此，中国的反倾销政策至今仍然处于条例层面[②]，还没有上升到正式的法律层次，而且反倾销政策的相关实体规则和程序规则尚待完善，这也在相当程度上制约了中国的对外反倾销实践。

---

① Mauricio Zanardi. Antidumping：What Are the Numbers to Discuss at Doha. The World Economy，2004，27（3）：408.

② 2001 年 11 月 26 日颁布了《中华人民共和国反倾销条例》，以取代 1997 年颁布的《中华人民共和国反倾销和反补贴条例》。2004 年 3 月 31 日，又重新公布了修订后的《中华人民共和国反倾销条例》。

第二，中国进口产品与中国国内产业较强的互补性。长期以来，美国、欧盟和日本既是中国的前三大贸易伙伴，也是中国进口产品的三个主要来源地。中国与这些国家（地区）对外贸易模式的显著特点便是从国外进口资本密集型、技术密集型和知识密集型的高附加价值产品，出口劳动密集型和资源密集型的低附加价值产品。这种典型的产业间贸易模式使中国进口产品与中国国内产业具有较强的互补性，因而与中国国内产业冲突较小，再加之自 WTO 成立以来国际社会特别是作为中国主要贸易伙伴的美国和欧盟等要求中国开放国内市场、人民币升值以及减少巨额贸易顺差的压力，所有这些因素都在客观上降低了中国国内产业对这些进口产品发起反倾销调查或实施反倾销措施的可能性，从而也相应减少了中国对外国进口产品的反倾销案件数量。

第三，中国“入世”前以及“入世”后的过渡期中主要依赖传统的关税措施来保护国内产业及市场。1995 年，中国的进口关税总水平高达 35.6%，2001 年 12 月加入 WTO 时的总体关税水平则为 15.3%。如今，中国关税总水平已由加入时的 15.3% 降至 9.8%，达到并超过了世贸组织对发展中成员的要求。因此，中国国内产业依赖政府的上述关税政策便可以得到相对有效的保护，从而忽视了包括反倾销在内的其他贸易救济措施的运用及实施。

第四，跨国公司通过对华直接投资设厂，有效地规避了中国的反倾销。20 世纪 90 年代以来，中国成为全球吸收外资最多的国家之一。迄今为止，在全球 500 强的跨国公司中，已有多达 470 家跨国公司在中国进行了投资设厂。这些跨国公司在华投资设厂所生产的产品绝大部分属于与中国国内相关产业竞争型的产品，并通过低价销售占领中国市场或扩大在中国的市场份额。然而，跨国公司在中国投资设厂的这种竞争策略，却有效地规避了中国反倾销政策的适用以及相应的反倾销诉讼。

三、中国出口商品屡遭国外反倾销指控的原因分析

中国出口商品屡遭国外反倾销指控的原因是多方面的，既有国际的，

也有国内的；既有客观的，也有主观的；除了经济因素的影响，还有法律因素的制约。综合起来，可主要从以下几个方面来分析。

（一）国内企业的不正当行为

中国产品具有低成本的竞争优势，价格比较便宜，再加上出口秩序混乱，出口企业削价竞销，导致中国出口商品价格大幅下跌，对进口国企业构成一定的威胁。这也不能完全排除中国部分出口企业利用中国政府和地方政府的出口鼓励、出口退税和减免税的政策在国外市场上来进行倾销的行为，在国外市场上以低于国内市场的价格，甚至低于正常生产成本的价格来进行销售。这种由于企业利用自身的优势在国外市场低价售卖商品的行为确实为不正常的行为，可以视为倾销。这种行为被立案调查是理所当然的，中国企业除了从自身寻找原因，别无选择。

（二）国际营销谋略不足

中国出口企业大多缺乏对国际市场的深入调研和总体把握，单纯依赖低价战略打入国际市场的居多，对外价格竞争手段重视不够。一方面，一些出口企业急于成交或由于缺乏专业人员、缺少资金、缺少对国内外市场价格的调查研究，造成缺少对国内外同类产品市场价格差额的了解，因此未对进口国市场行情和价格水平真正掌握，报价较低，从而遭到立案调查。另一方面，由于市场竞争激烈，国外企业在本地很多情况也会针对国内外同行进行价格大战。但国外企业在为争夺当地市场采取让利消费者策略时，国内企业为了和国外企业具有相对优势也会降价，跟随国外企业进行降价而不注意其国内市场价格。国内企业就这样掉进国外企业设的陷阱，遭到国外同行的起诉，并很有可能被迫退出该市场。再一方面，一些企业未能把握国际市场和进口国的行情，以便及时调整出口商品的价格和数量，致使某些商品大量涌入进口国，增大对华反倾销的概率。

（三）国外企业政府与企业对国内企业的不平等待遇

中国的出口企业之所以在美国和欧盟受到较多的反倾销诉讼，很大一个原因是这些国家的贸易部门依旧将中国看作所谓的非市场经济国家。GATT 第 2 条第 7 款针对非市场经济国家规定：WTO 成员方可以将市场上相同产品的价格，或以产自另一个家（第三国）的相似产品价格为基础确定的产品价值，作为从这个国家进口的正常价值。该条款造成对所谓非市场经济国家实行反倾销措施时，允许使用较宽的标准，事实上是对这些国家的一种不公平待遇，因为寻找一个同倾销国经济发展水平、技术水平、原材料完全相同的第三国为替代国，实际上是不可能的。例如，在一起针对中国生产蘑菇倾销案中，美国商务部居然选用印度尼西亚在空调条件下生长的蘑菇作为中国在自然条件下生长的蘑菇的相似产品，不肯从中扣除空调费用，以此裁定中国蘑菇出口构成倾销。

（四）法律应诉不力

目前中国尚未建立起反倾销应诉机制，存在应诉经费不足、专业人才匮乏、企业应诉意识淡薄等问题。国外对华反倾销案调查后，许多企业因多种顾虑往往不愿应诉。中国反倾销诉讼的被动与消极做法，易给人造成国外对华反倾销易于成功的错觉，结果往往不仅丧失了多年开辟的市场，而且助长了有些国家肆意对华反倾销的气焰。

第二节　中国如何应对反倾销调查

一、政府与反倾销应诉

（一）建立反倾销预警机制

众所周知，很多市场经济国家都有一套完善的反倾销预警机制。反倾销预警机制是通过对重点产品、重点国家和地区市场变化的监测、整理和分析，建立预警模型，及时发布预警信息，向企业提供准确的国际市场情况，对各国市场的出口状况，各国具体贸易法规、政策等情况，以使国内企业免受外国的反倾销调查，从而有效保护国内的经济安全。

还需要注意汇率变化对倾销幅度的影响。中国商务部对可能引起反倾销的商品，在考虑中国出口产品的生产成本、利润、生产能力、库存量等因素后，运用风险评估的方法，初步确定中国理想的出口价格和数量。通过核定出口配额和进口配额有偿招标等办法，控制产品的出口价格和数量。

（二）改变出口战略，规范出口竞争秩序，提高企业竞争能力

有证据表明，中国出口较多的产品多为劳动密集型产品，所含附加值极少。这些产品的大量生产不仅浪费国内的宝贵资源，而且还经常会遭到来自各国的反倾销。有鉴于此，我们应该变以价取胜为以质取胜。

企业在限制资源密集型产品出口的同时还要鼓励扩大高技术含量、高附加值产品的出口，并逐渐树立我们自己的品牌；要转变思想，调整出口退税、补贴、优惠和鼓励政策；要以提高出口产品的国际竞争力为目的，制定长期的国际经营战略，树立自己的国际品牌，提高国际知名度，提高产品身价；实施外贸规模化经营、市场多元化和品牌战略，优化调整产品结构、出口高技术产品、走内涵式增长道路；要加强对 WTO 反补贴规则的研究，调整政策，多使用 WTO 允许的 R&D 补贴等“绿色补贴”，取消地区、产业的局部补贴等“红色补贴”，以免对华反倾销案件减少的同时导致对华反补贴案的增加：要注重对出口产品在国外市场的调研工作，了解并掌握其同行对手生产能力、市场销量和价格水平，防止一哄而上过量出口；要加速建立市场经济的价格运行机制，尽快形成合理的价格体系，切实做到商品价格由市场决定，从而使西方国家在反倾销中对中国实行价格歧视和借口失去依据；要加强宏观调控和协调管理，严禁低价竞销，避免自相残杀而导致肥水外流。要优化生产要素的合理配置，通过降低成本提高竞争能力。

（三）让更多国家承认中国的市场经济地位

中国的市场经济改革已经实行多年，并已成功加入 WTO。但直到目前为止，美、欧等国家或地区为了有效遏制中国经济的更快发展，以种种借口迟迟不肯承认中国的市场经济地位。对此，一方面，我们要进一步深化

经济改革；另一方面，要积极与其他国家沟通与交流，让中国的市场经济地位得到承认。这样其他国家就再也无法采用第三国替代商品的价格对中国产品发动反倾销。

（四）建立健全反倾销应诉机制，全力做好反倾销应诉工作

为鼓励中国企业能积极应诉所遭遇的反倾销，我们需要制定严格的奖惩制度。一方面，对于积极应诉的企业，不但要为其提供相关的数据，还要为其提供相应的资金；另一方面，要对不应诉或应诉不力的企业给予严厉制裁，如罚款、取消出口资格等。

为有效应对国外对华反倾销，防止和减少国外反倾销造成的损失，中国政府及其出口商品管理部门和司法机构应认真总结经验，深化体制改革，主要抓好以下几个方面的工作：一要尽快建立起应对国外对华反倾销的协调网络。充分发挥中国驻外商务机构的作用，全面调研进口国的反倾销法律、法规，随时跟踪中国出口商品被进口国反倾销机构立案调查的情况，并及时地将有关信息传递回国，以利于国内反倾销应诉协调机构和行业商会及时组织相关企业积极应诉。二要设立反倾销应诉基金，由于反倾销应诉需要费用开支，为防止某些出口企业无力承担应诉费用、应诉不力或拒绝应诉等情况的发生，可参照国外的做法，依据各企业出口量的大小确定一定比例的费用份额，并指定专门机构或海关收取，建立起专项基金，主要用于支持反倾销应诉和为企业提供国际市场信息。三要强化应诉立法，加大奖惩力度。要把反倾销应诉与出口管理手段结合起来，坚决落实“谁应诉，谁受益”的原则。有关部门应抓紧制定具体的操作细则，对积极应诉和胜诉的企业通过采用出口许可证、海关审价以及其他手段给予补贴和奖励，对不应诉或在应诉中表现消极的企业给予处罚，直至取消其生产经营许可证、外贸经营权，以形成有效的激励机制和约束机制。四要抓紧培养一批从事反倾销应诉的专门人才。目前，我国在反倾销应诉时均聘请外国律师办案，这不仅要付出高昂的费用，而且在应诉和抗诉过程中往往无法充分反映我方意图，不利于维护我国的正当权益。为此，迫切需要从战略高度出发，从现有的外经贸管理干部以及律师、会计师、经济师

队伍中选择一批经贸、法律和外语等方面具有较高知识水平和业务素质的优秀人才，进行集中强化培训，以加速造就一支高素质的反倾销应诉的专家队伍，为构筑科学、高效的反倾销应诉机制提供有力的人力资源基础。

近年来，中国遭受了众多的反倾销，与之相比，由中国发起的反倾销则少之又少。这也是其他国家频繁对中国产品实施反倾销的一个重要原因。因此，今后我们不应该仅仅疲于应付他国的反倾销，而应主动出击，加强对他国尤其是那些频繁对中国实施反倾销国家产品的反倾销。只有这样，才能在一定程度上遏制对手滥用反倾销。

二、行业协会与反倾销应诉

行业协会应该从以下几个方面对现有机制进行完善，应对已发生的或有可能发生的外国对华反倾销诉讼采取措施。

（一）配合政府有关部门建立反倾销预警机制

反倾销预警是最基础的反倾销工作，行业协会作为企业利益的代言人，应配合政府有关部门建立健全反倾销预警机制，协助政府做好企业的组织协调工作；进一步加强与国外相关行业组织、贸易促进机构的联系，提高行业信息服务水平，促进贸易交流；重点关注进口国的市场动态及其生产企业对中国出口产品的反应；重点向企业提供进口国对相关产品的非关税措施、市场发展动向、国外同行业竞争对手的生产能力、市场销量和价格水平等信息服务；通过充实商会网站内容，增加相关链接等手段提高服务质量，增大服务面。各行业协会要建立行业内反倾销（反补贴、保障措施）的信息中心及应诉指导机构，具体指导企业应对反倾销工作。通过建立起来的反倾销预警机制，一方面，对企业的出口规模和速度进行指导；另一方面，帮助企业提前做好应对反倾销调查的准备。

（二）规范企业行为、维护出口秩序

行业协会应主动承担起保护本行业利益的责任，充分发挥其桥梁纽带的作用与组织协调、指导服务的职能作用，为防止遭受反倾销，可以在整个行业的企业当中充分开展协调工作，规范出口商的市场行为，规范市场秩序。组织各个企业有序地进行出口，防范企业相互压低价格进行不良竞争，改变目前各自为政的混乱状态，形成有序的出口局面。

（三）及时、有效地组织企业应诉

反倾销应诉需要耗费大量的人力、物力和财力。行业协会虽然是民间组织，但从整个行业的角度来看又具有一定的公共性。因此，作为整个行业的代表者，行业协会可以通过收取会费的形式来筹集资金，建立反倾销基金以专门用来建立信息渠道，配备反倾销专业人员，聘请律师，组织企业应诉。利用整个行业的资源来克服单个企业势单力薄的不足，这就可以解决应诉不及时的问题。另外，无论受益还是损失，都由行业内的企业公平分担，这就可能解决某些企业“搭便车”的问题。行业协会容易拥有处理倾销和反倾销案件的经验以及相关信息，而且由行业协会做这方面的工作也不会耗费企业太多的精力，有利于提高应对反倾销的效率和效果。目前，中国的行业协会在这方面做得仍然不够。其他国家在对外反倾销调查和应诉的实践中，行业协会都扮演了十分重要的角色，它们往往代表企业提出反倾销申诉，又为所属企业的反倾销应诉提供专业服务，值得中国行业协会学习和借鉴。

（四）利用争端解决机制维护会员企业权益

按照世贸组织争端解决机制的规定，如果中国出口商对外国政府所作反倾销裁决有异议，在磋商不成的情况下，可以提交争端解决机构解决。从世贸组织争端解决机构受理的案件来看，涉案方要对世贸组织的法律条款和反倾销协议非常熟悉才能指出对方的不合法之处，为自己进行有效辩护，并向专家组提出合理的裁定和建议，以保证最终胜诉。目前，中国对世贸组织有关法律制度方面的研究还处于起步阶段，缺少这方面的专家。行业协会作为企业的代表，集中了本行业的专家，人员整体素质较高，可以充分发挥其人力资本的优势，专门研究世贸组织的各项相关规定，总结和借鉴纠纷各国在解决争端过程中的经验和教训，以便在遇到争端时可以积极督促并帮助企业和政府利用争端解决机制来维护企业和国家的利益。

（五）组织行业培训，规范反倾销工作程序

反倾销作为世贸组织允许并被世界各国频繁使用来保护国内产业一种

有效手段，行业协会应当组织本行业的企业以及有关人员进行反倾销、世贸组织争端解决等法律培训、学习、宣传和普及，并提供咨询服务，不断提高本行业内企业的法律意识和操作水平，在本行业以及企业内培养和锻炼一批相对稳定和过硬的反倾销队伍，积极应对反倾销工作，改变过去反倾销工作中被动局面。

我国行业协会的产生是经济体制改革的产物，其改革与发展明显滞后于企业，并受政府多方制约，存在性质、地位、职能不明确，法制不健全，管理体制与关系不顺，行政化倾向较重，结构不合理，自身建设不到位等问题，严重影响了行业协会的健康发展，其在反倾销中作用的及时发挥也受到了影响，急需加强行业协会自身的建设。

三、中国企业与反倾销应诉

面对国外对华反倾销，出口企业应积极应对，主要可采取以下措施。

（一）收集国内外市场商情资料

企业在扩展市场时，应有预防性策略，事前分析对方和本国市场的状况，动态评估被控告倾销的风险，建立反倾销预警机制，将反倾销工作的重点由事后应诉转向事前预防。重点分析产品出口数量集中、剧增程度和市场占有率变化；售价是否迫使进口企业销价销售；进口国企业产品产量、利润、员工就业人数是否减少，且有具体证据显示该现象将持续恶化；该产业在近几年是否会提出倾销上诉等。根据所获市场资料，若预警有受申诉的征兆，可事前防范，如暂时压产、分散市场或调整价格，避免有损害嫌疑而被申诉。

（二）强化法律意识，提高企业应诉的主动性

一般而言，反倾销针对的是一类产品，而不是一个企业。倾销指控一旦成立，其造成的损失绝不仅是某一家企业，而是整个行业、整个民族工业甚至整个国民经济。企业作为市场经营运行的主体，要参与国际市场竞争，必须更多地学习和掌握国际贸易的法律，强化自我保护、自我发展意识。面对国外对华反倾销指控和调查时，所有的相关企业都应积极参与，

并善于运用法律武器来保护自身合法权益，这样才能在国际贸易的激烈竞争中不断发展与壮大。

（三）增强国际营销观念，实施出口多元化战略

在国际竞争日益激烈的形势下，出口企业应尽快转换现有的竞争战略及策略，变以廉取胜为以质取胜，学会运用商标、包装、公关、广告等多种非价格竞争的手段，在出口商品的技术含量和创汇率上下功夫，扩大高技术含量。高附加值产品的出口。同时，注重全方位地开拓国际市场，在巩固现有欧美市场的同时，积极开拓新兴的海外市场，尤其要加强对东欧、拉美、非洲等市场的开拓，以降低市场过于集中所带来的风险，并达到避免反倾销调查之效。为了应对日益严重的反倾销，中国企业还应果断跨出国门，采取境外设厂、国外组装、与第三国合作等多种方式。20 世纪的日本企业以及现在的海尔、TCL 等中国企业都由此有效地绕过了所谓的反倾销。因为反倾销是对外国企业而言的，而外国企业一旦变成本国企业，就不再会遭遇反倾销，或者即使被反倾销，也会增加对方的反倾销成本，而且涉及多方的利益，反倾销协议很有可能由于各方利益难以协调而流产。

第三节　企业遭受反倾销调查的应诉程序

为规范出口产品反倾销应诉工作，外经贸部颁布《出口产品反倾销应诉规定》。

规定要求，中国出口产品受到反倾销调查后，在调查期内生产和向调查国或地区出口涉案产品的全部涉案企业应积极参加应诉，保护自身的合法权益。作为规范和指导全国出口产品反倾销应诉工作的机关，外经贸部委托各进出口商会和外商投资企业协会作为应诉组织单位，具体负责企业

反倾销应诉的组织协调工作。

应诉组织单位的职责包括：根据案件具体情况联合相关行业协会共同组织应诉；组织企业聘请律师和参加国外调查部门举行的听证会；协助企业接受国外调查机关的实地核查；协助企业进行价格承担协议或中止协议谈判；需以政府名义签订的价格承担协议或中止协议，或要求政府担保或监控价格承担协议或中止协议执行的，应向外经贸部报告，并提出方案；就具体落实“谁应诉，谁受益”原则，向外经贸部提出建议；跟踪、分析被反倾销产品的出口变化情况，同时提出相应对策和建议等。

规定要求，涉案产品在调查期内出口金额超过5000万美元的，涉案产品对中国出口具有较大影响的，涉案企业较多或案件情况复杂需要协调的，以及外经贸部认为有必要统一协调的案件，应诉组织单位和应诉企业选聘律师应事先征询外经贸部意见。

一、反倾销应诉注意事项及技巧

（一）应诉的及时性

反倾销案件具有很强的时间性和特殊性。许多国家的反倾销法案都规定了应诉的期限，尤其是从调查公告到初裁，通常只有40天时间。留给企业回答几百页的问卷调查的时间，也只有几个星期，只要超出应诉时间，就视为自动放弃，起诉国同样会对这些企业采取高关税，很多应诉反倾销失败的企业就是输在了“起跑线”上。国外反倾销法一般都规定如果涉诉企业不积极应诉或不应诉，负责案件审理的部门可依据其可获得的最佳信息直接做出缺席裁决。在国外反倾销调查机构发出立案调查通知后，应诉组织单位应及时报名应诉，快速做出反应，召开反倾销案件应诉协调会议。通报案件基本情况、确认反倾销调查的产品的范围、介绍调查国反倾销案件调查程序、介绍参加竞聘的律师事务所的基本情况并组织竞聘、汇总企业生产和出口情况，初步制定应诉策略。组织强有力的应诉班子，必须组成包括企业高级管理人员及财务、销售、劳资等部门人员在内的专门班子，各方协调一致、配合作战。

（二）聘请有经验的律师

参与竞聘的律师应符合以下条件：①了解中国的经济运行体制，具有代理中国企业应诉反倾销调查工作的经验。②具有反倾销案件的法律知识和实践经验，具有良好的职业道德和敬业精神。③立案前 3 年内未代理过调查国或地区生产商针对中国产品提出的反倾销调查申诉。④有能力为涉案企业提供所需的相关服务。

选聘律师要注意，律师事务所具有一定的实力和知名度，从事反倾销的经验及胜诉率显著。在反倾销调查进入司法审查阶段时，还要考虑中外律师协同作战的问题。尽快聘请通晓反倾销所在国的有关法律、反倾销实践经验丰富、对中国国情比较熟悉、与当地反倾销调查机构联系密切的律师（包括当地和国内律师），并在律师的指导下，积极准备相关材料和证据。应诉企业应毫无保留地向律师提供有关企业的一切情况，包括持股比例、生产成本、经营成本、国内外市场的销售状况等，并向律师陈述自己想通过应诉达到的目标。需要注意的是，所聘请的律师最好在国内、国外都有分支机构，从而在国内律师协助企业准备材料的同时，国外的律师能及时与当地部门取得联系，并递交相关材料。

应诉企业应尽可能集中统一聘请律师事务所代理应诉。如应诉企业选聘两家以上律师事务所代理同一案件应诉时，应诉组织单位应在组织企业回答调查问卷，落实实地核查、就产业损害问题提供抗辩材料等方面加强协调各律师事务所的工作。

下列案件的律师选聘，应诉组织单位和应诉企业应事先征询对外贸易经济合作部的意见：①涉案产品在调查期内出口金额超过 5000 万美元的；②涉案产品对我国出口具有较大影响的，如我国传统大宗产品、拳头产品和出口市场单一的产品；③涉案企业较多，或案件情况复杂，需要协调的。

应诉企业与受聘律师签订书面聘用协议后，应诉组织单位应向对外贸易经济合作部通报所聘律师情况。

（三）联合相关的利益集团

被外国倾销指控的中国企业可向当地消费者保护组织强调贸易保护主

义对消费者利益的侵害，并联合对方进口商和下游企业，声明因倾销调查造成产业营运成本提高而遭受严重损害的事实，削弱申诉方势力，以争取有利情势，促使对方统筹考虑消费者、进口商及下游企业权益，降低对产业的保护程度。反倾销对其国内厂商及工人而言虽然有利，但使用进口产品的下游产业及广大消费者却深受物价上涨之害。因此，中国涉案企业要联合其他出口国家及其相关消费者保护组织，宣传保护主义之害及廉价进口之益，以减低国家对国内产业的保护情绪。

另外，许多国家的反倾销法均要求申诉至少得到25%的同类产品生产商的支持，方可立案。有些出口商就利用该条款通过当地进口商业关系或律师的桥梁作用，分化进口国国内申诉生产上的申诉立场，达到使申诉不能成立的目的。有些国家或地区在反倾销中就有在立案前应该征求所涉及产品的消费者意见的做法，即通过向产品消费者或最终用户的游说，使当局考虑公众利益为由拒绝申诉方的反倾销申诉，从而达到出口商的目的。

（四）填答调查问卷应注意的事项

反倾销问卷调查内容基本上围绕着两个方面展开：①具体核查涉案企业的所有制性质是否符合市场经济要求，此外，还核查企业的价格和成本、销售，雇佣劳务、独立经营决策、各项主要的投入，包括资金获得和外汇兑换等方面是否均不受国家重大干预，是否符合市场规律。②要核查企业各项成本和投入的真实性。通常涉案企业的上述成本和投入均应账目清楚并经过独立审计。具体的核查工作通常首先是从企业的资产负债和利润损益表上企业的总成本和利润方面开始，然后再从企业总账分别核查到具体各个车间的各项投入和产出的部门记录。如果这些记录是从更小的部门如生产小组或者独立核算承包者汇总而来的，则要核查这些最基层部门的原始记录是否真实或者准确，最后还要把记录汇总后与该车间的报表总量相吻合。

调查问卷是反倾销应诉的关键。在国外反倾销调查机构发出调查问卷后，涉案企业要积极主动地向律师提供充分的材料和数据，在规定的时间内配合律师认真填写，填写的内容尽量符合事实并基本无矛盾。填好调查问卷，及早准备应诉的材料，要准备的资料主要有公司营业执照，公司章程，公司住址结构图，过去 2 年的资产负债表和损益表，涉案产品过去 3 ~ 5 年的生产能力、产量、销售量和出口量等。

调查问卷必须在规定的时间递交到反倾销调查机构，并随时准备对进一步的补充问卷进行回答。如果企业感到填写问卷的时间不足，可向调查机关提出延期要求，调查机关通常会批准延期要求。国内许多企业因为错过调查问卷所规定的最迟提交时间，而失去了反倾销应诉的机会，而且要注意调查问卷问题设置的陷阱，谨慎作答，以防陷入被动。

填写调查问卷既是反倾销调查的必经步骤，也是以后抗辩的重要依据，对争取反倾销案件的胜诉有着不可忽视的作用。企业在收集、提交材料时应客观真实，经得起此后的核查认定。

（五）参加听证会

根据反倾销调查的进展情况，应诉企业应利用法律赋予的权利促使反倾销案件向有利于应诉企业的方向发展。适时要求召开听证会，利用听证会阐述有利于应诉方的论点，并可届时补充调查问卷等调查时的一些不足。

（六）替代国的选定特别重要

因为替代国的价值相当于《反倾销协议》中的正常价值，在美国的反倾销法中，倾销率就是根据美国价格（USP）与外国市场价值（FMU）比较得出的。因此，外国市场价值是测算倾销率的关键。应诉企业应和自己的律师一起，积极选择有利于自己的替代国材料，并争取被对方商务部门接受。

各国大多沿用替代国的方法来处理对华反倾销案件，因此，应将主要的时间精力放在替代国的选择上，选择那些国内售价较低的市场经济国家作为替代国，选择确定之后，要及时向有关主管部门提出申请，并提供足够的证据，充分说明选择的理由，以便使对方采纳。值得注意的是，被选择的国家或地区必须是市场经济国家或地区，这是外国反倾销法律要求的基本条件。

由于第三国生产商为了避免有可能泄露自身的商业秘密而处于不利的国际竞争境地，以及其他有必要向中国或申诉国掩盖的一些情况等原因，不愿意在提供证据等调查事项方面予以合作，在选择替代国时也要考虑。

（七）力争市场经济地位

美国、欧盟等国家或地区利用自己在反倾销法规中加入的相关的非市场经济地位条款，规定对来自非市场经济国家的产品在实施反倾销调查时，可以不采用该国的国内市场价格数据，而采取计算价格方法或替代国价格方法，其直接的后果或目的是提高反倾销认定或反倾销幅度的可能性。所以，企业在应对反倾销调查时，应力争取得市场经济地位。

（八）接受现场核查

实地核查是反倾销案件中的一个重要程序，国外调查机构在核查时极为认真、细致、严格。实地核查类似于诉讼案件中的实地取证。对于倾销事实的确认有非常重要的影响。所以，进口国反倾销当局派官员到中国调查时，应诉企业要做好充分准备。核查之前，应与律师配合做好细致、缜密的工作安排，并需事先安排接受核查的具体人员及各自分工。

在核查中，每个关键部门（财务部、人事部、生产部、销售部、公司办公室等）都要有专人负责，每个部门对核查人员提出的任何问题以及提出这些问题的目的都要有透彻的理解。从生产的成本会计师、销售部门的产物主管、本案负责联络的人员以及挂帅的领导人员都要认真负责，详细掌握各部门情况。核查时，参加的人员要做到对全过程的充分了解，以及迅速正确的反应。

（九）向进口国提出协商结案申请

要根据对方对外反倾销结案的一般类型，特别对中国反倾销案的结案类型和是否征收临时反倾销税等信息区别选择对策。对偏爱协商结案型国家（如阿根廷、巴西等）主动提出协商结案，以争取一个比临时税率或初裁反倾销税更有利的结果。当然在何水平结案还需要双方谈判，中方应充分考虑对方的可接受性，以免遭到对方拒绝。对偏好征税结案的国家和地区（如美国、加拿大、欧盟等），一定要积极应诉，争取较低的税率甚至零税率结案。

在反倾销调查程序中，调查机关做出肯定性初裁后，中国应诉企业可以在征收高额反倾销税和价格承诺之间进行权衡，向调查机关提出价格承诺的建议和请求。价格承诺在一定程度上可以保障中国应诉企业一定数量的出口。如果对方拒绝接受我方提出的价格承诺，给出的理由又不恰当，可以向 WTO 争端解决机制投诉，因为按 WTO 反倾销协议，在反倾销税决定之前，应使用积极协商结案的方法。

（十）充分利用行政复审，争取重新进入市场

即使企业被裁定构成倾销，征收反倾销税。企业仍然可申请复审，要求降低反倾销税或撤销反倾销税，以收复失地，重新进入该国市场。在调查期间没有向该国出口的企业，还可申请新出口商复审。

一般情况下，反倾销最终征税的有效期为 5 年，这并不意味着 5 年之内就不能改变反倾销终裁。最终反倾销税征收 1 年以后，中国出口商如果能提供充足的证据，证明对方已经没有必要利用最终反倾销税来抵销原来所造成的损害，或停止最终反倾销税后损害不会继续或重新发生，可要求对最终反倾销税进行临时复审。临时复审可以维持、取消变更现有最终反倾销税的税率，如果对方生产商提出复审，中方出口商应积极应诉，争取无税结案。由于未来对华反倾销案的行政复审案将有大量增加，对此中国各方一定要引起重视。

二、律师在反倾销应诉中的作用

（一）进行应对方案设计及相关法律、财务辅导

律师可以结合企业实际情况和反倾销调查中的各种因素，预测应诉后可能获得的最好和最差结果，并提供不同的应诉方案，以供企业科学决策。

（二）提供反倾销调查应诉全程法律服务

（1）填写调查问卷。律师要与应诉企业有关专门人员充分协调，从提出有效抗辩的角度出发，策略性地填写调查问卷。

（2）提交综合性法律意见和事实性资料，并对申诉方的意见和资料进行答辩或反驳。

（3）组织或代表企业参加听证会。结合企业所填写调查问卷、提出的抗辩等情况，以企业产品的出口行为没有构成倾销为出发点，适时提出召开听证会，或者组织有关方面人员参加听证会，以进一步阐明支持企业应诉的观点和主张，着重补充和强调调查与抗辩的不足。

（4）配合国外反倾销调查机关的实地核查。在这个环节，律师的工作是协调、组织应诉企业的相关部门和人员，积极主动地接受核查。帮助企业准确掌握国外反倾销调查机关调查范围和内容，做好充分准备，并且律师也可以直接代表企业接待调查人员。

（5）提供初裁后价格承诺的谈判服务。反倾销调查机关做出初裁后，在一些情况下，需要与对方进行价格承诺的谈判，这种谈判往往是以初裁的较为合理为前提的。其目的在于确保应诉企业必要的市场份额。

（6）提供复审、新出口商复审申请服务。在原始反倾销调查已经完成，结果已经确定的情况下，通过这些调查程序，可以最大限度地趋利避害。企业可依据有关法律规定申请行政复审，以便争取修改反倾销税率或取消反倾销税。对于新出口商复审，企业可以采取一系列有效的方法，如以提高出口价格等来降低反倾销税。

（7）提供反倾销诉讼服务。如果有正当理由和充分的证据证明，最终裁决和行政复审决定是不公正的，建议企业向反倾销诉讼提出国的司法机关提起诉讼，请求修改或撤销原裁决或行政复审决定。

（三）提供调整企业出口策略法律意见

企业在日常的生产经营过程中，应有市场的规划与预期，加强管理，不盲目追求单纯的出口数量，以免被进口国所诉。律师也可以协助企业在公司设置、运作及企业出口策略方面做出合理设计。

三、在反倾销案件中，被调查企业可以提出的主要抗辩事由

（一）非属被调查产品范围抗辩

因存在反倾销调查机关有意将原材料、生产工序以及用途不同的产品

混为同一种产品进行立案调查，扩大中国被调查产品范围的问题。所以，在应对之初需首先结合海关税则号及立案公告，仔细核对，如非同种产品，应及时提出抗辩。

（二）市场经济地位抗辩

根据反倾销法的规定，在确定是否存在倾销时，要将正常价值与出口价格在同一水平进行比较。在确定正常价值时，要区分市场经济国家和非市场经济国家。对非市场经济国家出口商品的正常价值的确定有特殊的方法，即替代国价格、结构价格和第三国对反倾销调查国的出口价格；而对市场经济国家，则采用出口商在其本国国内市场销售价格、向第三国出口价格或结构价格计算正常价值。西方国家几乎都将中国视为非市场经济国家。中国在处理反倾销案件时，一直在争取市场经济国家的待遇。因此，在应诉过程中，就需要时刻牢记这一原则和方向，认真分析反倾销调查国的反倾销法所确定的非市场经济国家构成的各种条件。对企业是否受政府实质性控制问题的抗辩，是争取市场经济国家待遇的主要工作，对在反倾销应诉过程中取得较好的结果乃至胜诉具有极为关键的作用。

所以，在这个抗辩环节，有必要全面收集事实和法律上的有关证据，证明企业的独立性、市场化，证明企业的管理和运作，完全是由市场调节而不是由政府控制的。尤其企业生产的产品、数量、成本和价格是企业依据市场本身的规律做出的，与政府的控制无关。

（三）倾销与损害间无直接因果关系的抗辩

损害的调查是为了确定倾销与损害间存在因果关系，即损害是由于进口产品的倾销造成的。所以，国内企业在抗辩中应积极寻找证据，证明中国产品进口不是反倾销调查国国内产业受损的主要原因。通常可以从这样几个角度考虑抗辩：①未以倾销价格出售的进口产品的数量和价格；②进口方国内需求下降或消费结构发生变化；③其他国家与进口方生产者之间的竞争和限制贸易行为的影响；④反倾销调查国国内产业生产技术的影响；⑤进口方同类产品出口实绩及国内产业的劳动生产率的变化。

在这整个过程中，损害的认定是非常重要的环节，如果中国应诉企业在这一步获得胜诉，就可以立即撤案。如果能在这一程序胜诉，是最便捷、最彻底解决反倾销困扰的办法。因此，中国应诉企业必须在起诉前就对原告准备起诉的动向以及美国原告方的基本情况有所掌握，才能及时准备材料并取得胜诉。

第十四章　中国反倾销申诉操作实务

当前，尽管反倾销执法招致一定程度的异议和批评，但是，它已经被现行国际贸易体制确认为国际贸易竞争行为，保护国内相关产业的合法手段；现今的世界贸易组织所倡导的自由贸易并不排斥贸易保护。而是在消除多种关税及非关税壁垒、大力推进贸易自由化的同时，注重对进口国的适当保护；目前，反倾销已经成为世界各国普遍认可的用以保护国内相关产业不受损害的工具，我们应该加强对它的认识、了解、完善和应用，而不是空论其是非。当前，在世界经济总体不景气的情况下，国际贸易的竞争将更为激烈；但由于世界贸易组织一系列协议规定了消除关税壁垒等要求，反倾销作为该组织允许的合法手段必将更为频繁地被使用。

第一节　其他国家对中国倾销概况

20 世纪 90 年代以来，世界反倾销执法案的总数量迅速增加。西方发达国家和许多发展中国家都越来越多地进行反倾销执法，其中发展中国家的反倾销执法更是发展迅速。商务部公布，2017 年，中国共对 12 个国家（地区）发起反倾销调查 24 起，反补贴调查 1 起，涉案金额 42 亿美元，涵盖光纤、多晶硅、食糖、白羽肉鸡、丁腈橡胶等 23 大类产品。数据显示，2016 年 10 月 25 日，中国针对美国 13 起反倾销起诉胜诉，涉及中国的机电、轻工等多个产业，出口金额约 84 亿美元。

随着中国加入世界贸易组织后市场准入条件的降低，外国商品大量涌入中国，其中难免会有一些低价倾销的商品，中国的国内相关产业更容易遭受到外国企业倾销的威胁。面对如此情况，中国应该尽快依照 WTO 的反倾销制度，完善自己的反倾销立法，强化政府有关部门和行业协会在反倾销中的指导和协调作用，加强中国企业在反倾销中同舟共济的协作意识，同时不断提高产品质量，加强国际竞争能力，从而有力打击外国商品的对华倾销，保护国内相关产业。现今，越来越多的中国相关产业开始认识到反倾销执法的重要意义，运用反倾销执法活动维护自身合法权益的意识加强，能力和水平也明显提高，纷纷着手对外国同类产品的倾销提起反倾销申请。中国虽已颁布实施更符合世界贸易组织《反倾销守则》要求的新的反倾销条例，但在实践中如何更好地进行反倾销执法就成了中国面临的一项重要、具体而迫切的任务。

一、中国进口反倾销的现状分析

（一）对外进口反倾销立案数量及发展趋势

自 1997 年颁布《中华人民共和国反倾销和反补贴条例》至 2015 年年底，中国对外反倾销调查案件已达 210 起。2006 年 2 月 6 日，中国对原产于欧盟的进口马铃薯淀粉进行反倾销立案调查，成为中国对外进口反倾销第一案。加入 WTO 前，中国每年对外反倾销调查立案极少，4 年间共立案 6 起。自 2001 年加入 WTO 以来反倾销调查立案数开始增加，从加入 WTO 至 2015 年中国已立案 184 起，占对外进口反倾销案件总数的 92.4%，对外反倾销立案数量的逐步增多，表明加入 WTO 后受国外进口产品的冲击，中国运用世贸规则维护产业安全及本国企业在国际贸易中合法权益能力大大增强。

（二）对外反倾销涉及的国别及地区分析

从 1997 年至 2015 年年底的 210 起反倾销调查案件中，美国涉案最多，高达41起，约占19.5%；日本排名第二，共40起；第三位是韩国，涉案33起。从中国反倾销涉及的国别看，工业发达国家占首位，其中，美国涉案次数高居榜首，这主要与中美两国贸易相对地位和产业结构有关。一是两国同属贸易大国，且中国市场亚洲市场份额较大，为美国产品主要销售地，因而中美两国贸易频繁；二是美国对外贸易顺差很大，除了与美国国内市场对进口商品的抵制之外，与其依赖本国产业优势刺激海外市场需求、对外采用渗透定价以维护市场占有率等出口措施也密不可分；三是中美两国产业结构有雷同之处，产品竞争激烈，为占领有限的中国市场份额，实现利润最大化势必导致拥有竞争优势的美国企业在中国低价倾销的可能。

（三）涉及行业分析

中国43起反倾销调查案件涉及的行业较集中，主要为化工、造纸、冶金、电子、纺织五大行业。其中，造纸工业、冶金工业、电子工业和纺织工业分别是21起、20起、11起和10起，而仅涉及化工行业的案件就有155起，约占案件总数的66.81%。加入WTO后，中国对外反倾销案件涉及行业较集中与中国现阶段的外资政策重点与进口反倾销措施冲突所致。加入WTO以来，中国外资政策调整重点发生转移，为了差别对待质量不同、技术含量不同的外国投资，接受资本雄厚、技术相近的大型跨国公司。然而，现有外资政策中鼓励外商投资的行业往往是受到反倾销制裁最严重的行业，如化工、钢铁行业等；投资的产品往往是受反倾销指控最频繁的，如高科技含量化学品，合成橡胶、合成纤维原料等；申诉能力和技术含量较高的发达国家跨国公司受到反倾销的指控又最多。中国化工行业自身特点增加了外国倾销的可能。一是化工产品在中国市场巨大，促使低价倾销争夺市场份额不正当竞争手段的出现。二是由于化工业是中国重要发展行业，该领域中大多为规模较大的企业，与其他行业相比，实力强，集中度高，当进口化工产品有倾销行为时，各企业易集中选出产业代表提起申诉，维护化工业在国内市场的应得权益。

（四）案件裁决及征收反倾销税率情况

截至2006年2月，立案的43起案件中做出初裁的有31起。其中，26

起已做出终裁裁决，12 起中有 3 起在做出初裁前被终止反倾销调查，2 起因中方申请人撤案而告终，而 2005 年 6 月以后涉及的 7 起案件中因调查尚未完成仍在等待裁决。初裁后未做出终裁的 5 起案件中，3 起进口反倾销案因初裁倾销不成立而撤销立案，另 2 起的终裁调查还在进行中。根据终裁情况对各国所征收的反倾销税率最高者集中在 40% ~80%，其中，对美、日、韩征收反倾销税税率高达 184%。相比之下，中国征收的反倾销税率仍较低。美国对中国征收反倾销税的 27 起案件中，税率超过 100% 以上的就达 10 起；拉美国家自 20 世纪 90 年代以来对中国商品征收的反倾销税相当一部分高达 300% ~600%；如今墨西哥对中国商品征收高达 1105% 反倾销税，税率更达国际贸易新高。

（五）中国企业及行业协会情况

目前，虽然一些企业已有反倾销意识，但并不代表大多数，中国企业反倾销步伐还明显落后。部分国内企业观念依然停留在旧的体制中，在遭受倾销的困扰时，不是积极运用法律武器进行反倾销申诉，而是习惯性地找政府寻求解决方案，要求国家禁止进口或者对相关进口产品实施配额。同时，中国自身的商会、行业协会的制度建设也不健全，目前还属于非官方性质的松散型组织，不能起到应有的协调作用。有关法律并没有明文规定其享有的权利内容，这使中国的商会、行业协会在经济生活中的地位比较薄弱，在代表受到外国倾销损害的企业提出申诉时，主管机关调查和认定损害方面起不到应有的作用。此外，中国的行业协会同外国相比，分工口径较粗，在应对国外产品倾销提起诉讼时不能提供详细信息和准确数据，因而使企业在反倾销中处于不利地位。

（六）反倾销调查人员

与其他国家和地区相比，在具体从事反倾销工作的人员数量上，中国存有不小差距。在欧盟，调查员就达 200 多人，其中，近 100 人负责倾销，其他人员负责损害调查，尚不包括秘书等辅助人员；在美国负责反倾销调查的官员共 300 余人。在中国，专职常设处理反倾销的机构只存在于商务部，仅 20 多人专门从事反倾销调查，其人员尚不到美国人员的 1/10，力量对比的悬殊使之无法及时高效地处理更多的反倾销案。此外，中国还缺乏与反倾销有关的专业人员，尤其是熟悉反倾销法律条款和实际操作程序的律师。由此导致受到外国倾销行为损害的企业，在提起反倾销诉讼的实际运作中得不到相关的法律咨询和服务，无法有效维护自身权益，从而造成不必要的损失。

二、中国目前要加强反倾销执法工作的必要性

目前，中国的部分国有大中型企业正面临着种种困难，它们的经济管理体制不健全，企业设备陈旧，资金紧张，产品品种单一，技术落后，本就经历着蜕变重塑的振荡和考验，这时候，如果外国出口商向我国大量倾销相关产品，将使中国生产同类产品或相似产品的国有企业的产品库存积压，资金回收困难，直接导致它们的减产或停产。仅此中国生产同类产品或相似产品的国内企业的市场份额将会缩小或丧失国内市场，而且连出口产品也会因价格问题、市场问题、进口国的反倾销而面临种种困难。这样两头受挤的结果，就使中国生产同类产品或相似产品的国有企业利润下降，亏损严重，开工不足，甚至倒闭。同时，由于我国的社会保险体制尚未完全建立，失业工人将成为社会关注的一支队伍，如若解决不好他们的生存和就业问题，其对社会的影响也将是不可忽视的。

随着中国经济体制改革的进一步深化，中国市场经济体制渐渐形成，一些产业正在酝酿和出现，一些过去没有或缺乏的产业正在建立和形成。但是，随着外国相同或相似产品的倾销，这些国内相关产业的建立就举步维艰，正在建立的产业可能因此夭折，正在酝酿的产业可能被扼杀在摇篮中。

综上所述，外国产品的倾销还对中国造成如下危害：①虽然进口国的产品并未使中国生产与倾销进口产品相似产品的产业直接造成损害，或并未产生与中国生产相似产品直接竞争的后果，但是中国的消费者可能被进口产品低廉的价格吸引，将购买对象转向倾销的进口产品，减少或放弃原先打算购买的国内产品，致使国内生产该产品的产业蒙受损害。②对中国

消费倾销产品的产业的损害。倾销产品价格的低廉使得中国国内使用该产品作为原材料和零部件的企业盲目扩大生产规模；在出口国停止倾销后，无法继续保持扩大的生产规模，造成该产业在资源和投资上的浪费和损失。③抑制本应有的增长。随着企业内部经营机制的合理调整，企业与市场的联系更为密切，适合市场的产品数量越来越多，质量越来越好，国内企业产品的生产和销售本会因此增长，效益将显著提高。但是，外国产品倾销使中国企业本可发生的增长份额丧失，企业本可得到的利益受到损害。

因此，面对外国产品的倾销给中国所带来的一系列不利影响，除了中国企业努力加强本身的综合竞争实力以外，中国应该充分利用反倾销执法这个武器来保护国内相关产业，维护中国对外贸易秩序和公平竞争。尤其在中国加入世界贸易组织之后到现在，各行业产品关税大幅下调。一个多方位、多层次、可预见性的开放经济体制即将出现。在这种情况下，进口产品势必更多更方便地涌入中国市场，中国所面临的倾销产品压力自然增大，所以，中国更有必要采用世界贸易组织允许的合法的贸易保护措施来保护自己，在这些措施中，反倾销执法具有形式合法、便于实施、效果明显、保护期长并且不易招致贸易报复的特点。因此，最适合中国采用的手段是反倾销执法。

第二节　中国如何对外反倾销

一、中国对外进口反倾销对策和建议

（一）建立反倾销措施、产业战略与外资政策协调配合的对外经济战略组合

为减缓产业因引进外资所导致的对外进口倾销的产业倾斜现象，中国

应制定产业发展战略，构建产业发展架构，划分产业分类政策，即国家重点扶持产业、市场选择产业、淘汰落后产业。依据不同产业发展目标相应地确立四类外资政策，即鼓励外资进入、允许外资进入、限制外资进入和禁止外资进入等政策。并与外资政策配合确立进口反倾销措施实施的产业领域与力度。对国家需要重点扶持，且在3~5年内发展潜力很大的产业，国家应减弱外国商品和投资的进入对相关产业的冲击程度，政府应加强反倾销调查力度，并将其排除在鼓励引资的行业与产品之外，从而减弱在进口与投资两方面国外产品对中国相关行业的冲击；对于依靠市场选择、技术力量尚未达到国际竞争力的产业，国家应提供公平竞争的环境，使企业在市场规律下充分竞争，优胜劣汰。通过外商直接投资方式满足国内需求的同时，加大反倾销调查力度，促使外企由商品进入转为投资进入，最终达到扩大引资的目的；而对于淘汰落后的产业尤其是对环境造成严重破坏的行业，应实施禁止外资进入政策，同时，放宽外国产品进入的反倾销执行标准。

（二）强化并扩大主管反倾销机构，配置高素质专业人才

中国主管反倾销的机构规模较小，相关人员素质较低，而加入WTO后，反倾销案件数量日趋增多，内容日趋复杂，矛盾突出，因而应强化并扩大中国主管反倾销的机构，配备并培训一批高素质的专业人才，增强其办案能力。国内相关高等院校应开设专门的反倾销法律、经济课程，并从各级经贸机构、进出口商会、行业协会、律师事务所中选派一批优秀人员学习反倾销的专门知识，如果有条件，可多派人员出国深造学习外国反倾销法籍和反倾销事务，以提高中国反倾销水平和效率。

（三）加快培养反倾销的中介机构

加强联合，充分发挥行业协会或商会的作用，应建立以企业和行业协会作为反倾销应诉主体的应诉机制，组织包括行业协会、会计师和律师事务所等中介机构在内的社会力量，形成企业反倾销应诉方面的合力。各行业协会建立应诉指导机构，及时收集信息，掌握动态，直到企业了解反倾销调查的法律规范，提供咨询服务；应尽可能快地调整行业协会的定位，

改革行业协会的职能，以便今后具体承担指导、组织提起反倾销调查的企业，有理、有节地指控或策略地撤诉，并尽可能地提供人力、财力、技术上的支持，加强行业自律，规范出口市场秩序，培养品牌，发挥行业协会组织协调功能，协调本行业产品的出口价格，防止恶性竞争，以预防倾销行为的发生。

（四）完善中国反倾销立法对调查期限的规定

为避免延缓反倾销措施的实施，反倾销期限的规定宜短不宜长，尤其是申请后立案的期限要限定在一个较短时间内，以防止企业因消极等待而丧失主动性和积极性。另外，除规定反倾销调查的终裁期限外，对申请人申请后商务部做出初裁的期限也要有明确规定。在实践中，中国的反倾销案件一般由国内生产者提起，其中，大部分生产者是已受到一定程度的损害，并且其大多是经过一段时间的调查取证后才提起反倾销申诉，如果相关机构的收案审查时间过长，随着时间的推移，企业损害程度的加剧将明显不利于保护国内相关产业的发展。

二、中国企业可采取的策略

综观中外各国反倾销执法，反倾销行政调查的提起绝大多数是由各国国内产业代表申请发生的。其中，由企业作为直接代表或企业通过由其组成的商会、协会提起反倾销调查的又占绝大多数。就目前的全球经济发展状况而言，随着中国加入世界贸易组织，将有越来越多的企业拿起反倾销的武器，来维护自己的权益。

企业是反倾销申诉工作的主体，企业对外国产品倾销提起申诉的观念要进一步加强，并要树立常备不懈的思想。但由于反倾销申诉工作对于某些企业来说还是一个较新的课题，虽然这些企业已经认识到利用对进口产品进行反倾销达到保护自己的有效性和重要性，但却往往苦于不知如何操作，不知该怎样进入反倾销调查程序，也不知道该怎样在反倾销申诉中获胜。这就要求企业不仅要有对于反倾销比较清醒的思想认识，更要在行动上采取措施学习、了解、妥善应用反倾销，以便在发现外国产品倾销时，可以及时有效地提起反倾销申诉。为此，中国企业平时就应多注意同类产品从外国的进口情况，同时通过多种途径了解该产品在外国出口国本地的销售价格、数量、是否积压等方面的情况，建立起对倾销的预警、联动和迅速反应机制。

（一）中国企业对外反倾销的事前策略

“知己知彼，百战不殆。”中国企业只有对本国的反倾销法律和外国同类产品的销售情况有相当的了解，才能及时、准确、有效地提起反倾销申诉。

首先，企业领导要在思想上高度重视反倾销工作，组织员工通过学习、培训来熟悉和掌握反倾销法律和实务的有关知识，抽调企业相关业务部门、财务部门、法律事务部（或聘请律师担任常年法律顾问）、商情、公关等部门的优秀职员组成反倾销工作小组，并由企业一把手亲自挂帅，以法律事务部或律师为核心主体来开展反倾销信息调查、研究和申诉准备等工作。其次，专门预算、拨付一定数额的资金以保障工作小组的经费使用。企业的反倾销工作小组要经常学习、了解我国在反倾销方面颁布的法律、法规、部门规章和发布的实务动态，分析、了解国内市场的各方面影响因素，通过政府驻外机构、各种媒体信息及商情部门的专项调查甚至通过直接在国外设立办事处来了解同类产品在其本国或第三国市场的销售情况，以使企业能尽早地发现倾销的苗头，及时提起反倾销申诉，保护自己的公平竞争环境，甚至防患于未然，根据信息资料所表明的趋势警告外国出口商不要越雷池一步，否则将被提起反倾销申诉。

通过认真研究所调查到的信息，积极做好反倾销申诉的筹备工作，以致当倾销发生时，能及时、有效地提出申请反倾销调查的进口产品的名称、所涉及的出口国或者原产国、已经知道的出口经营者或者生产者、产品在出口国或原产国国内市场消费时的价格信息和出口价格信息，中国国内同类产品生产的数量和价值情况，申请调查进口产品的数量和价格对中国国内产业所造成的影响等内容，即提交符合《中华人民共和国反倾销条例》（以下简称《反倾销条例》）第 14 条要求的申请书的内容，还要提交能证明申请反倾销调查的进口产品存在对中国倾销和对中国国内产业造成损害的事实，并且倾销和损害之间存在因果关系的证据，即符合《反倾销条例》第15条的要求。

另外，企业的反倾销工作小组还要与国内同行保持密切的联系，互通信息，共同防范倾销。一旦发现倾销的痕迹，要及早联络尽可能多的生产同类产品的国内企业，而且首先要联络产量份额较大的国内企业并争取达成共识，以便在决定提起反倾销申请时，能聚齐产量占国内同类产品总产量25%以上，占支持者和反对者总产量50%以上的企业共同申诉，以符合《反倾销条例》第17条规定的要求。

最后，企业的反倾销工作组还应代表企业与现有的行业性商会或协会（如五矿化工、粮油食品、纺织、土畜、轻工等）保持联络，加强合作，在准备反倾销申诉时争取获得它们的有力支持，能得到信息、组织、协调各同行等方面的帮助，甚至间接通过商会或协会代表国内同业提起反倾销申诉。由于我国这些现有的部分商会、协会分工不太细，管的面过宽，在反倾销申请的提出和认定倾销是否对国内产业造成损害时处于不利地位，企业应该在与同行业广泛联系、友好合作的基础上共同着手组建作为商业性运营的行会，另定章程放宽登记条件，自行筹集资金，设置一定数量熟悉本行业、反倾销法律与实务（包括律师、经济师等）的岗位，成立办事机构，统一组织、协调、帮助或代表国内产业对外国的倾销提起申诉。此时，企业的反倾销工作组要与行会紧密配合，相辅相成。

（二）中国企业对外反倾销的事中策略

反倾销调查立案公告发出后，在反倾销行政调查期间，作为反倾销申诉方的企业要如实、充分地反映有关情况，提供有关资料，积极配合反倾销行政管理部门对本企业进行的调查。由以法律顾问或律师为主的企业反倾销工作小组认真研究、填写反倾销损害部分的调查问卷，并及时向国家经贸委提交。在反倾销调查的初步裁定做出后，企业根据实际情况积极提交进一步的书面意见，提供收集到的补充材料；分析、决定是否提请举行倾销裁定听证会和产业损害裁定听证会；在听证会上有理有据地表述己方的观点，努力促成反倾销肯定性裁决的做出，维护企业的合法权益。

企业的反倾销工作组在进行反倾销申诉过程中可根据实际情况分析是否再聘请专门处理反倾销案件的律师代理申诉，这取决于企业本身的反倾销工作组中是否有具备相当条件的律师。有经验的高素质律师在具体的反倾销申诉代理工作中起着举足轻重的作用，企业反倾销工作组所做的所有工作都要通过律师的代理最终体现于反倾销主管机构面前。企业要成功地进行反倾销申诉，必须选择好适合的律师做代理，以最大限度地保证成功率。

（三）中国企业对外反倾销的事后策略

在反倾销的肯定性裁决做出后，企业的反倾销工作组要继续对此给予关注，调查了解出口商是否严格履行反倾销裁决所确定的义务，或者反倾销执法机构是否应被申请方的请求变更原先的裁决，并相应地采取对应性措施。第一，当发现出口商代替进口商交纳反倾销税时，申请要求反倾销执法机构进行处理；第二，在裁定的反倾销税率偏低，同类产品仍大量进口危及本企业所在的国内产业利益时，可向反倾销行政执法机构的上一级行政机关申请行政复议或以做出原裁决的行政机构为被告向人民法院提起行政诉讼；第三，对于反倾销行政执法机构经复审所做出的取消征税或修改、取消价格承诺的决定提起行政复议或司法审查。

当反倾销行政执法案件以价格承诺方式结案时，企业的反倾销工作组应继续注意该价格承诺的履行情况，一旦发现出口商违反价格承诺时，就立即申请外经贸部恢复反倾销调查，并要求根据可获得的最佳信息裁决采取临时反倾销措施，对实施临时反倾销措施前 90 天内进口的同类产品追溯征收反倾销税。

虽然反倾销税的征收或价格承诺的履行已经进行 5 年，但根据已收集的信息资料和所掌握的情况认为在终止征税后可能导致倾销和损害的继续或再度发生的情况下，企业要申请延长反倾销税的征收期限。

当反倾销行政执法当局对企业的反倾销申诉做出否定性裁决时，企业如果认为自己的申诉理由充分，可以向上一级行政机关申请行政复议或向人民法院提起司法审查（即行政诉讼）。

综上所述，企业不仅要重视反倾销工作，更要从中认识到企业自身所存在的缺陷（如生产技术落后、产业组织不合理、经济效益低下等问题），并采取切实的措施着手提高自身的国际竞争力。企业的发展是根本性的问题，反倾销本身不是中国企业的发展目的而是保护中国企业发展的一个手段。中国企业在反倾销申诉中的最大收获不是终止倾销本身，而应该是通过反倾销发现自身的缺陷所在，同时赢得发展的时间和有利环境。中国企业的反倾销工作组应该及时将发现的问题形成汇报提交给企业领导，企业领导要组织全体员工有针对性地解决企业的缺陷，争取尽快变落后为先进，提高企业的综合竞争力。一旦企业自身的竞争力提高，通过规模化生产就可以节约大量的成本，从而可以较低的价格出售产品，以至于同类产品根本无法进入中国市场，至少可以提高抵御倾销的实力，赢得进行反倾销的时间，最终形成一个良性的循环。在中国的反倾销实践中，部分企业在申诉之初甚至申诉之前就已濒临破产、倒闭，这与企业自身的竞争能力不无关系。总而言之，中国企业应当通过认识、了解、采取行动应对外国产品倾销，总结、提炼出谋求企业健康良好发展，大力提高企业本身综合竞争力的硬道理，争取最终从根本上消除外国进口产品倾销带给中国企业的不利影响，激励、促使中国企业更加发展壮大。

第三节　中国反倾销申诉制度

一、采取反倾销措施应具备的三个基本条件

对于反倾销措施而言，《反倾销条例》第 2 条规定，当进口产品以倾销方式进入中国市场，并对已经建立的国内产业造成实质损害或者产生实

质损害威胁，或者对建立国内产业造成实质阻碍的，国家相关调查机关可以依照条例的规定进行调查，并采取反倾销措施。

因此，根据上述法律规定，在我国，采取反倾销措施必须满足三个基本条件：①国外进口产品存在倾销；②国内相关产业遭受损害；③倾销和损害之间具有因果关系。关于第一个条件，根据《反倾销条例》的规定，所谓倾销，是指在正常贸易过程中进口产品以低于其正常价值的出口价格进入中华人民共和国市场。根据上述定义，某一进口产品是否存在倾销，要视该产品对中国的出口价格是否低于其正常价值。

（1）根据《反倾销条例》规定，正常价值的确定的方法主要有三种：①进口产品在其本国的可比销售价格；②如果进口产品在其本国市场上没有可比价格的，以该产品出口到第三国的可比价格；③以产品的生产成本加合理费用、利润为正常价值（所谓的结构价格）。根据《反倾销条例》的规定，上述三种方式的选择是有顺序的，即如能获得第一种方式推算的正常价值，则应采用第一种方式，如果该产品在其国内没有国内销售价格或者国内销售价格不具备可比性（如销售量很小，或者其在国内销售为低于成本销售等情况），而不能采用第一种方式，只能选择使用向第三国出口价格或者结构价格作为某一产品的正常价值。

目前，很多人对倾销的概念有一种误解，认为只有当国外进口产品比国内同类产品价格低时才是倾销。根据上述的介绍我们知道，所谓倾销并不是将进口产品价格与进口国同类产品价格相比，而是与出口国国内的销售价格或其向第三国出口的价格或者结构价格相比，如果低于其国内价格或低于向另一国的出口价格或者结构，就存在倾销。

（2）确定被调查产品的正常价值后，就必须确定被调查产品的的出口价格。出口价格相对正常价格，其确定方法相对较容易一些。进口产品有实际支付或者应当支付的价格的，以该价格为出口价格。一般为 CIF 对中国出口价格。

如进口产品无出口价格（如易货贸易）或出口价格不可靠（如出口商与进口商存在关联关系），则应根据该进口产品首次转售给独立购买人的价格为出口价格。

（3）在确定进口产品的出口价格和正常价值后就应当按照一定的方式对两者进行比较，以确定进口产品的倾销幅度。根据我国反倾销法律的规定，对进口产品的出口价格和正常价值，应当考虑影响价格的各种可比性因素，按照公平、合理的方式进行比较。因此，在进行价格调整和价格比较时，应当对正常价值、出口价格在销售条件、贸易条款、税收、贸易环节、数量、物理特征等方面做适当调整，在对正常价值和出口价格进行比较时，应当尽可能地在同一贸易环节、相同时间的销售、出厂前的水平上进行。

（4）根据《反倾销条例》的规定，进口产品的出口价格低于其正常价值的幅度为倾销幅度。按照目前我国反倾销的实践做法，倾销的调查期限为立案公告前一年的时间。因此，倾销幅度的确定一般为将调查期间内加权平均正常价值与该期间内全部可比出口交易的加权平均价格进行比较（估算通常应以调整后的正常价值的加权平均值减去调整后的出口价格的加权平均值除以到岸价加权平均值的方法计算），或者将正常价值与出口价格在逐笔交易的基础上进行比较。

另外，根据《反倾销条例》的规定，如果来自每一国家（地区）的倾销进口产品的倾销幅度小于2%，该倾销幅度为可以忽略不计的倾销幅度，则针对该国家所涉及产品的反倾销调查案件应该终止。

关于第二个条件，根据《反倾销条例》的规定，所谓损害，是指倾销对已经建立的中国国内同类产品的产业造成损害或者实质损害威胁，或者对建立国内同类产品产业造成实质阻碍。因此，反倾销意义上的损害包括实质损害、实质损害威胁和实质性阻碍三种类型。

国家经贸委在认定倾销进口产品对国内产业造成损害及损害程度时，一般是以立案公告前一段时间内（一般为三年）进口产品的数量和价格走势以及国内产业的大量经济指标和因素的变化趋势来分析损害及损害程度的。具体而言，根据《反倾销条例》的规定，在确定倾销对国内产业造成的损害时，主要审查的事项如下：

（1）倾销进口产品的数量，包括倾销进口产品的绝对数量或者相对于国内同类产品生产或者消费的数量是否大量增加，或者倾销进口产品大量增加的可能性。

（2）倾销进口产品的价格，包括倾销进口产品的价格削减或者对国内同类产品的价格产生大幅度抑制、压低等影响。

（3）倾销进口产品对国内产业的相关经济因素和指标的影响。这里主要包括对国内产业状况的所有有关经济因素和指数的评估，包括实际或潜在的变化，如产量、销售、市场份额、利润、生产力、投资效益、开工率、价格、就业、工资、筹措资本或投资能力及库存等指标和因素。

需要注意的是，有的人认为只有企业亏损才是受到损害。这种认识是对损害的一种片面理解。判定损害要考察企业上述指标变化情况。如果由于进口产品倾销，国内同类产品生产企业即使没有亏损，但不能达到应有的赢利水平，也同样是受到损害。

（4）倾销进口产品的出口国（地区）、原产国（地区）的生产能力、出口能力，被调查产品的库存情况。

（5）造成国内产业损害的其他因素。

需要注意的是，根据《反倾销条例》的规定，如果来自一个国家（地区）的倾销进口产品的数量占中国同类产品总进口量的比例低于3%，则该进口量属于可以忽略不计的范围。根据法律的规定，对该国家相关进口产品的反倾销调查案件应当终止。

关于第三个条件，根据《反倾销条例》的规定，申请书应当包括下列内容：倾销和损害之间的因果关系，但是对于因果关系的要求和标准并没有明确规定。根据目前世界各国的实践做法，倾销与损害的因果关系采取一般因果关系，即并不要求申请人一定要证明倾销是造成损害的唯一原因或者主要、重要原因，而强调只要倾销与损害之间具有因果关系即可。当然，根据中国反倾销法律的规定，在考察倾销与损害的因果关系时，调查机关除了要考察有关进口产品的各种影响因素外，还要综合考虑其他因素，如国内同类产品的市场需求和消费模式的变化情况、国外或国内生产者限制贸易的做法及它们之间的竞争情况、产业、管理状况、贸易政策的影响情况、技术发展以及国内产业的出口实绩和生产率的变化情况，不可抗力因素等对国内产业的损害影响。

二、申请人的资格问题

除调查机关自主发起反倾销立案调查的情形外，反倾销调查应当在收到由具备法定资格的申请人提出的书面申请之后发起。因此，一般情况下，具有法定资格的申请人提出反倾销调查书面申请，既是反倾销立案的依据，也是反倾销申诉程序启动的源头和关键。

根据《反倾销条例》第 13 条的规定，凡中国境内生产与倾销进口产品同类的产品国内产业或者代表国内产业的自然人、法人或者有关组织，可以依照条例的规定向外经贸部提出反倾销调查的书面申请。

根据上述法律规定，判定提出反倾销调查申请的申请人是否具备法定资格应当看其是否为国内产业或者可以代表国内产业。可见，国内产业的概念直接涉及申请人是否有资格提出反倾销调查申请，那么，什么是国内产业？

根据《反倾销条例》第 11 条规定，所谓国内产业是指：①中华人民共和国国内同类产品的全部生产者。这是从生产者的数量出发的，即从所有中国生产与进口产品同类产品的生产者情况来衡量国内产业的构成情况。②总产量占国内同类产品全部总产量的主要部分的生产者。这是从国内生产者的产量所占全国总产量的份额来衡量是否构成国内产业。所谓主要部分，为总产量要达到或超过全国总产量的 50%。

在反倾销实践中，调查机关在确定申请是否由国内产业或者代表国内产业提出时，主要是通过对国内同类产品的生产者对反倾销申请表示的支持或者反对的程度予以确定的。

根据中国反倾销法律的规定，中国反倾销调查程序关于申请人的主体资格的确定，主要有以下两种情况。

（1）当申请人为中国国内同类产品的全部生产者或者其生产的与倾销

进口产品同类的产品的产量占到国内同类产品总产量的50%以上时，则申请人作为国内产业，符合申请反倾销调查的主体资格。

（2）在申请人的产量占国内同类产品总产量不足50%时，则要视支持反倾销调查申请的生产者的生产产量而定。如果表示支持申请和反对申请的国内生产者中，支持者的产量占支持者和反对者的总产量的50%以上，并且表示支持申请的国内生产者的产量不低于国内同类产品总产量25%的，则该申请应被视为代表国内产业提出，符合申请反倾销调查的主体资格，有权提出反倾销调查申请。

在反倾销申诉实践中，在产业受到损害最为严重的时候及时提出反倾销调查申请是十分重要的。如果反倾销调查涉及的申请企业过多或分散，或者提供数据企业过多，容易造成协调不利，口径统一困难、收集和提供资料迟延而影响反倾销调查申请的进度。如果反倾销申请准备时间过长，错过最佳立案时期，对今后的调查工作将会产生不利的影响。因此，考虑到反倾销案件时间性很强的特点，对于企业过多、比较分散的产业而言，如果准备提出反倾销申诉，可以借鉴涤纶短纤维和聚酯切片反倾销案的经验，由协会统一牵头，作为申请人提出反倾销调查申请，同时提供产量比较大、损害比较严重、比较有代表性的会员企业积极配合调查，由协会统一协调，以便加快反倾销立案调查申请的进度。

在企业或者协会发现有初步证据表明某国或某些国家的进口产品存在倾销并对国内产业造成损害时，就可以向中国反倾销调查机关提出反倾销调查申请。下面简要介绍中国反倾销申诉的基本程序。

三、申请书

反倾销调查申请应以书面形式提出。《反倾销条例》第14条规定，申请书的内容应当包括：①申请人的名称、地址及有关情况；②对申请调查的进口产品的完整说明，包括产品名称、所涉及的出口国（地区）或者原产国（地区）、已知的出口经营者或者生产者、产品在出口国（地区）或者原产国（地区）国内市场消费时的价格信息、出口价格等；③对国内同类产品生产的数量和价值的说明；④申请调查进口产品的数量和价格对国内产业的影响；⑤申请人认为需要说明的其他内容。

申请书应当附具必要的证据。证据一般包括进口产品的倾销、倾销造成国内产业的损害以及倾销与损害之间的因果关系方面的内容。如果申请书或者证据涉及应保密的内容，还应当区分为公开部分和非公开部分，分别递交。

四、机构设置与职责分工

关于机构的设置，原《反倾销条例》规定受理反倾销投诉的国家机关是对外贸易经济合作部，但具体调查、审理、裁定和执行案件过程中还涉及国家经济贸易委员会、海关总署、关税税则委员会等机关。这样的设置会导致各部门之间因受理角度不同而降低案件审理效率，阻碍案件正常审理，反倾销工作不能顺利开展。2004 年 6 月 1 日起施行的新条例做了更改，将反倾销调查机关由原外经贸部和经贸委负责，统一规定为由商务部负责。

按照《反倾销条例》的规定，中国负责反倾销事务的机构主要有商务部、国务院关税税则委员会、农业部、海关总署。

（一）商务部进出口公平贸易局

商务部进出口公平贸易局负责受理反倾销调查申请并对申请书及所附具的证据进行审查；经商务部产业损害调查局共同决定是否立案；对倾销及倾销幅度进行调查；就倾销做出初步裁定和最终裁定，并提出采取临时反倾销措施和征收反倾销税的建议；所有关于反倾销调查的公告均由商务部发布。

（二）商务部产业损害调查局

商务部产业损害调查局负责与商务部进出口公平贸易局共同决定是否对反倾销申请进行立案调查；对损害和损害程度进行调查；就损害做出初步裁定和最终裁定。

（三）国务院关税税则委员会

国务院关税税则委员会负责根据商务部的建议做出征收临时反倾销税

和固定反倾销税以及追溯征收临时反倾销税的决定。

（四）农业部

农业部会同商务部产业损害调查局对涉及农产品的反倾销国内产业损害进行调查。

（五）海关总署

海关总署负责执行临时反倾销措施和征收反倾销税。

第四节　中国反倾销申诉制度的程序

一、中国反倾销申诉的基本程序

（一）起草反倾销调查申请书

根据中国反倾销法律的规定，反倾销调查申请应以书面形式提出。反倾销调查申请书作为调查机关决定是否立案的主要法律文件，反映申请人的主张、证据以及相关必要的信息。具体来讲，根据《反倾销条例》的规定，反倾销调查申请书应包括下列内容并附具相关证据材料：①申请人的有关情况；②申请调查进口产品的已知生产商、出口商、进口商；③申请调查进口产品、国内同类产品的完整说明及两者的比较；④估算的倾销及倾销幅度；⑤国内产业受到损害的情况；⑥倾销与损害之间的因果关系；⑦申请人认为需要说明的其他事项。

由于反倾销案件的特殊性和专业性，实践中反倾销调查申请书的起草工作主要由律师在企业的配合下完成。

关于上述每一项具体需要包括的内容和应提供的证据材料，在中国相关法规（如外经贸部《反倾销调查立案暂行规则》）及实践操作中，均有较为具体的要求，由于篇幅有限，在此不再进行详细说明。

另外，根据中国反倾销法律的规定，反倾销调查申请书及证据应当采用中文印刷体形式；国家有统一规定术语的，应当采用规范用语。同时，申请人所提供的证据材料是外文的，申请人应当提供该材料的外文全文，并提供相关部分的中文翻译件。

通常情况下，申请书中会涉及大量的商业秘密材料，因此，所起草的申请书应分为申请书保密文本和公开文本两种版本。

（二）递交反倾销调查申请书

申请人初步完成反倾销调查申请书之后，即可将申请书及相关附件材料的保密文本和公开文本各正本 1 份、副本 6 份提交给外经贸部进出口公平贸易局；公开文本除提交正本 1 份、副本 6 份外，还应当按申请调查进口产品的出口国（地区）政府的数量向外经贸部进出口公平贸易局提供副本，如涉及的申请调查进口产品的出口国（地区）政府的数量过多，可以适当减少但不能低于 5 份。如果外经贸部有要求，申请人还应当提供申请书及证据材料的电子版本。

在向外经贸部递交申请的同时，申请人还应向国家经贸委产业损害调查局提交反倾销调查申请书及其概要、相关附件的公开文本和保密文本各一式 5 份，同时提供电子文本（计算机软盘或光盘），一般为一式 3 份。

（三）初步审查

在对申请书及证据材料签收之日起 60 天内，外经贸部和国家经贸委将对申请书进行审查，决定是否对案件立案调查。在此期间内，外经贸部和国家经贸委可以要求申请人对其反倾销调查申请进行调整和补充。申请人应按照调查机关的要求，对申请书进行相应的调整和补充。

（四）公告立案

根据《反倾销条例》的规定，外经贸部在对申请书进行审查后，商国家经贸委决定是否立案调查。另外，根据《反倾销条例》第 18 条的规定，在特殊情形下，外经贸部没有收到反倾销调查的书面申请，但有充分证据认为存在倾销和损害以及两者之间有因果关系的，经商国家经贸委后，可以决定立案调查，即所谓的“自主立案调查”。这种情况在实践中很罕见，目前，此程序在中国尚未开启过。案件的正式立案公告意味着调查机关的反倾销调查正式启动。

（五）调查期限

反倾销立案后，调查机关应该在规定的期限内完成反倾销调查。根据《反倾销条例》规定，反倾销调查，应当自立案调查决定公告之日起 12 个月内结束；特殊情况下可以延长，但延长期不得超过 6 个月。也就是说，中国反倾销案件调查期限最长时间为自立案调查决定公告之日起 18 个月。

（六）调查机关的调查

反倾销案立案之后，就进入调查阶段。外经贸部将对倾销及倾销幅度进行调查，国家经贸委对损害及损害程度进行调查。反倾销调查的方式有多种，主要有向利害关系方发放调查问卷、进行抽样调查、听证会、现场核查、向有关利害关系方提供陈述意见和论据的机会等。

对于申请企业而言，立案后的主要工作集中在配合国家经贸委的产业损害调查，而对于外经贸部的倾销调查，申请企业主要是通过代理律师及时跟踪被申请调查产品的出口经营者等利害关系方提交的问卷答卷以及其他相关材料并及时提出相关请求和抗辩，参加必要的听证会，争取比较高或者对国内企业有利的反倾销税率。

具体而言，在调查阶段，对于申请人企业，主要工作如下。

1. 填写国家经贸委的调查问卷

通常情况下，在立案调查公告后约 1 个月，国家经贸委将成立产业损害调查小组，调查小组一般由国家经贸委产业损害调查局官员、财务专家、产业专家、经济专家和法律专家等人员组成。在此期间，国家经贸委将向申请人企业发放《国内生产者调查问卷》。

《国内生产者调查问卷》是国家经贸委依照《反倾销条例》的规定，为裁定国内产业在调查期间内是否遭受损害及倾销与损害之间是否具有因果关系而制定的。该问卷的信息将用于案件的调查与裁决，一般由问卷填写要求、公司概况、同类产品的认定、公司生产运营状况、公司财务状况等几个部分组成，涉及公司生产、技术、销售、财务、人事、劳资、安全等诸多内容。填写国家经贸委调查问卷的期限一般为 30 ~ 40 天。

除《国内生产者调查问卷》外，根据案件的进展情况，国家经贸委在调查阶段还可能发放补充调查问卷或者其他类型的问卷。同时，在整个反倾销调查阶段，国家经贸委除了在初步裁定前发放调查问卷之外，还可能在初步裁定之后（初步裁定为肯定性的情况）根据案件实际情况再次发放《国内生产者调查问卷》以及其他相关补充问卷。

2. 接受实地核查或者调查

根据案件的具体进程，通常情况下，国家经贸委产业损害调查小组将会在收到申请人的答卷（初步裁定前填写的问卷以及初步裁定后填写的问卷）后 1 ~ 2 周内，到申请人企业的生产现场进行实地核查（如果申请企业数量很多，则选择部分企业。如涤纶短纤维反倾销案件中，国家经贸委对 18 家企业中的 6 家企业进行了实地核查）。有的时候根据案件的需要，在案件调查阶段，调查小组也会在其认为必要的时候针对专门的问题到企业所在地进行实地核查或相关调查工作。

国家经贸委初步裁定前实地核查的主要内容为核实申请书和申请人填写的问卷中提供资料的完整性和真实性以及核查调查期间内以及核查期间申请人企业的公司结构、生产运营、设备工艺、会计制度和财务状况、安全、产品质量、企业管理模式、投资、技改和发展等情况，核查时间一般每个企业为 3 ~ 5 天。

肯定性初步裁定后，在国家经贸委收回申请人填写完毕的调查问卷后 1 ~ 2 周，国家经贸委产业损害调查小组可能再次对申请人企业进行实地核查。这个阶段核查的主要内容为进一步核实申请书及问卷提供的相关资料和信息，并了解反倾销立案及初步裁定后申请人企业同类产品的生产经营和销售等的变化情况。

另外，外经贸部在整个调查阶段也可能根据案件的需要，对申请人企业进行实地调查、了解有关情况。外经贸部实地调查主要侧重于与同类产品的生产工艺、技术设备、产品的用途、原材料使用、产品的理化性质等方面的内容。

一般情况下，调查机关会在实地核查前1周将核查的内容、核查要求、核查人员和核查日程安排以书面方式通知申请人企业和代理律师。

调查机关实地核查或调查所确定的财务资料、相关文件和信息将作为调查机关做出裁决的重要依据。因此，申请人企业在收到实地核查或调查通知后，应该予以高度重视，并按照调查机关的核查内容做好充分准备。

3. 参加听证会

在反倾销调查开始后一定时间内，应案件有关利害关系方的书面申请，外经贸部和国家经贸委应当分别举行听证会。如果外经贸部和国家经贸委认为有必要，也可以自行分别举行听证会。

根据目前中国的反倾销实践做法，在初步裁定做出之前或之后，调查机关均可能召开有关倾销或者损害方面的听证会。如果被申请调查进口产品涉及的规格较多，产品比较复杂，调查机关也可能召开关于产品范围的听证会。

听证会的目的在于为各利害关系方提供充分陈述意见的机会，不设辩论程序。当事人在听证会上的陈述和提供的证据材料是调查机关做出裁定的重要依据。根据法律规定，无论是外经贸部的倾销裁定听证会还是国家经贸委的产业损害裁定听证会，参加听证会的利害关系方都可以由其法定代表人或者主要负责人参加听证会，或者可以在提交书面授权后委托1~2名代理人参加听证会。另外，除涉及国家秘密、商业秘密或个人隐私外，倾销裁定听证会和产业损害裁定听证会均一律公开举行。

4. 参加上下游企业座谈会

在反倾销调查阶段，国家经贸委认为必要时，可以就采取反倾销措施对公共利益可能产生的影响进行调查。就此问题，通常情况下，国家经贸委将组织由国内生产企业（通常为申请人企业）、申请人企业的上游和下游企业，反倾销案件所涉及产品的下游消费者、贸易商、进口商、相关行业协会等参加的上下游企业座谈会，以综合考虑采取反倾销措施对上下游企业的利益可能造成的影响。

5. 对各利害关系方的抗辩或评述意见进行相应的反驳和评论

在整个反倾销调查阶段，应诉方均随时有可能针对案件提出大量的相关抗辩和评述意见以及相关请求。针对上述意见和请求，申请人应及时提出反驳或评论意见并提交相关证据和材料。

为了及时充分地提交相关抗辩和评述意见，在反倾销调查阶段，一方面，在国家反倾销调查机关将相关利害关系方的材料转至申请人企业予以评论的时候，申请人应及时按照要求提出自己的意见和评述；另一方面，申请人企业应随着案件的进程主动地向外经贸部和国家经贸委提出申请，查阅法律规定的申请人可以获得的相关利害关系方提交到调查机关的材料，对其提出相关抗辩和评述意见。

6. 及时更新和补充材料，并提出相关请求

案件立案调查之后，申请人企业应该继续跟踪和收集被调查产品的进口数量、价格变化情况、被调查产品在其本国或地区境内的生产经营和市场状况以及其他国家针对被调查产品的相关贸易救济等情况和信息，及时向调查机关反映并提交更新和补充材料。对有关问题提交进一步补充说明和评论意见，并根据案件情况及时提出诸如追溯征税、要求调查机关披露相关调查信息等的请求。

（七）初步裁定和临时反倾销措施

经过初步阶段的调查，外经贸部和国家经贸委根据调查结果，分别就倾销、损害做出初裁决定，并就两者之间的因果关系是否成立做出初裁决定，由外经贸部予以公告。初步裁定在立案后 60 天后的合理时间内做出。如果初裁决定认为倾销、损害两者之间因果关系中的任何一项结论是否定性的，则反倾销调查应当终止，并由外经贸部予以公告。

如果初步裁定为肯定性，反倾销案件将继续进行。同时，调查机关将对被调查进口产品采取临时反倾销措施。临时反倾销措施可以采取征收临时反倾销税的形式，或者要求提供现金保证金、保函或者其他形式的担保。目前，中国反倾销案件所采取的临时反倾销措施均为现金保证金的形式。

根据中国反倾销法律的规定，临时反倾销措施实施的期限，自临时反倾销措施决定公告规定实施之日起，不超过 4 个月；在特殊情形下，可以

延长至9个月。

（八）价格承诺

在反倾销案件的调查过程中，如果被调查产品的出口经营者承诺采取修改其价格或者停止以倾销价格出口其产品的行为，从而使调查机关确信倾销的损害性影响已经消除，则调查机关可以中止或终止反倾销调查程序，而不采取临时措施或者征收反倾销税。

根据中国反倾销法律规定，价格承诺只能在调查机关对倾销以及由倾销造成的损害做出肯定性的初步裁定后进行，否则调查机关不得寻求或者接受价格承诺。价格承诺的期限与最终反倾销税的期限相同，都是5年。

在调查机关与相关被调查产品出口经营者磋商签订价格承诺协议的过程中，调查机关一般会向国内申请人企业询问意见和建议，申请人企业应及时将意见反馈给调查机关，同时应注意和考虑以下问题并及时向调查机关提出。

（1）出口经营者承诺的措施是否足以消除倾销对国内产业造成的损害。如果承诺中价格的提高幅度没有达到足够的水平，则该承诺将会不足以消除倾销的损害。

（2）承诺协议一旦达成，其有效期为5年，因此还要考虑承诺协议期间可能发生的原材料成本变动、市场供求关系的变化以及汇率波动等多方面的因素。承诺协议中应当规定在上述情况发生变动时可以采取的相应调整机制，以保证协议价格的合理性。

（3）承诺协议的签订，还应该考虑到承诺协议的可行性。可行性的考虑主要包括以下几个方面：①实际或潜在的出口商数量是否众多；②产品的种类规格是否繁多；③产品经常更新换代，规格或技术参数是否经常发生变动；④产品价格是否容易发生波动。

上述因素的存在可能会对承诺的监控造成极大的困难。如果无法对承诺的遵守进行有效的监督，则该承诺应不被接受。

（4）出口商不合作的态度通常也是考虑的因素之一。因为如果大部分出口商对反倾销调查不予合作，则它们可能会通过受益于承诺的其他出口商对中国出口产品，从而达到规避反倾销税的目的。

（九）最终裁定和反倾销税

在肯定性的初裁决定做出后，外经贸部和国家经贸委将对案件进行进一步的调查，并根据调查结果分别做出终裁决定，由外经贸部予以公告。

如果最终裁定是否定性的，则调查程序结束；如果是肯定性的，则可以按照规定程序征收反倾销税。《反倾销条例》第 48 条规定，反倾销税的征收期限不超过 5 年，这一期限规定被称为日落条款（Sunset Clause）。但是，经复审确定终止征收反倾销税有可能导致倾销和损害的继续或者再度发生的，反倾销税的征收期限可以适当延长。

《反倾销条例》第 42 条规定，反倾销税税额不得超过终裁决定确定的倾销幅度。世贸组织《反倾销协议》第 9. 1 条规定，如果部分征税足以抵消国内产业造成的损害，则征税幅度可以小于倾销幅度，即所谓的较小征税原则。中国反倾销法律没有较少征税原则，一般终裁确定的倾销幅度为多少就征收多少反倾销税。《反倾销条例》第 40 条规定，反倾销税的纳税人为倾销进口产品的进口经营者。

按照目前的实践做法，对于进口经营者已经在初步裁定后交纳的现金保证金，按照终裁确定的反倾销税率和商品范围计征并转为反倾销税。如果终裁决定确定的反倾销税高于初步裁定确定的现金保证金金额的，差额部分不予收取；低于初步裁定确定的现金保证金金额的，差额部分应当根据具体情况予以退还或者重新计算税额（即所谓的多退少不补原则）。

从中国以往案件的实际情况来看，一旦反倾销调查程序启动，特别是在反倾销措施采取之后，倾销国对中国的出口价格将逐步提高，倾销产品的数量也会相应减少，公平竞争的市场秩序有较大的改进，企业的经济效益随之会有较大程度的改善。另外，按照中国反倾销法律的相关规定，一旦最终决定对进口倾销产品征收反倾销税，该征税的期限将为 5 年。在这 5 年内，国内企业将在一个相对规范的市场环境下和一段充足的时间内进行各方面的改革，不断加强和完善经营管理、提高企业的产品质量、扩大生产能力和企业的市场份额，企业的经济效益也会有大幅度的好转。

（十）行政复审

《反倾销条例》第 49 条规定，反倾销税生效后，外经贸部经商国家经贸委既可以在有正当理由的情况下，决定对继续征收反倾销税的必要性进行复审；也可以在经过一段合理时间，应利害关系方的请求并对利害关系方提供的相应证据进行审查后，决定对继续征收反倾销税的必要性进行复审。复审程序参照条例关于反倾销调查的有关规定执行。复审期限自决定复审开始之日起不超过 12 个月。同时，在复审期间，复审程序不妨碍反倾销措施的实施。

根据复审结果，由外经贸部依照条例的规定提出保留、修改或者取消反倾销税的建议，国务院关税税则委员会根据外经贸部的建议做出决定，由外经贸部予以公告。

（十一）司法复审

《反倾销条例》第 53 条规定，对依照本条例第 25 条做出的终裁决定不服的，对依照本条例第四章做出的是否征收反倾销税的决定以及追溯征收、退税、对新出口经营者征税的决定不服的，或者对依照本条例第五章做出的复审决定不服的，既可以依法申请行政复议，也可以依法向人民法院提起诉讼。目前，中国反倾销案件中尚未开启过司法复审程序。

二、对外反倾销的注意事项

（一）倾销申诉案件正式立案之前应注意保密工作

在国家反倾销调查机关正式立案公告调查前，申请企业务必要注意保密工作。如果将拟申请反倾销调查的消息对外披露，会给反倾销申请造成重大的障碍，甚至无法启动反倾销调查。

（1）如果将拟申请反倾销调查的消息对外披露，将加大申请人调查取证的难度，无法及时维护国内相关产业的合法权益。根据反倾销法律规定，申请人在向反倾销调查机构提出反倾销调查申请时应提交反倾销调查申请书，申请书应当附具必要的证据。调查机关在初步审查上述材料的基础上决定立案与否，以启动反倾销调查程序。上述证据包括被申请调查进口产品倾销出口和国内产业因此遭受损害的材料。关于被申请调查进口产品对外倾销出口的证据，除在一些国内外公开的杂志上有刊载外，主要在国外有关部门的配合下取得（如被申请调查进口产品在其国内的销售价格，各种流通环节费用等）。如果在正式决定发起反倾销调查之前对外披露上述信息，很有可能造成国内产业或企业或有关组织调查取证困难，无法及时掌握被诉倾销国有关倾销的证据，以致申请人无法及时提交符合要求的申请书，而使调查机构无法在审查初步证据的基础上决定立案，国内产业遭受倾销的损害无法及时得到救济。

（2）如果将申请反倾销调查的消息对外披露，被诉倾销国或地区的生产商和出口商很可能采取相应对策，对被申请调查进口产品的出口价格和数量做相应调整，人为造成倾销幅度较小或可以忽略不计等种种假象，阻碍反倾销调查的进行，增加反倾销调查的难度甚至使反倾销调查无法进行。

（二）倾销申诉应及时提出

由于中国产业界对运用反倾销手段维护自身利益的实践尚处于起步阶段，经验不足，提起反倾销调查申请一般都是在严重损害已经造成企业难以为继的情况下不得已而为之的，这就造成当反倾销手段发挥作用的时候，产业的巨额损失已经无法避免，有的企业甚至在调查中已经停产或者破产倒闭。例如，聚酯薄膜反倾销案件，1999 年 4 月，外经贸部公告对韩国进口聚酯薄膜进行反倾销立案调查，1999 年 12 月和 2000 年 8 月，外经贸部和国家经贸委分别做出肯定性初步裁定和最终裁定。但是在案件进展过程中，原来的 6 家申请人企业中，已经有 3 家企业被迫停产。在调查期间，申请企业之一的宁波五洲有限公司由于受到韩国涉案产品低价倾销的损害，无法继续进行正常经营，严重资不抵债，被法院宣告破产。

另外一种情况是，提起反倾销申诉时，市场及企业经营状况正在逐步好转，正从低谷逐步走出，使证明倾销进口产品对国内产业造成损害的难度加大，甚至使案件最终败诉。例如，聚苯乙烯反倾销案，2001 年 2 月 9 日，外经贸部经商国家经贸委后正式公告立案，决定对来自韩国、日本和泰国的进口聚苯乙烯进行反倾销调查。在该案件中，1997 年至 1999 年 7 月，国内聚苯乙烯产业受到的损害比较严重，但种种原因使该案在产业损害最明显的时候未能及时立案调查。1999 年 8 月后，聚苯乙烯市场迅速好转，特别是 2000 年聚苯乙烯价格大幅上扬，在损害调查期内（1998 ~ 2000 年），国内聚苯乙烯市场走势趋好，国家经贸委在调查中发现，在调查期内，国内聚苯乙烯需求量增幅较大，被调查产品进口数量及占中国国内市场份额呈下降趋势。调查期内中国同类产品产量、价格、销售收入、税前利润、开工率、劳动生产率均呈增长趋势。没有充分证据表明原产于韩国、日本和泰国的聚苯乙烯对中国国内产业造成实质损害。2001 年 12 月，国家经贸委对该案做出无损害裁定，该案件依法被终止调查。

以上两种情况都丧失了立案的最佳时机。因此，对于国内产业和企业而言，反倾销案件提起的时机十分重要。

附录一　全球反倾销年度案件数据

全球反倾销年度案件数（1995 年 1 月至 2014 年 12 月）　单位：起

年份	全球反倾销年度案件数	年份	全球反倾销年度案件数
1995	157	2005	200
1996	226	2006	203
1997	246	2007	165
1998	264	2008	218
1999	359	2009	217
2000	296	2010	173
2001	372	2011	165
2002	311	2012	208
2003	234	2013	287
2004	220	2014	236

资料来源：中国贸易救济信息网。

全球反倾销按申诉国（地区）分布（1995 年 1 月至 2014 年 12 月）

反倾销申诉的国家（地区）		反倾销申诉案件的数量（起）	占全球全部反倾销调查数量的比率（%）	反倾销申诉的国家（地区）		反倾销申诉案件的数量（起）	占全球全部反倾销调查数量的比率（%）
美洲	加拿大	196	4.12	欧洲	斯洛文尼亚	1	0.02
	美国	527	11.09		波兰	12	0.25
	墨西哥	129	2.71		乌克兰	45	0.95
	危地马拉	2	0.04		拉脱维亚	7	0.15
	洪都拉斯	3	0.06		欧盟	468	9.84
	哥斯达黎加	10	0.21		俄罗斯	38	0.80
	巴拿马	6	0.12		立陶宛	7	0.15
	牙买加	6	0.13		保加利亚	1	0.02
	多米尼加	3	0.06		捷克	3	0.06
	哥伦比亚	73	1.54	合计		582	12.24
	厄瓜多尔	3	0.06	亚洲	土耳其	180	3.79
	委内瑞拉	31	0.65		以色列	48	1.01
	特立尼达和多巴哥	13	0.27		巴基斯坦	82	1.72
	秘鲁	72	1.51		印度	740	15.57
	巴西	369	7.76		中国	218	4.59
	巴拉圭	2	0.04		韩国	127	2.67
	智利	25	0.53		日本	8	0.17
	阿根廷	316	6.65		越南	4	0.08
	乌拉圭	7	0.15		菲律宾	19	0.40
合计		1793	37.72		泰国	61	1.28
非洲	摩洛哥	7	0.15		马来西亚	70	1.47
	埃及	82	1.72		印度尼西亚	122	2.57
	南非	229	4.82		中国台湾	36	0.76
合计		318	6.69	合计		1715	36.08
大洋洲	澳大利亚	289	6.08				
	新西兰	57	1.20				
合计		346	7.28				
总计共 4754（起）							

全球反倾销按被诉国（地区）分布（1995 年 1 月至 2014 年 12 月）

	反倾销被诉国（地区）	反倾销被诉案件的数量（起）	占全球反倾被诉数量的比率（%）		反倾销被诉国（地区）	反倾销被诉案件的数量（起）	占全球反倾被诉数量的比率（%）
美洲	加拿大	41	0.88	欧洲	葡萄牙	10	0.21
	美国	266	5.71		法罗群岛	2	0.04
	墨西哥	66	1.42		英国	47	1.01
	古巴	2	0.04		荷兰	32	0.69
	危地马拉	5	0.11		卢森堡	3	0.06
	洪都拉斯	1	0.02		瑞士	10	0.21
	哥斯达黎加	2	0.04		意大利	59	1.27
	多米尼亚	3	0.06		马其顿	9	0.19
	委内瑞拉	22	0.47		塞黑	3	0.06
	特立尼达和多巴哥	4	0.09		波黑	3	0.06
	哥伦比亚	8	0.17		塞尔维亚	1	0.02
	厄瓜多尔	3	0.06		斯洛文尼亚	2	0.04
	萨尔瓦多	3	0.06		奥地利	20	0.43
	秘鲁	6	0.13		捷克	21	0.45
	巴西	122	2.62		丹麦	9	0.19
	巴拉圭	2	0.04		瑞典	22	0.47
	智利	33	0.71		芬兰	18	0.39
	阿根廷	44	0.95		西班牙	54	1.16
	乌拉圭	6	0.13		爱尔兰	6	0.13
合计		639	13.72		法国	47	1.00
亚洲	以色列	16	0.34		比利时	29	0.62
	亚美尼亚	1	0.02		欧盟	108	2.32
	伊朗	24	0.52		列支敦士登	1	0.02
	沙特阿拉伯	33	0.71		希腊	9	0.19
	卡塔尔	1	0.02		保加利亚	15	0.32
	阿曼	9	0.20		罗马尼亚	39	0.84
	哈萨克斯坦	26	0.56		南斯拉夫	3	0.06

续表

反倾销被诉国（地区）		反倾销被诉案件的数量（起）	占全球反倾销被诉数量的比率（%）
亚洲	印度	192	4. 12
	尼泊尔	2	0. 04
	中国	1052	22. 60
	韩国	349	7. 50
	中国香港	34	0. 73
	菲律宾	16	0. 34
	泰国	197	4. 23
	新加坡	53	1. 14
	朝鲜	2	0. 04
	土耳其	72	1. 55
	格鲁尼亚	1	0. 02
	科威特	2	0. 04
	巴林	1	0. 02
	阿联酋	28	0. 60
	乌兹别克斯坦	3	0. 06
	巴基斯坦	20	0. 43
	斯里兰卡	6	0. 13
	孟加拉国	2	0. 04
	中国台湾	265	0. 57
	日本	187	0. 40
	中国澳门	6	0. 13
	越南	46	0. 99
	马来西亚	125	2. 68
	印度尼西亚	183	3. 93
合计		2954	63. 45

反倾销被诉国（地区）		反倾销被诉案件的数量（起）	占全球反倾销被诉数量的比率（%）
欧洲	克罗地亚	5	0. 11
	匈牙利	17	0. 37
	斯洛伐克	11	0. 23
	德国	106	2. 28
	挪威	8	0. 17
	波兰	33	0. 71
	爱沙尼亚	5	0. 11
	拉脱维亚	7	0. 15
	白俄罗斯	22	0. 49
	摩尔多瓦	4	0. 09
	立陶宛	11	0. 24
	乌克兰	79	1. 70
	俄罗斯	136	2. 92
合计		1026	22. 04
大洋洲	澳大利亚	26	0. 56
	新西兰	11	0. 24
合计		37	0. 80

总计共 4656（起）

资料来源：中国贸易救济信息网。

附录二　国外对中国反倾销案件数据

国外对中国反倾销年度案件数（1995 年 1 月至 2016 年 12 月）

单位：起

年份	国外对中国反倾销年度案件数	年份	国外对中国反倾销年度案件数
1995	23	2006	73
1996	42	2007	61
1997	37	2008	79
1998	29	2009	79
1999	44	2010	44
2000	43	2011	49
2001	59	2012	60
2002	48	2013	75
2003	55	2014	62
2004	52	2015	73
2005	51	2016	70

资料来源：中国贸易救济信息网。

国外对华反倾销按申诉国（地区）分布（1995年1月至2016年12月）

洲	国外对华反倾销申诉国（地区）	国外对华反倾销申诉案件的数量（起）	占全部国外对华反倾销申诉案件的比率（%）
美洲	加拿大	37	3.30
美洲	墨西哥	51	4.55
美洲	牙买加	1	0.09
美洲	特立尼达和多巴哥	3	0.27
美洲	秘鲁	22	1.96
美洲	乌拉圭	1	0.09
美洲	智利	1	0.09
美洲	美国	126	11.24
美洲	危地马拉	1	0.09
美洲	委内瑞拉	6	0.54
美洲	哥伦比亚	41	3.66
美洲	巴西	88	7.85
美洲	阿根廷	94	8.39
合计		472	38.98
非洲	摩洛哥	2	0.18
非洲	南非	41	3.66
非洲	埃及	24	2.14
合计		67	5.98
大洋洲	澳大利亚	48	4.28
大洋洲	新西兰	9	0.80
合计		57	5.02

洲	国外对华反倾销申诉国（地区）	国外对华反倾销申诉案件的数量（起）	占全部国外对华反倾销申诉案件的比率（%）
欧洲	欧盟	122	10.88
欧洲	乌克兰	10	0.98
欧洲	波兰	3	0.27
欧洲	俄罗斯	8	0.71
合计		143	12.76
亚洲	以色列	7	0.62
亚洲	欧亚经济委员会	8	0.71
亚洲	乌兹别克斯坦	2	0.18
亚洲	印度	176	15.70
亚洲	日本	3	0.27
亚洲	越南	1	0.09
亚洲	马来西亚	11	0.98
亚洲	菲律宾	2	0.18
亚洲	土耳其	74	6.60
亚洲	哈萨克斯坦	1	0.09
亚洲	巴基斯坦	16	1.43
亚洲	韩国	28	2.50
亚洲	中国台湾	10	0.89
亚洲	泰国	20	1.78
亚洲	印度尼西亚	23	2.05
合计		382	34.08

总计共1121（起）

资料来源：中国贸易救济信息网。

附录三　中国发起的反倾销年度案件数据

中国发起的反倾销年度案件数（1995 年 1 月至 2015 年 12 月）

单位：起

年份	中国发起的反倾销年度案件数	年份	中国发起的反倾销年度案件数
1997	3	2007	4
1998	0	2008	14
1999	7	2009	17
2000	6	2010	8
2001	17	2011	5
2002	30	2012	9
2003	22	2013	11
2004	27	2014	7
2005	24	2015	11
2006	10		

注：1995～1996 年中国没有发起反倾销案件。

资料来源：中国贸易救济信息网。

中国发起的反倾销按被诉国（地区）分布（1995 年 1 月至 2015 年 12 月）

中国发起的反倾销被诉国分布（地区）		中国发起的反倾销申诉案件的数量（起）	中国发起的反倾销申诉案件占全部被诉国反倾销调查数量的比率（%）	中国发起的反倾销被诉国分布（地区）		中国发起的反倾销申诉案件的数量（起）	中国发起的反倾销申诉案件占全部被诉国反倾销调查数量的比率（%）
美洲	加拿大	2	0.89	亚洲	伊朗	1	0.45
	墨西哥	1	0.45		哈萨克斯坦	1	0.45
	美国	41	18.30		泰国	6	2.68
	巴西	1	0.45		新加坡	7	3.13
合计		45	20.09		中国台湾	16	7.14
欧洲	芬兰	1	0.45		日本	40	17.86
	乌克兰	1	0.45		沙特阿拉伯	3	1.34
	荷兰	3	1.34		印度	7	3.13
	英国	3	1.34		马来西亚	4	1.79
	欧盟	25	11.16		印度尼西亚	5	2.23
	俄罗斯	11	4.91		韩国	33	14.73
	德国	5	2.23	合计		123	54.91
	比利时	1	0.45	非洲	南非	1	0.45
	法国	3	1.34	合计		1	0.45
	意大利	1	0.45	大洋洲	新西兰	1	0.45
合计		54	24.11	合计		1	0.45
总计共 224（起）							

附录四　金砖国家之间反倾销调查情况

1995～2013年金砖国家之间反倾销调查情况

单位：起

被诉国＼发起国	巴西	中国	印度	俄罗斯	南非
巴西	—	1	7	1	10
中国	78	—	161	6	38
印度	16	7	—	1	22
俄罗斯	7	11	21	—	2
南非	7	1	10	1	—

参考文献

［1］李小北，王斑玖．国际贸易学［M］．北京：经济管理出版社，2002.

［2］李小北，王斑玖．国际投资学［M］．北京：经济管理出版社，2003.

［3］宋和平．反倾销法律制度概览［M］．北京：中国检察出版社，2001.

［4］田忠法．WTO 公平贸易案例评析［M］．上海：上海三联书店，2003.

［5］高永富等．WTO 与反倾销、反补贴争端［M］．上海：上海人民出版社，2001.

［6］于永达，戴天宇．反倾销理论与实务［M］．北京：清华大学出版社，2004.

［7］杨仕辉．反倾销的国际比较、博弈与我国对策研究［M］．北京：科学出版社，2005.

［8］深圳市世界贸易组织事务中心．深圳企业应对国外反倾销案例精选［M］．北京：社会科学文献出版社，2005.

［9］杨坚．国际反倾销法律、案例与对策［M］．天津：南开大学出版社，1996.

［10］张志刚．反倾销反补贴保障措施知识读本［M］．北京：中国经济出版社，2001.

[11] 万瑞嘉华经济研究部．直面反倾销［M］．广州：广东经济出版社，2001.

[12] 盛建明．反倾销国际惯例［M］．贵阳：贵州人民出版社，1994.

[13] 王钰．中国对外贸易［M］．北京：企业管理出版社，2006.

[14] 温耀庆．中国外经贸热点问题研究［M］．上海：上海交通大学出版社，2005.

[15] 李昌奎．世界贸易组织《反倾销协定》释义［M］．北京：机械工业出版社，2005.

[16] 邓德熊．欧盟反倾销的法律与实践［M］．北京：社会科学文献出版社，2004.

[17] 佟家栋等．与贸易救济措施相关的争端解决机制研究［M］．北京：首都经济贸易大学出版社，2006.

[18] 杨荣珍．反倾销应诉与起诉实务［M］．北京：人民出版社，2004.

[19] 刘舒年．国际金融［M］．北京：对外贸易大学出版社，2005.

[20] 刘勇．WTO《反倾销协定》研究［M］．厦门：厦门大学出版社，2005.

[21]［美］萨尔瓦多．国际经济学（第8版）［M］．杨冰译．北京：清华大学出版社，2004.

[22]［美］坎贝尔·R. 麦克南，斯坦利·L. 布鲁．经济学：原理、问题与政策（第15版）［M］．李绍荣译．北京：高等教育出版社，2004.

[23]［英］Snyder，唐青阳．欧盟反倾销制度与实务研究［M］．北京：法律出版社，2005.

[24] 吴学忠．WTO 框架下我国反倾销现状及对策研究［J］．西北第二民族学院学报，2003（2）．

[25] 张海星．反倾销的经济分析与对策［J］．宁夏社会科学，2003（5）．

[26] 李保民．我国出口企业反倾销问题及对策［J］．经济研究参考，2003（22）．

[27] 黄继东．正确认识积极应对反倾销［J］．西南民族学院学报（哲学社会科学版），2003（4）．

[28] 李明晶．中国进口反倾销的现状分析及应对策略［J］．经济研究导刊，2006（6）．

[29] 刘军．从一国一税制谈中国应对反倾销的策略［J］．国际经济译论，2004（4）．

[30] 钱钮．欧盟共同农业政策改革及其对新一轮农业谈判的影响［J］．中国农村经济，2004（2）．

[31] 何静，陈绍军．行业协会在反倾销中的作用［J］．价格月刊，2002（9）．

[32] 李秀梅．中国—欧盟农产品贸易结构分析［J］．国际贸易问题，2005（8）．

[33] 李小平．欧盟对中国的反倾销分析［J］．统计与决策，2004（11）．

[34] 张秋平．欧盟东扩对中欧农产品贸易的影响［D］．对外经贸大学论文，2007.

[35] 饶贵生，邹建华．我国应对国外反倾销的基本对策［J］．对外经贸实务，2002（12）．

[36] 刻捷，梁杨，周德文．温州鞋企应诉欧盟鞋类反倾销［J］．当代经济，2006（5）．

[37] 刘爱东．我国企业应对反倾销的会计信息证据效力保障机制设计与运行研究［M］．北京：经济科学出版社，2017.

[38] 尹萌，滕玉华．透视欧盟对华反倾销中的“非市场经济问题”［J］．市场周刊，2004（9）．

[39] 毛群英．中国鞋业直面欧盟反倾销［J］．学术交流，2007（5）．

[40] 宋利芳．WTO 框架下的国际反倾销政策与实践［M］．北京：对外经济贸易大学出版社，2010.

后 记

本书选取全球对华产品反倾销10个经典案例作为研究对象，对案件的背景、裁决过程、案件中涉及的主要问题进行具体全面的介绍，并针对案件所反映出的典型问题进行深入分析。

本书针对性强、重点突出、贴近实务，适用于希望了解对华反倾销的法律和企业界人士以及政府工作者和对反倾销感兴趣的读者，对高校教师的教学也有参考价值。

本书主要由李小北教授统稿和审校，参加编写的人员在此书的资料收集、编辑、整理、校稿过程中做了大量工作，对此表示衷心感谢。特别感谢各位老师，在繁忙的工作之余抽出大量的时间对稿子进行细致入微的编纂，以做到内容翔实、资料实效新颖，尽量忠实于裁决或判决的原文，将案件的裁判情况真实地展现于读者面前。在本书的编写过程中，李小北教授有幸跟随海南大学梁副校长赴日本、印度尼西亚、菲律宾等国进行考察交流，同当地华人华侨组织促膝长谈，询问近年来华商的发展情况，得知华人商会和同乡会在华商与当地政府的沟通与了解中起到了不可替代的桥梁与纽带作用，帮助华商逐渐适应当地的法律环境。可以说，充分利用华人商会和同乡会这样的当地华人组织，可使企业免于或减少反倾销等出于贸易保护目的的调查。

此外，还要向本书参考文献的作者，负责本书的打印、策划、刊印人员表示衷心感谢！

由于时间仓促和编者的水平有限，此书难免有不足之处，还望广大读者不吝赐教，不胜感激！

海南大学国际文化交流学院

2018 年 5 月